\まるごとFREEでつかえる/

動画素材123

\ YOUTUBEに「歌ってみた」映像をUPしたい /

\ ニコニコ動画に「演奏してみた」を公開したい /

\ インパクトのあるプレゼン映像を作りたい /

動画編集をしたいすべての人に贈る、
動画素材集ができました!

DVD-ROMに、123点の動画素材を収録。ロイヤリティフリーなので、テレビ番組やCMなどの商用使用も、インターネット公開も自由!! 高画質なMP4形式と、初心者でもすぐに使えるAVI形式の2種類のデータを用意しています。好きな動画を選んで並べるだけで、オリジナルムービーの一丁上がり。歌詞テロップを加えたり、イラストと合成したり、自分で撮影した動画と組み合わせたり。これであなたの映像作品がぐーんとレベルアップすること間違いなしです!

\ 明日までにOPムービーを納品しなきゃ/

\ 結婚パーティーのムービーを頼まれちゃった /

本書の使い方

本書では、収録動画123点のサンプル画像と収録情報を掲載しています。

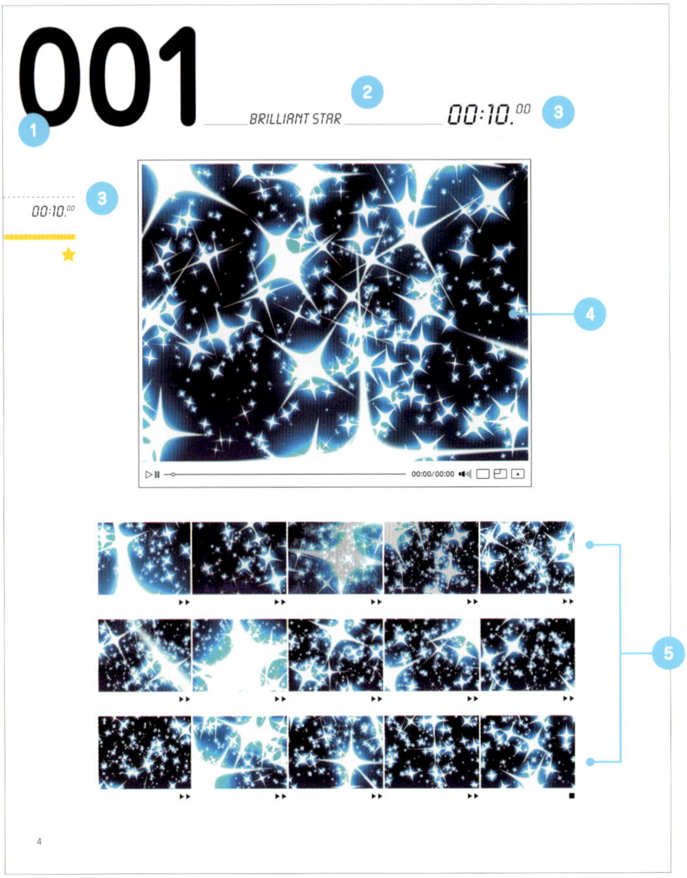

① データ番号

DVD-ROMのデータ番号と同じ番号です。本書で使用してみたい動画を確認したら、同じ番号のデータをDVDから探してください。

② タイトル

③ 秒数

この動画の収録秒数です。

④ イメージ

⑤ タイムライン

時系列で、動画の流れを確認できます。

DVDの使い方

DVD-ROMはMacintoshとWindows両方のプラットフォームに対応しています。
DVD-ROMをご使用になる前に、次ページの使用条件を必ず確認してください。
素材は、ご自身のコンピューターにコピーしてからご利用ください。

MP4形式（.mp4） H264 720×540 fps30

高度な動画編集をするならコチラ！本書の標準素材です。
必要に応じて変換ソフトなどを用いて作業に適したデータ形式に変換してください。

AVI形式（.avi） DV-NTSC 720×480 fps30

Windows ムービーメーカーですぐ始められる！
標準の MP4 よりも、画質は多少劣化しますが、初心者でもすぐに始められる AVI 形式です。
AVI データは容量が大きいため、お使いのコンピューターによっては正常に作動しない場合があります。

PowerDirector 8体験版インストーラー

本 DVD-ROM に収録されている PowerDirector 8 インストーラーから、
30 日間の無料体験版を入手することができます。

PowerDirector 8のシステム動作環境

動作環境および対応フォーマット
Windows 7/Vista/XP 日本語版 32 ビット

解像度
1024 x 768, 16-bit カラー以上

CPU
HD 画質 MPEG-4 や WMV, QuickTime, RealVideo 作成時 : Intel Pentium 4（2.4 Ghz）以上 または AMD Athlon XP 2400+ 以上
AVCHD ™ や MPEG-2 HD 作成時 : Intel Core 2 Duo E6400 以上 または Athlon 64 X2 5000+ 以上
※ Intel Core i7 を含む MMX/SSE/SSE2/3DNow!/3DNow!Extenstion/HyperThreading technology 各技術に最適化されています。

メモリー
512MB 必須（HD ビデオ編集時には、2GB 以上を推奨）

HDD 空き容量
DVD 作成時：10 GB（20 GB 以上推奨）
Blu-ray Disc 作成時：60 GB（100 GB 以上推奨）

体験版制限事由
1. 作成されたビデオの冒頭 5 秒に、透かしロゴが入ります .
2. 30 日の利用期間制限 .
3.（AAC の規約により）iPod/PSP へのファイルエンコードが 50 ファイルに制限されます .
4. スマートサウンドライブラリ（SmartSound Library）が体験版です .
5. DVD メニューテンプレートが 2 種類に制限されます .
6. タイトルテンプレートが 8 種類に制限されます .
7. マジックムービー（Magic Movie）のスタイルが 2 種類に制限されます .
8. フォトムービーのスタイルが 3 種類に制限されます .
9. 高度な写真編集機能が使えません .

* 体験版についての技術サポートはお受けすることができません。また、体験版の使用によって生じた間接的および直接的な全ての不具合については一切の責任を負いかねますので御了承下さい。
* 体験版で作成したプロジェクトファイルは、製品版でご利用になれません

収録動画の使用条件

付属DVD-ROM使用許諾書
（ソフトウエアライセンス契約書）

❶ ライセンス

1）株式会社ビー・エヌ・エヌ新社（以下「弊社」と記す）は、本書を購入され、本使用許諾書記載の条件に合意されたお客様（以下「ユーザー」と記す）に対し、本ソフトウエアを同時に１台のコンピュータ上でのみ使用できる、譲渡不能の非独占的権利を許諾します。
2）ユーザーは、２の「制限事由」に該当する場合を除き、本ソフトウエアに含まれる素材を、営利・非営利目的を問わず、そのままもしくは加工・編集し、何度でも使用することができます。

❷ 制限事由

以下の行為を禁止します。
1）本ソフトウエアを１台のコンピュータで使用するためのやむ得ぬ場合を除き、本ソフトウエアを複製すること。
2）素材を主たるコンテンツとした商品を制作・販売すること
3）素材そのものや素材を用いた制作物を意匠登録・商標登録すること
4）素材そのものをウェブサイト上で公開する場合に、オリジナルデータがダウンロード可能となる状況を作ること
5）素材を公序良俗に反する目的、誹謗・中傷目的で利用すること

❸ 著作権

本ソフトウエアおよび素材に関する著作権、その他の知的財産権は、弊社または本書の著者の排他的財産として留保されています。

❹ 責任の制限

弊社および著者は、請求原因の如何を問わず、本ソフトウエアの使用または使用不能および素材の利用から生じるすべての損害や不利益（利益の逸失およびデータの損壊を含む）につき、一切責任を負わないものとします。

❺ 使用許諾の終了

ユーザーが本使用許諾書に違反した場合、弊社は本使用許諾書に基づくユーザーライセンスを終了させることができます。

使用条件早わかり

よくあるQ&Aをまとめました。

素材を利用した作品をインターネットで公開しても大丈夫?

素材を利用してどんどんあなたの作品を公開してください。
素材を加工して使用してもOKです。

テレビ番組制作で使用しても料金は発生しない?

収録されている動画はすべてロイヤリティ・フリーです。
営利・非営利を問わずご自由にお使いいただけます。

作品中へのクレジットの表記しなくてもOK?

著作者名の表示義務や著作者への報告義務はありません。
作品中に著作者名を表示させなくても大丈夫ですし報告の必要もありません。

素材を利用したPVを販売しても大丈夫ですか?

問題ありません。
また商用利用の場合でも、著作者名の表示義務や報告義務はありません。

ちょっと加工した素材を配布してもOK?

収録素材を加工した新たな素材として配布・配信・販売する事は禁止です。
もちろん、収録してある素材そのものを配布したり、ネットワーク等を使って配信できる状態にする事も禁止です。

Windows Live ムービーメーカーのインストール

Windows Live ムービーメーカー編

1 ダウンロードする

ダウンロードURL: http://download.live.com/moviemaker にアクセスし、［今すぐダウンロード］ボタンをクリックします。

Windows Live ムービーメーカーは、条件さえ満たせば、Windows XP や Windows Vista でも利用できます。

［システム環境］
Windows XP Service Pack 2（32 ビット版のみ）、Windows Vista（32 ビット版および 64 ビット版）Windows 7（32 ビット版および 64 ビット版）、または Windows Server 2008 で動作。

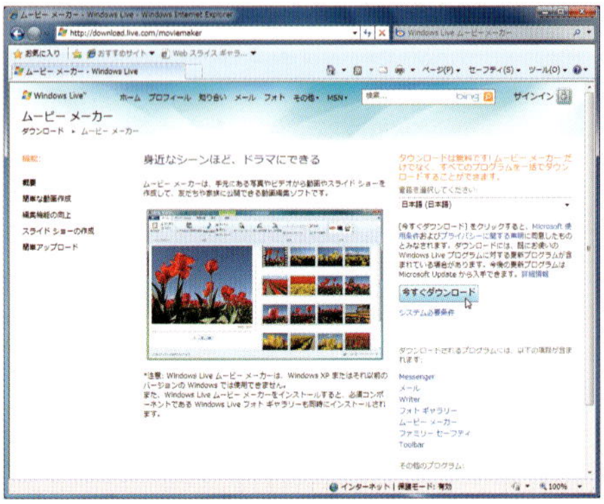

▼

2 ダウンロードファイルを保存する

ファイル保存用ダイアログボックスが表示されたら、［保存］ボタンをクリックして、ファイルを任意のフォルダーに保存します。

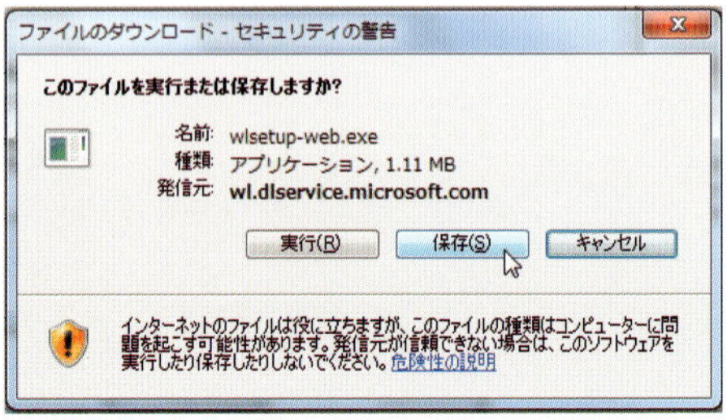

▼

とにかく簡単にムービー編集をはじめたい人には、「Windows Live ムービーメーカー」がオススメ。Windows XP、Vistaでは標準装備の「Windows ムービーメーカー」がさらに進化し、Windows 7では、MicrosoftのWebサイトから無償ダウンロードする形式に変わりました。ここでは、Windows 7ユーザーのために、入手とインストール方法を解説します。

3 インストールする

フォルダーに保存したファイルをダブルクリックし、Windows Liveで利用できるインストールメニューが表示されたら、「ムービーメーカー」を選択して、[インストール] ボタンをクリックします。

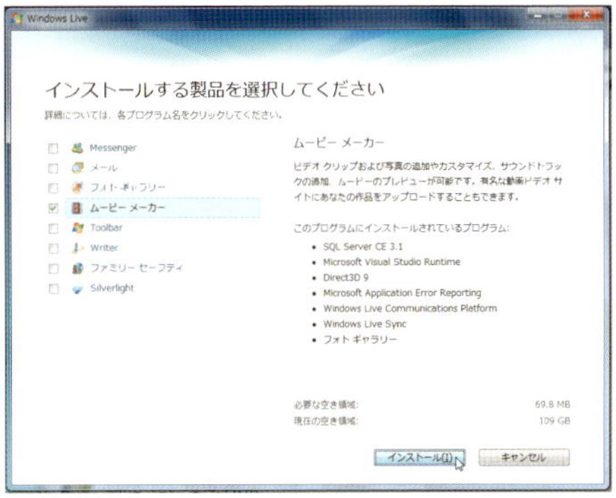

▼

4 起動する

Windows Live ムービーメーカーを起動する場合は、[スタートメニュー] → [Windows Live] → [Windows Live ムービーメーカー] を選択してください。

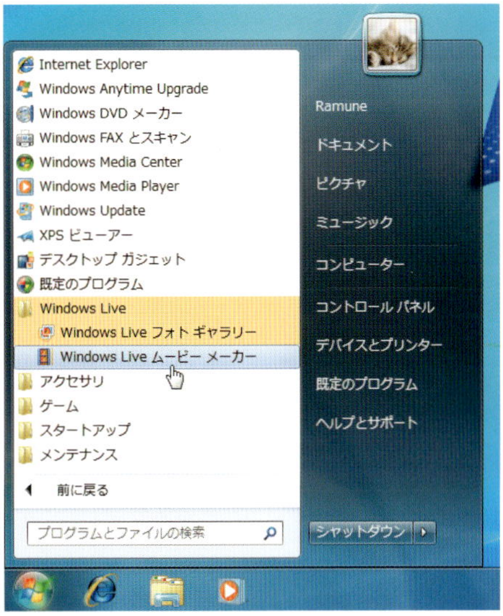

好きな動画をつなぎ合わせる

Windows Live ムービーメーカー編

1 ファイルを読み込む

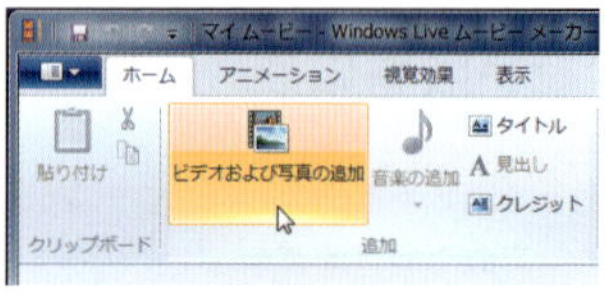

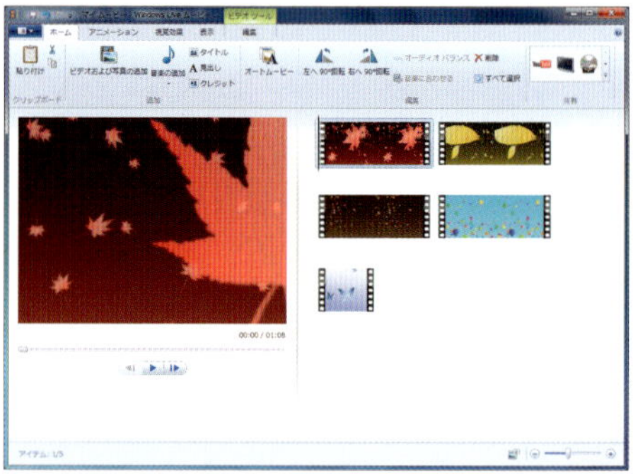

Windows Live ムービーメーカーを起動し、[ビデオおよび写真の追加] から使用したい AVI ファイルを読み込みます。読み込んだファイルは、ストーリーボードにサムネイルが表示されます。なお、フォルダーからストーリーボードに直接ドラッグ & ドロップしても読み込めます。

Windows Live ムービーメーカーでは MP4 データを利用できません。本書収録の MP4 データを使用する場合は、他のビデオ編集ソフトを利用するか、変換ソフトでファイル形式を変換することが必要です。

2 ファイルを削除する

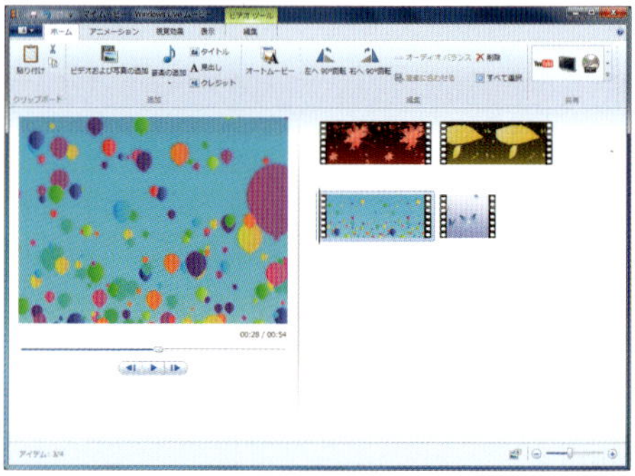

Windows Live ムービーメーカーに読み込んだけど、やっぱり不要だというときには、不要なファイルを選び、キーボードの [Delete] キーを押してください。ストーリーボードから削除されます。

ここからは、ムービー編集がはじめての人のために「Windows Live ムービーメーカー」を使った基本的な操作方法を解説します。まずは、収録 AVI データをつなぎ合わせて、一本のムービーを作成してみましょう。

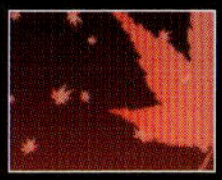
＋
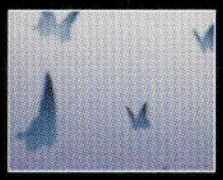

3 つなげたい順番に並べ替える

ストーリーボードでは、ファイルを再生したい順番にドラッグ & ドロップして並べ替えます。ファイルは、左から右、上から下へと順に再生されます。

同じ動画を複数つなげたい場合は、コピーして連続する分だけ動画を配置します。
収録動画には、切れ目なくループ再生できるように設計された動画があります。

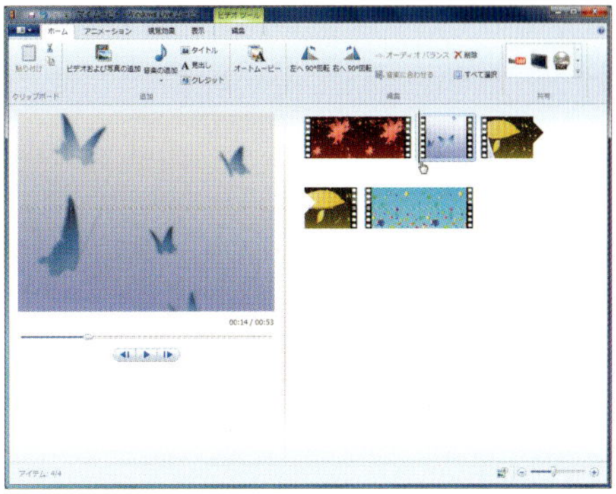

▼

4 切り替え効果を設定する

画面の切り替え効果「トランジション」をつけたい場合は、効果を設定したいファイルのサムネイルを選択し、ツールバーの［アニメーション］をクリックして効果を選びます。サムネイルの左下には、効果を設定したマークが表示されます。

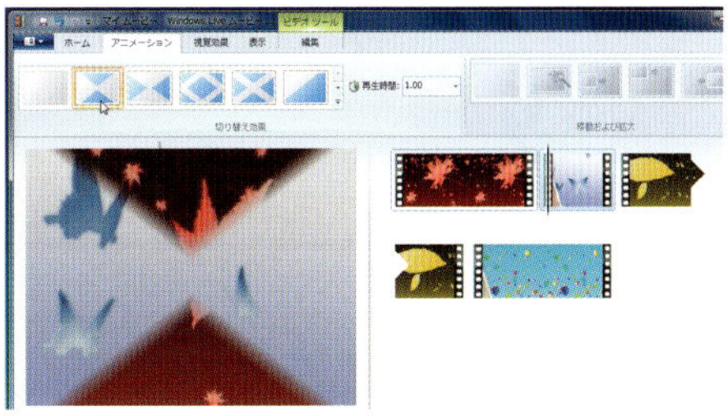

▼

5 保存する

ファイルを好きな場所に保存すればオリジナル PV の完成です。［ムービーメーカー］→［ムービーの保存］→［共通設定］から保存形式を選んで保存します。ファイルは WMV 形式で出力されます。

Windows Live ムービーメーカーでの出力は、WMV 形式のみの対応です。
また、［ムービーのアップロード］を選択すれば、YouTube へ直接アップロードも可能です。

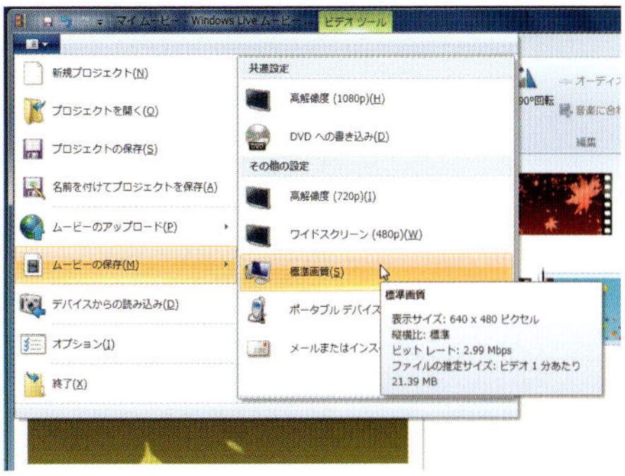

音楽を取り込む

Windows Live ムービーメーカー編

1 音楽データを追加する

ストーリーボードに動画を配置した状態で、ツールバー［ホーム］→［音楽の追加］を選択します。このとき、読み込み方法の選択メニューが表示されるので、目的に応じて選択します。

［音楽の追加］では、ムービーの先頭から音楽データが配置されます。［現在の位置に音楽を追加］では、ムービーが再生途中で一時停止している場合に、停止した位置を先頭として音楽データが配置されます。なお、ストーリーボード上に音楽データをドラッグ＆ドロップしても読み込めます。

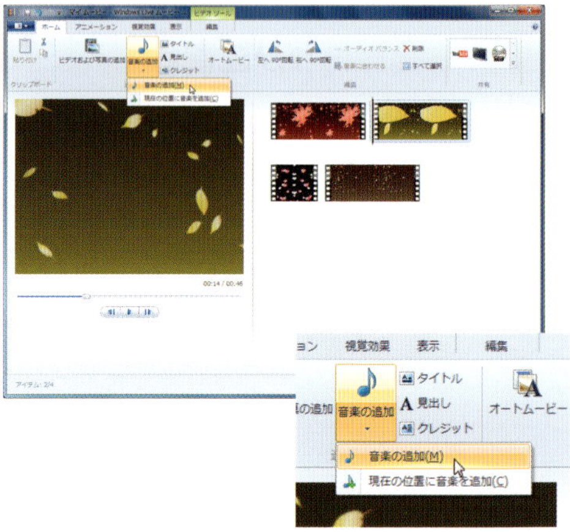

▼

2 オーディオファイルを選択する

［音楽の追加］ダイアログボックスが表示されるので、使用したい音楽データを選択し、［開く］ボタンをクリックすれば、データが読み込まれます。

Windows Live ムービーメーカーでは、次のようなファイル形式の音楽データを読み込めます。
wma ／ mp3 ／ wav ／ aif ／ aiff ／ m4a ／ ogg

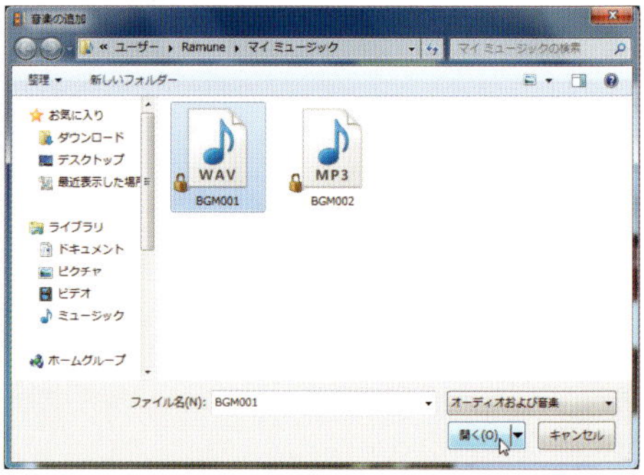

▼

次に、作成したムービーに音楽をつけてみましょう。歌ってみた・演奏してみた曲を公開したい、自分バンドの PV を作ってみたい、と音楽のために動画編集をしたいという人も多いはず。ここでは、動画に音楽を取り込む方法を解説します。

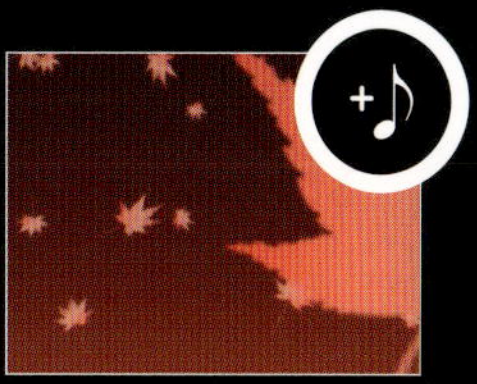

3 音楽データが配置される

選択した音楽データが読み込まれると、ストーリーボードに配置してある動画のアイコンの上に、音楽データが表示されます。ドラッグによって配置位置や順序を変更することが可能です。

音楽 CD などから取り込んだ楽曲を利用する場合には、著作権に注意してください。ムービーを配布したり Web サイトで公開すると、著作権法違反になります。

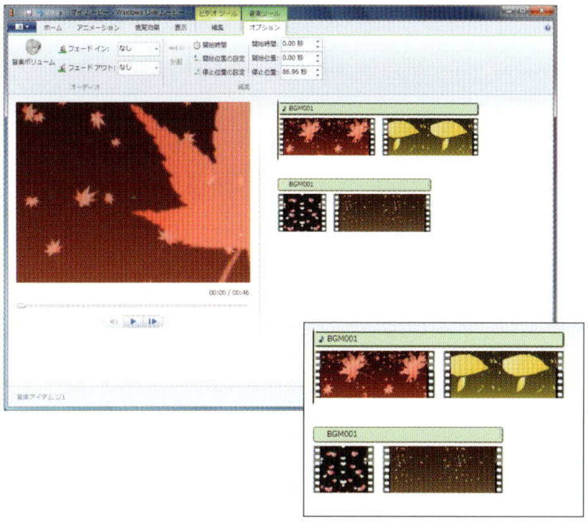

▼

4 音量を調整する

音量が大きいようであれば、メニューバーの［音楽ツール］タブから［音楽ボリューム］をクリックして音量を調整できます。また［開始時間］、［開始位置の設定］、［停止位置の設定］を利用すると、音楽データをトリミングすることができます。

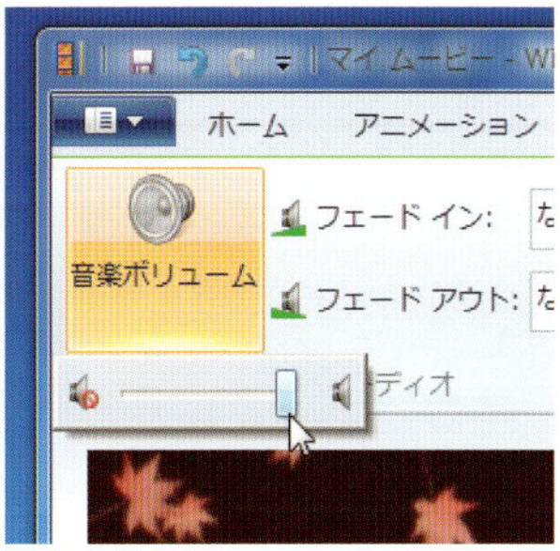

▼

4 フェードイン、フェードアウトを設定する

音楽をフェードイン、フェードアウトさせた場合は、［音楽ツール］タブの［フェードイン］、［フェードアウト］のプルダウンメニューから、速度を選択すれば設定できます。

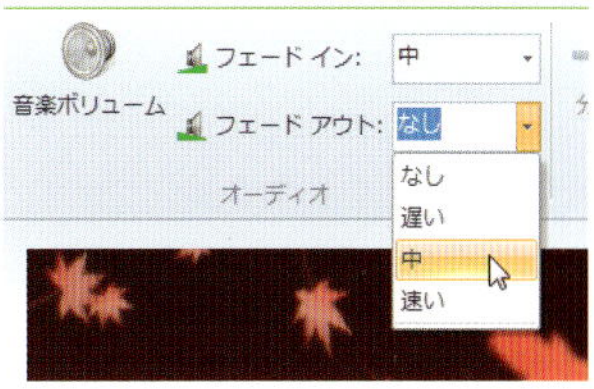

テロップを付ける

Windows Live ムービーメーカー編

1 「見出し」をクリックする

利用したい動画ファイルを Windows Live ムービーメーカーに読み込んだ後に、テロップを表示したいファイルのサムネイルを選んで、ツールバーの［ホーム］→［見出し］をクリックします。

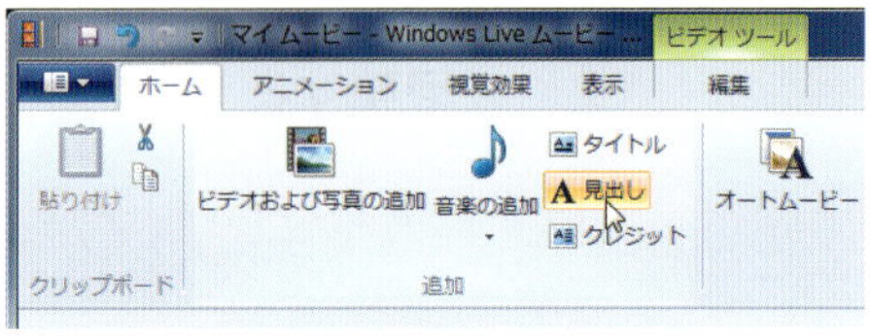

2 テキストを入力する

「ここにテキストを入力」と表示されるので、表示させたいテキストを入力します。

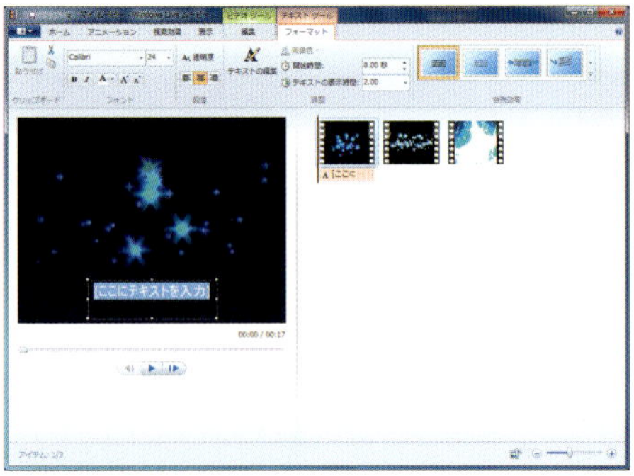

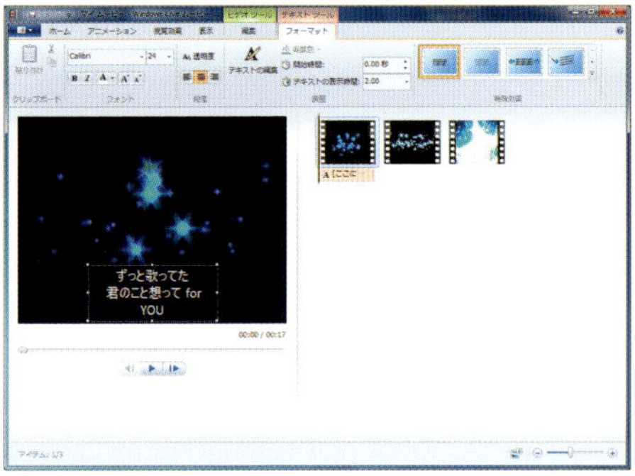

音楽と一緒に、作詞した歌詞を載せればオリジナルPVの完成です。ほかにも、宣伝・告知のためのコピーを入れるなど、動画上にテロップを掲載するためには、「見出し」機能を利用します。

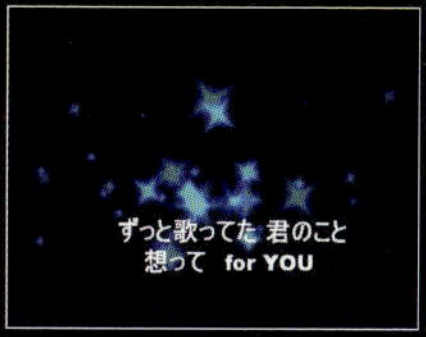

❸ テキストを調整する

入力したテキストの回りにあるハンドルをドラッグすると、テキストの表示エリアサイズを調整できます。また、選択枠をドラッグすれば、表示位置を調整できます。
なお、画面上部にある「フォント」や「段落」といったパラメータを選択することで、文字の大きさやスタイルも変更できます。

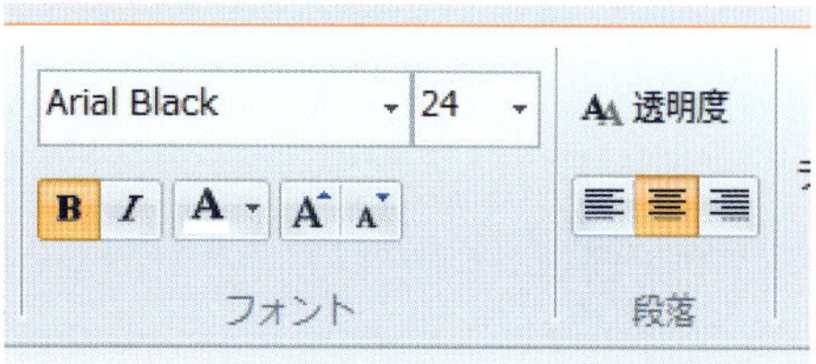

▼

❹ 表示時間を調整する

［テキストの表示時間］で、テキストの表示時間を調整できます。プルダウンメニューから選択するほか、数字部分をクリックして、キーボードで直接入力することも可能です。

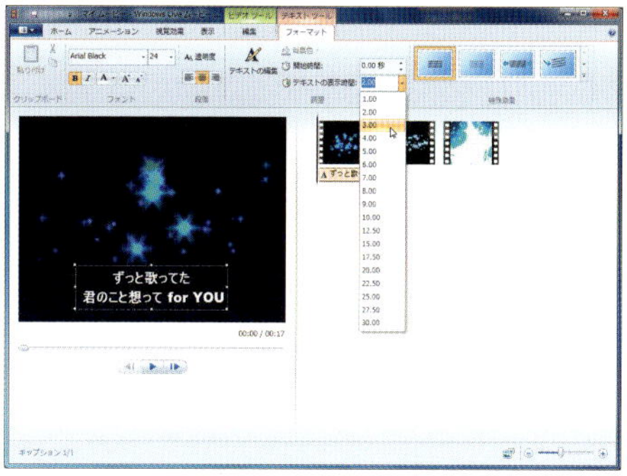

▼

❺ 効果を設定する

テロップが表示される際に、効果をつけることも可能です。［特殊効果］にアニメーション効果が登録されているので、利用したい効果を選択します。

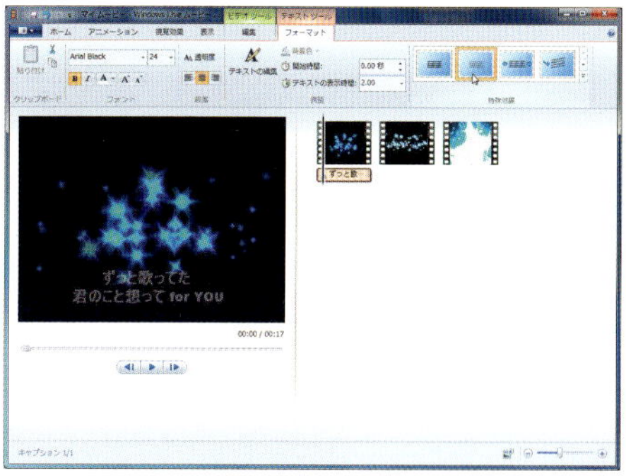

好きな動画をつなぎ合わせる

PowerDirector 8編

1 PowerDirector 8の画面構成

PowerDirector 8 の編集画面は、右図のような機能で構成されています。

1）ルーム
トランジション、エフェクト、字幕、タイトルなど、さまざまな機能のアイコン。

2）ライブラリーウィンドウ
作業目的に応じて表示内容が異なり、「編集」では取り込んだ動画や画像、音楽データが登録されています。

3）プレビューウィンドウ
ライブラリーウィンドウやタイムラインボードで編集中の動画のプレビュー画面。

4）タイムラインボード
動画の編集、動画の合成、フォトムービーの作成、字幕の作成などを時系列で作業するスペース。

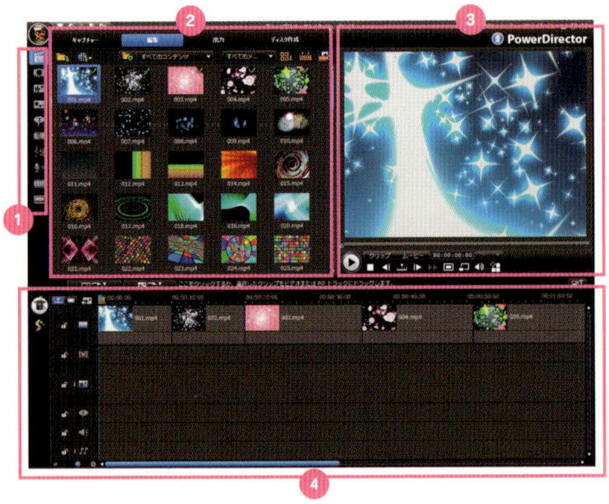

2 ファイルを読み込む

［メディアルーム］→［メディアのインポート］→［メディアファイルのインポート］を選択します。なお、ファイルはフォルダごとに読み込むことも可能です。

PowerDirector 8 では、次のようなフォーマットの動画を取り込み、編集ができます。
DV-AVI/Windows AVI/MPEG-1/MPEG-2/H.264（.mp4）/H.264（.m2ts）/MPEG-4/QuickTime/RealVideo/WMV/3GPP2

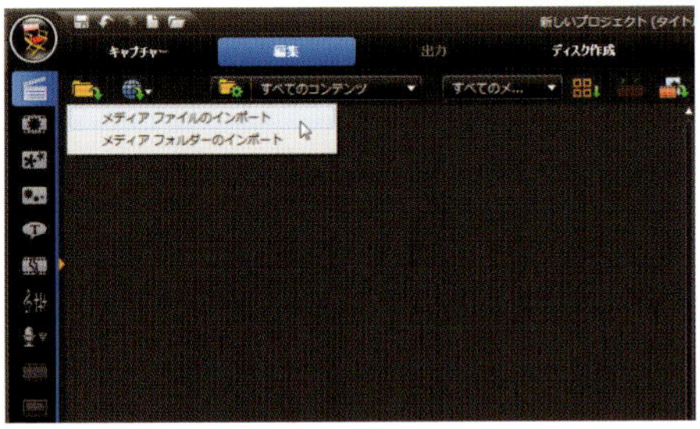

▼

MP4 データのままで簡単にムービー編集をしたいのであれば「PowerDirector 8」がオススメ。AVI、MP4 をはじめ、さまざまなビデオファイル形式に対応したビデオ編集ソフトです。本書 DVD には体験版インストーラーを収録しています。

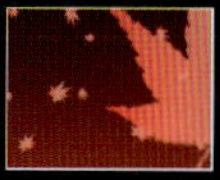
+
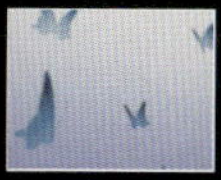

3 読み込みたいファイルを選択

使用したい動画ファイルを選択し、[開く] ボタンをクリックすれば、ファイルが読み込まれます。

「ファイルを開く」ダイアログボックスには、ファイルのプレビュー機能が備えられています。

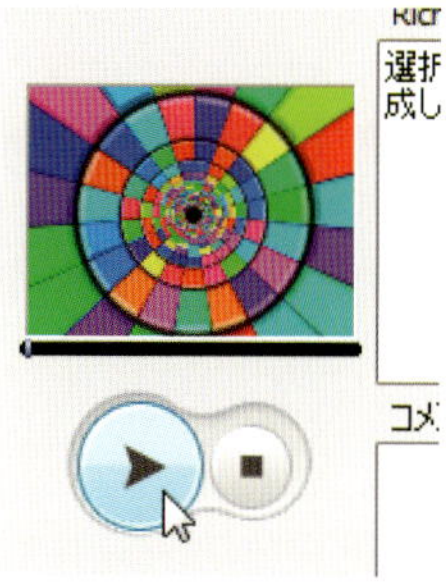

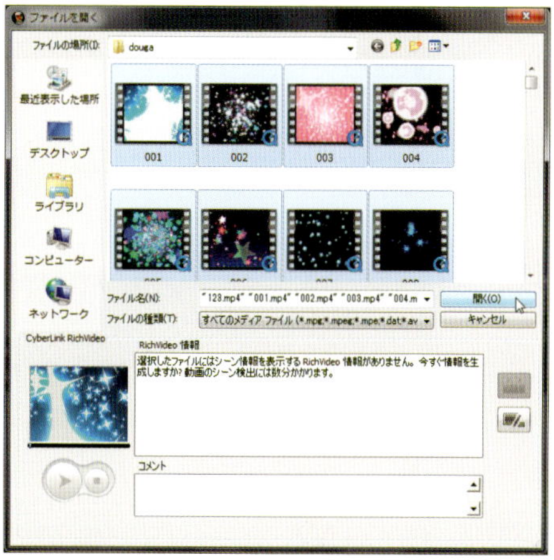

4 つなげたい順番に並べる

[ライムラインボード] へファイルを再生したい順番にドラッグ＆ドロップします。

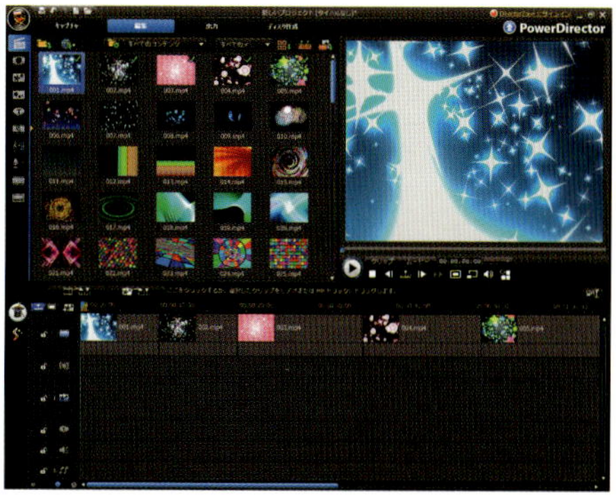

音楽を取り込む

PowerDirector 8 編

1 オーディオファイルを読み込む

動画を読み込む手順と同様に、[メディアルーム] → [メディアのインポート] → [メディアファイルのインポート] を選択。[ファイルを開く] ダイアログボックスが表示されるので、オーディオファイルを選択して [開く] ボタンをクリックします。

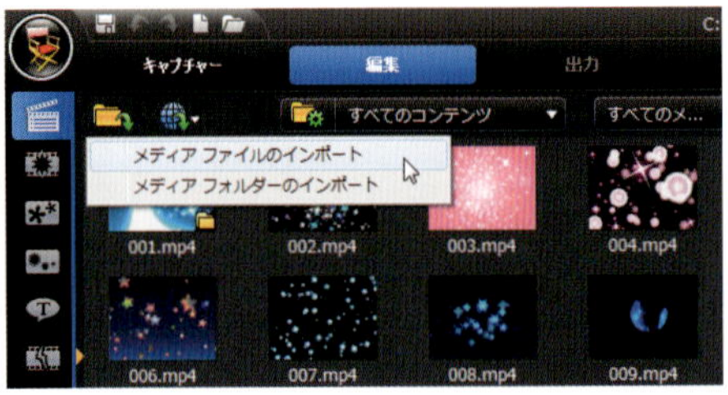

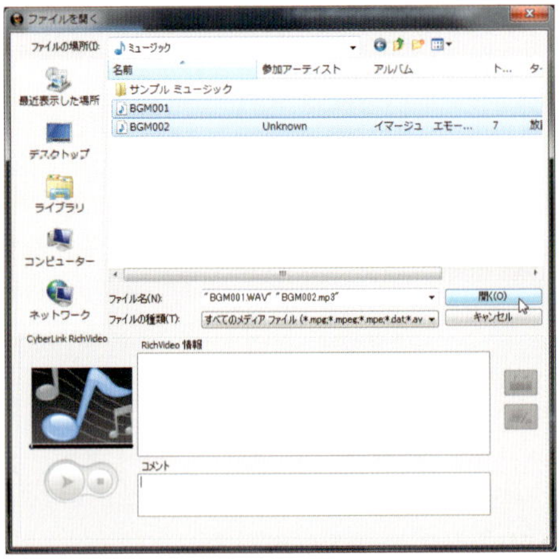

2 音楽CDから読み込む

音楽 CD をドライブにセットし、[キャプチャー] > [CD からキャプチャー] を選択。[キャプチャーの環境設定] にある [トラック：] で使用したい曲を選択し、[録画] ボタンをクリックすると、音源が取り込めます。

音楽 CD から楽曲を利用する場合には、著作権に注意してください。ムービーを配布したり Web サイトで公開すると、著作権法違反になります。

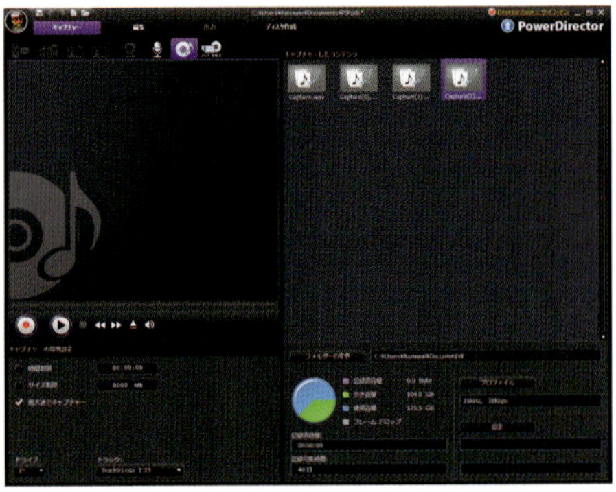

PowerDirector 8 で、音楽を取り込む方法を解説します。MP3 データなどオーディオファイルを読み込む方法と、音楽 CD から直接読み込む方法の２パターンがあります。

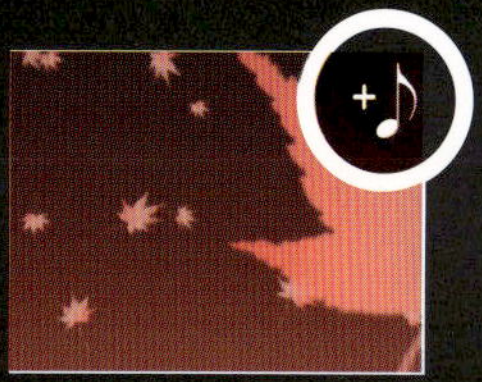

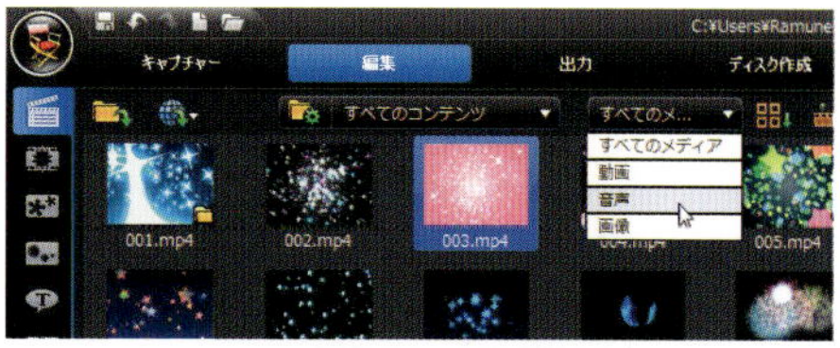

3 オーディオデータだけを表示する

［すべてのメディア］をクリックして［音声］を選択すると、ライブラリーウィンドウに取り込んだデータのうち、オーディオファイルだけが表示されます。

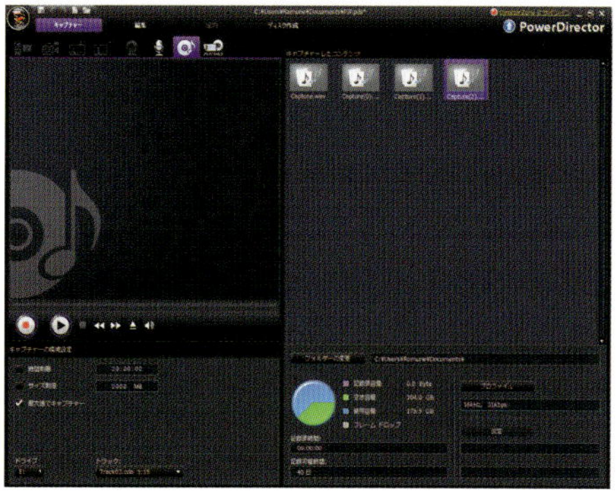

4 トラックに配置する

ライブラリーから使用したいファイルを選び、ライブラリウィンドゥの下にある［音楽トラックに追加］ボタンをクリックしてください。タイムライン上に音楽が設定されます。なお、配置されたデータの左右をマウスでドラッグすると、音楽データをトリミングすることができます。

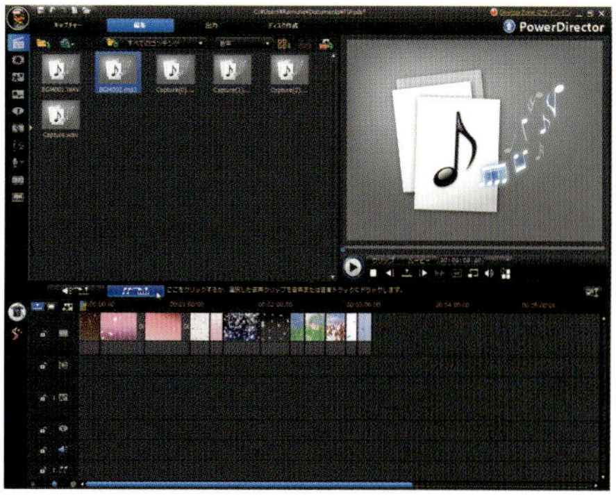

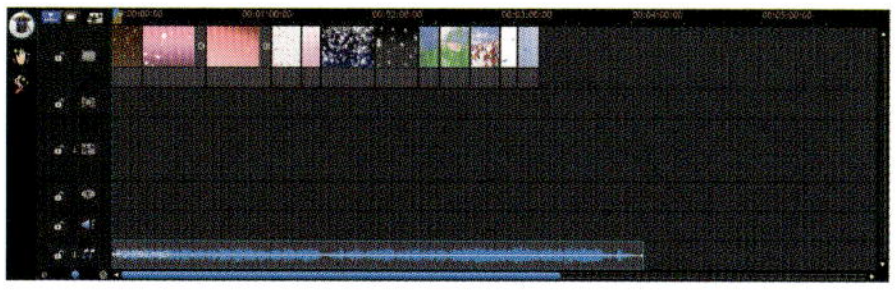

テロップを付ける

PowerDirector 8 編

1 動画をタイムラインに並べる

利用したい動画を、[ライブラリーウィンドウ] から [タイムラインボード] にドラッグ & ドロップで配置します。[タイムラインビュー] ボタンをクリックすれば、タイムラインビューに切り替えられます。

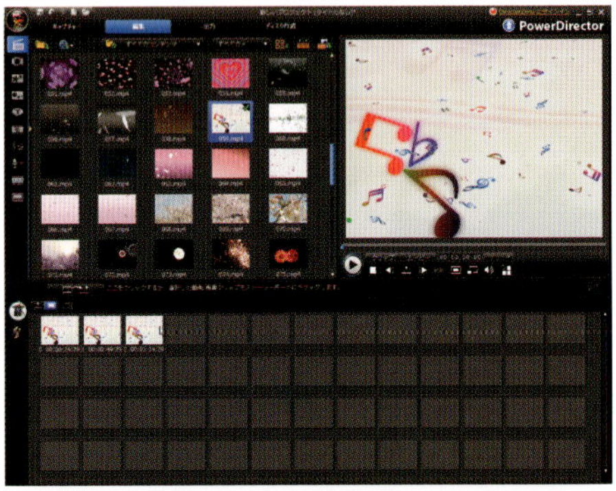

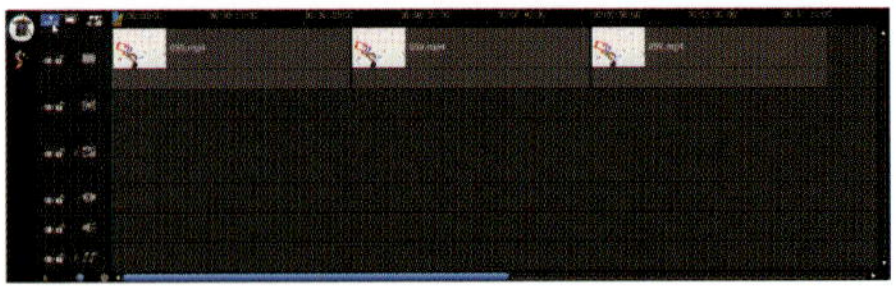

2 タイトルクリップを配置

プレビューウィンドゥの再生をクリックして、タイトルを開始したい位置にインジケーターを合わせます。[ルーム] から [タイトル] をクリック。テンプレートを選択して [タイトルトラックに配置] ボタンをクリックすると、タイトルクリップが配置されます。

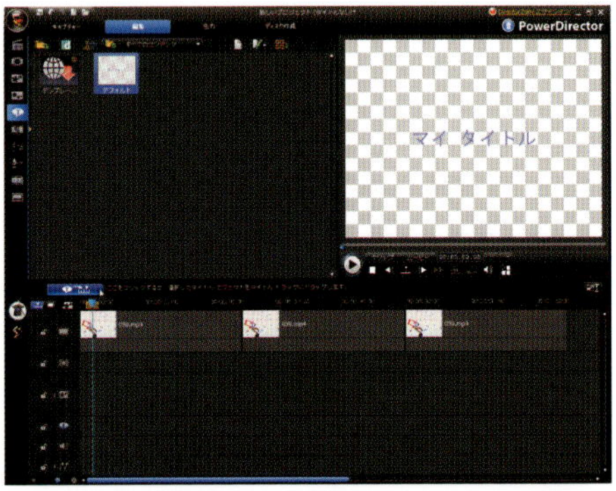

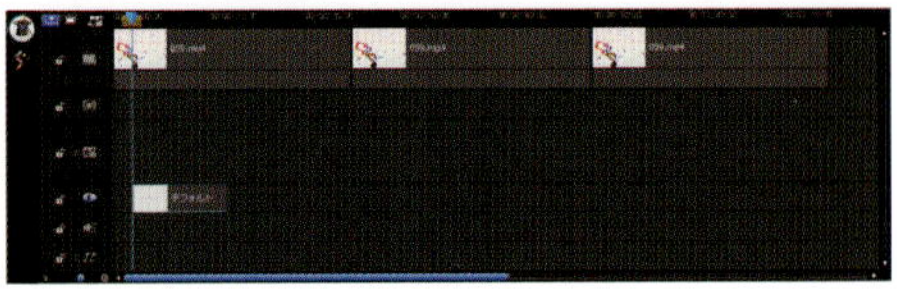

「字幕」機能を使えば、音楽の歌詞や告知情報などのテロップを簡単に付けることができます。PowerDirector 8 では、テロップが右から左へ流れるスクロール表示が可能です。

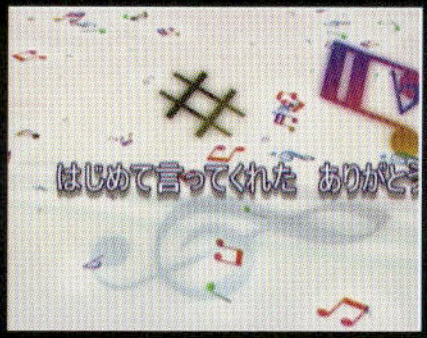

3 文字を入力する

タイトルクリップをダブルクリックすると、「タイトルデザイナー」が起動するので、ダブルクリックして文字を入力します。

タイトルデザイナー画面で、フォントの種類やサイズ、デザインなども変更できます。表示位置も、ドラッグで調整できます。

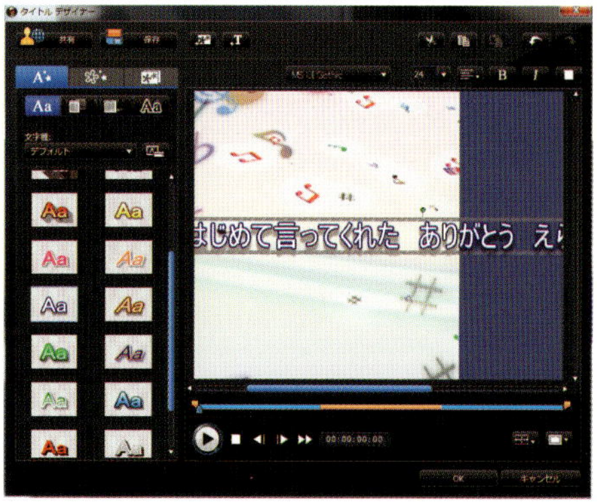

4 テロップの特殊効果

テロップの開始時に特殊効果をつけたい場合は、[アニメーション] タブから [開始エフェクト] → [その他エフェクト] ボタンをクリック。利用したいエフェクトを選んで、[OK] ボタンをクリックします。タイトルデザイナーに戻るので [OK] ボタンをクリックして完了です。

テロップのアニメーション速度を調整するには、タイトルクリップの左右をマウスでドラッグし再生時間を調整します。

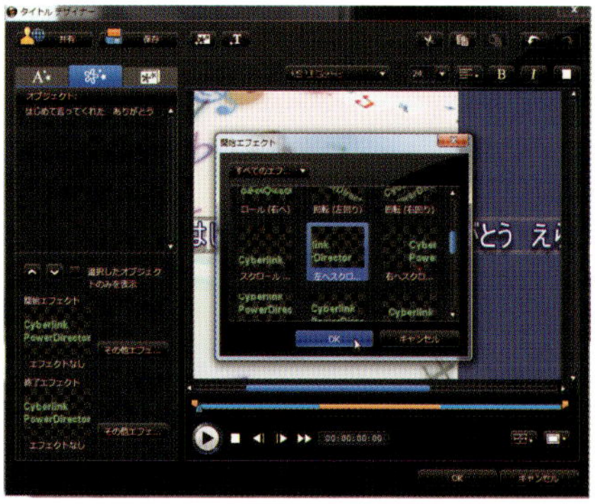

ムービーを出力する

PowerDirector 8 編

1 多彩な出力形式をサポート

ライブラリーウィンドウの［出力］ボタンをクリックし、［ファイル］タブをクリックしてください。目的に応じたファイル形式を選択して出力できます。

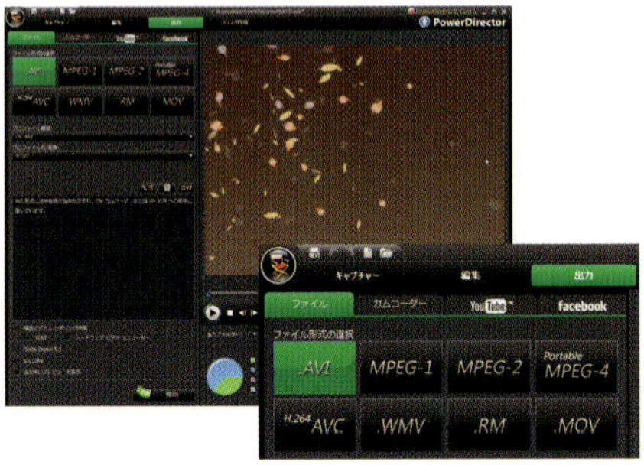

▼

2 DVD形式のファイルで出力する

［MPEG-2］を選択して［開始］ボタンをクリックすると、DVD-Video で利用しているのと同じ形式で出力できます。

設定画面の「プロファイル名 / 画質」では、出力するムービーの画質を選択できます。目的に応じて画質を選択してください。なお、高画質なほどファイルサイズも大きくなります。

ファイルは、画面右の「出力フォルダー」に表示されているフォルダーに出力されます。出力先を変更したい場合は、［クリックして他の出力フォルダーを選択］ボタンをクリックし、フォルダー先を選択してください。

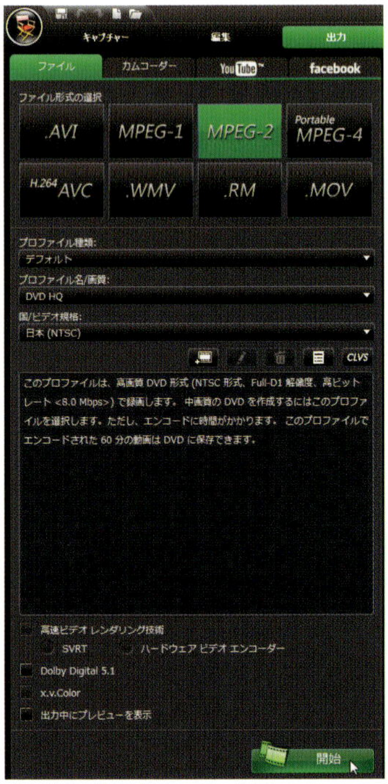

▼

鑑賞用 DVD、YOUTUBE やニコニコ動画への UP、iPhone で見れるようにしたいなど、目的に応じて出力すべきファイル形式は異なります。Power Director 8 から、さまざまなファイル形式に出力する方法を解説します。

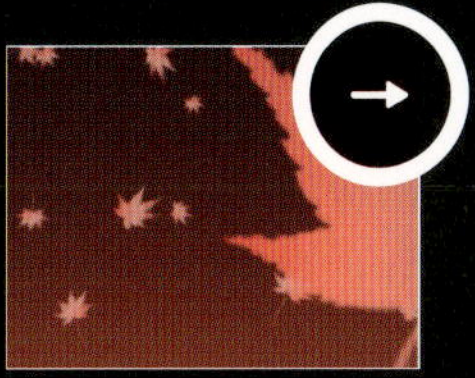

3 PSP、iPod/iPhone用に出力する

［Portable MPEG-4］で、PSP や iPod、iPhone に利用できるファイル形式で出力できます。

設定画面の「プロファイル種類」では、出力する先のデバイスが PSP なのか、iPod/iPhone なのかを選択できます。

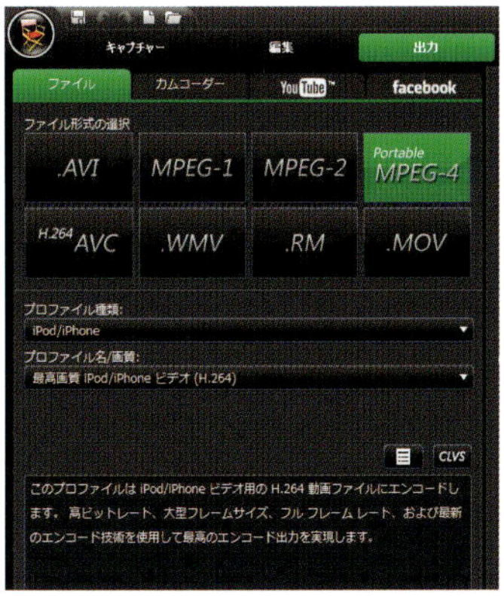

▼

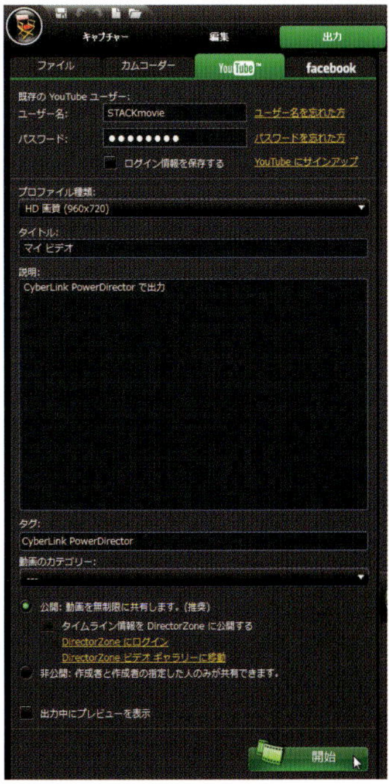

4 YouTubeにアップロードする

ダイレクトに YouTube にアップロードすることもできます。

［出力］＞［YouTube］を選択し、必要に応じてオプションを選択してください。

イラストと動画を合成する

NiVE編

1 インストールする

NiVE（NicoVisualEffects）は
http://nicoae.if.land.to/ よりダウンロードできます。

NiVE で対応する動画ファイル形式は、AVI（1.0）形式です。
本書収録の AVI ファイルを使用するには、別途プラグイン（DirectShow 入力プラグイン）が必要です。

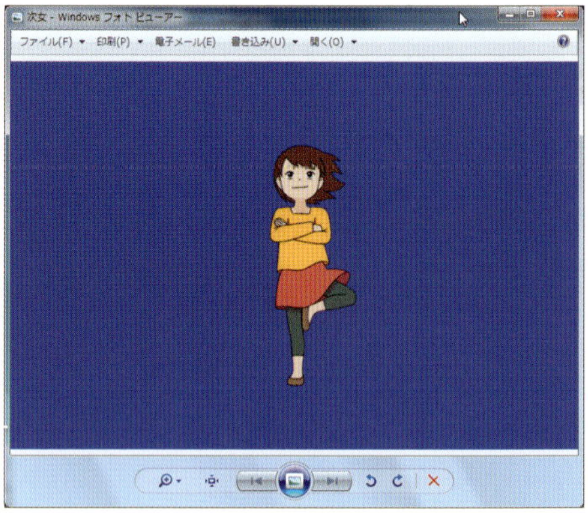

▼

2 イラストを準備する

動画データと合成するイラストデータを準備しておきます。サイズは、動画データと同じか、同じ比率で作成しておきます。

NiVE では、標準で対応しているイメージデータのフォーマットは「BMP、GIF、PNG、JPEG、TIFF」の 5 種類です。その他のフォーマットのイラストデータを読み込みたい場合は、対応したプラグインを別途用意し、NiVE に組み込んでおく必要があります。

イラストの背景は、単色で塗りつぶしておきます。Photoshop などで背景を透明に設定しても、BMP など NiVE が標準で対応するイメージデータに変換すると、白い背景に置き換わってしまいます。

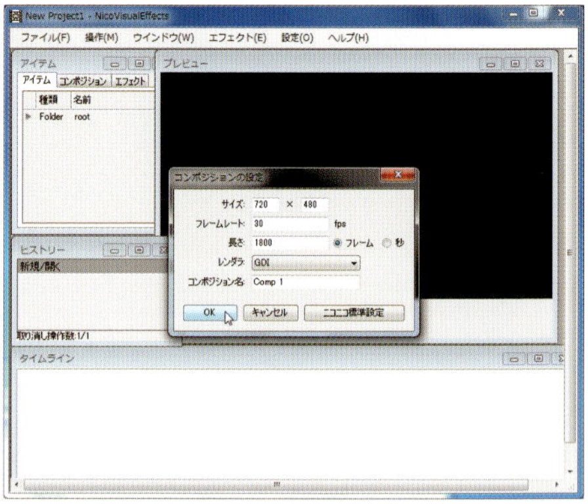

▼

3 プロジェクトを準備する

NiVE を起動後、［ファイル］→［新規プロジェクト］で利用する背景動画のサイズに合わせて、プロジェクトを準備します。

収録の AVI データは、720 × 480 です。

自作イラストとの合成やMAD動画作成など、イメージ画像と動画を合成するフリーソフトなら「NiVE(NicoVisualEffects)」がオススメ。ここでは、イラストの背景色を透明にして、イラストと動画素材を合成する方法を解説します。

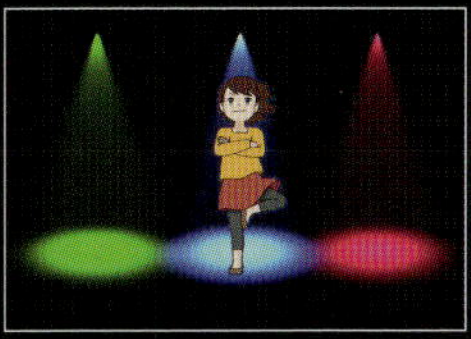

4 素材を読み込む

［ファイル］→［ファイルの読み込み］で、利用する動画データとイラストデータを読み込みます。

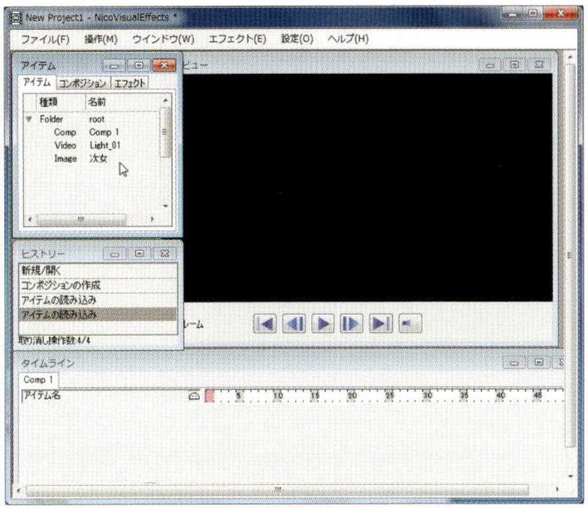

5 タイムラインに配置する

アイテムウィンドゥに読み込んだ素材をタイムラインに配置します。このとき、背景となる動画素材のタイムラインの上に、イラストのタイムラインが配置されるように読み込むことが重要です。

順番としては、イラストデータを配置してから、動画データを配置します。

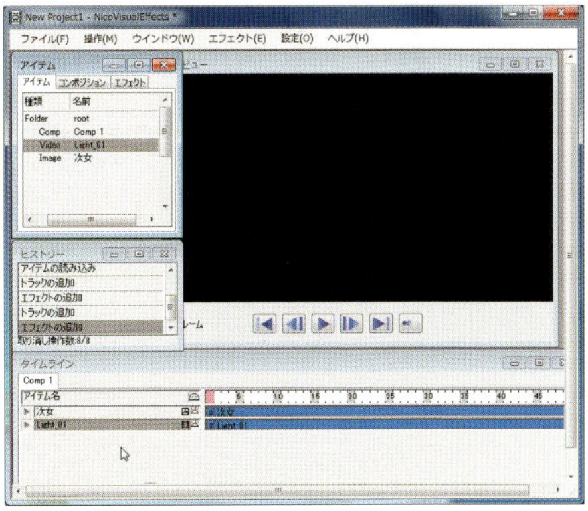

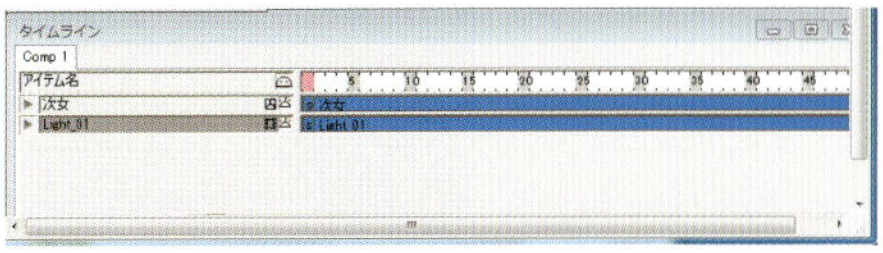

❺ プレビューで確認

プレビューウィンドウで再生を実行すると、動画データの上に背景のブルーを含んだイラストデータが全て覆っているので、動画データはまだ見えません。

NiVE で複数のタイムラインを利用する場合、プレビューウィンドウには、常に一番上に配置されているアイテムが表示されます。タイムラインでは、アイテムをドラッグ & ドロップすれば順番を入れ替えられます。

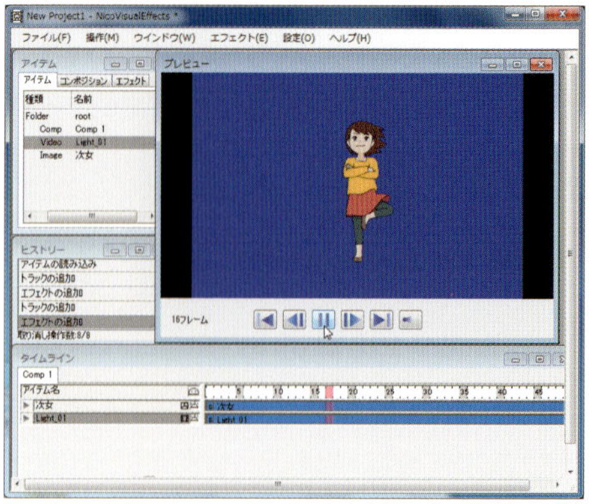

▼

❻ キーイング加工をする

イラストデータの背景であるブルーだけを切り取って、隠れている背景動画を表示させます。
メニューバーから［エフェクト］→［キーイング］→［カラーキー］を選択します。

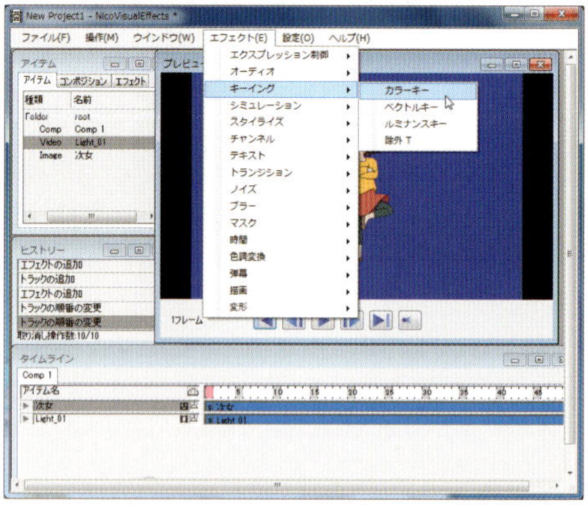

▼

❼ カラーキーを表示させる

イラストのタイムラインで［アイテム名］＞［エフェクト］＞［カラーキー］＞［色］を表示します。

タイムラインのイラスト名の先頭にある右三角マーク［▶］をクリックして［▼］にすることで、
たたまれていた設定トラックが展開されます。

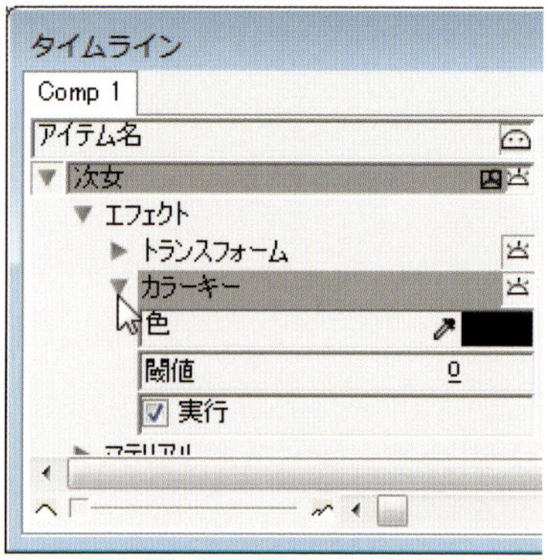

▼

8 スポイトを選択する

［色］の設定トラックにある［スポイト］をクリックすると、［色の取得］ダイアログボックスが表示されます。

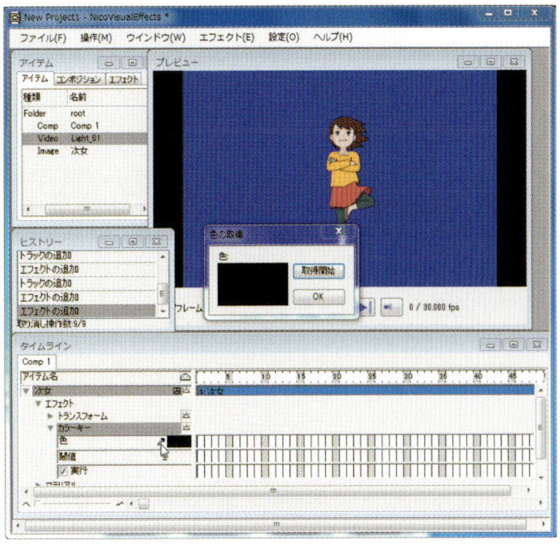

▼

9 切り抜きたい色を選ぶ

［取得開始］ボタンをクリックして、イラストの背景部分にマウスを合わせると、イラストの背景に使われている色が選択されるので［Enter］キーを押します。これで、イラストの背景が透明になり、その下の背景動画と合成できました。

色の取得のダイアログボックスにある［OK］ボタンは、マウスでクリックしないでください。
マウスを動かすと、別の色が選択されてしまい、背景色がきちんと選べなくなります。

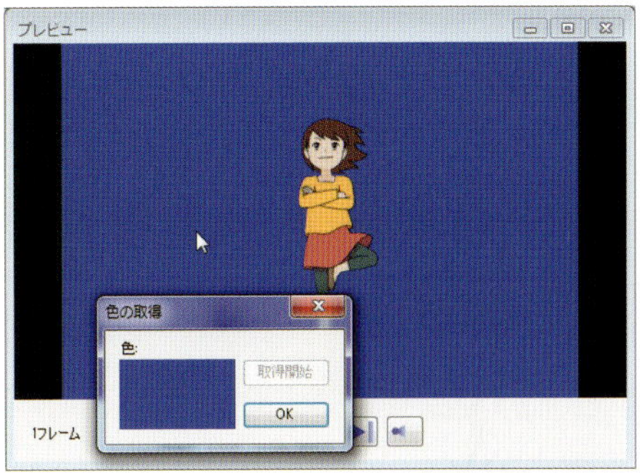

▼

10 再生して確認する

プレビューウィンドゥの再生ボタンで再生し、確認して問題がなければ、保存して完了です。

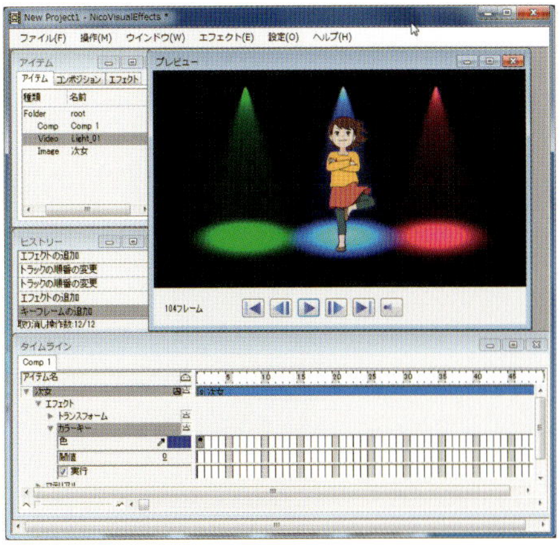

YouTubeに公開する

YouTube編

1 ［動画をアップロードする］をクリックする

YouTubeにログインし、［動画をアップロードする］→［動画のアップロード］を選択します。

YouTubeに動画をアップロードするには、アカウントを事前に取得しておく必要があります。取得したIDとパスワードを利用してログインしてください。

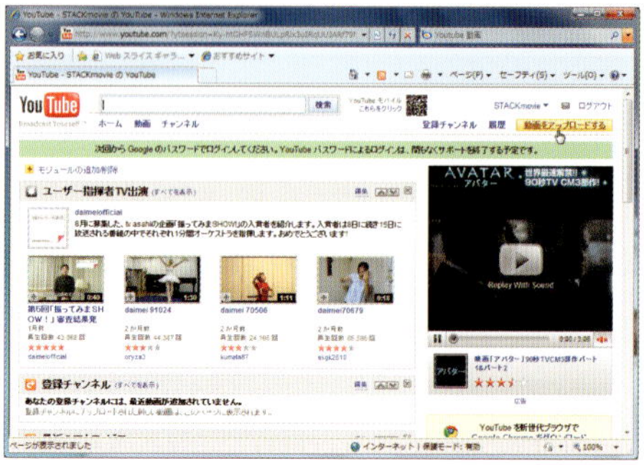

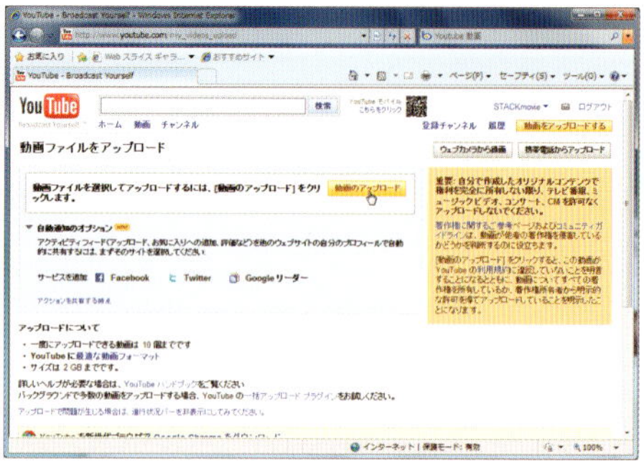

2 ファイルを選択する

アップロードしたいファイルを選択し、［開く］ボタンをクリックします。

YouTubeでは、ほぼすべての形式の動画がアップロード可能ですが、H264、MPEG-2またはMPEG-4が望ましいとされています。

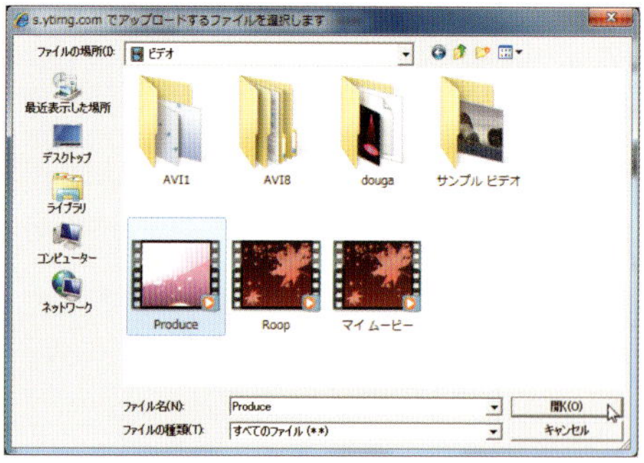

オリジナルムービーをYouTubeに公開してみましょう。Windows Liveムービーメーカーも、PowerDirector 8もソフトから直接アップロードが可能ですが、ここでは、YouTubeのサイトからアップロードする方法について解説します。

3 オプションを設定する

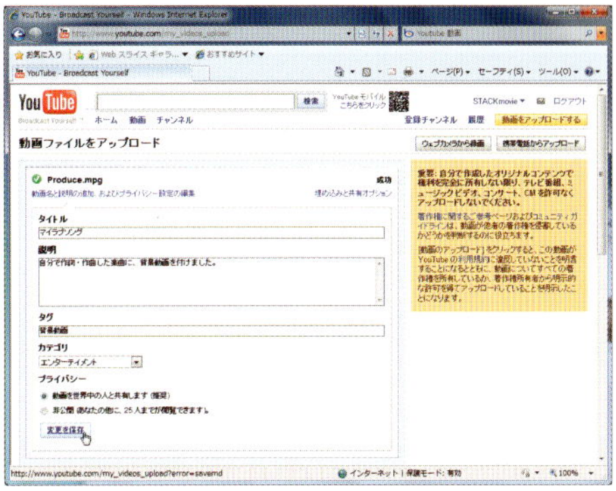

[動画ファイルをアップロード] 画面に切り替わるので、タイトルやタグ付けなど必要な情報を記入して [変更を保存] ボタンをクリックします。

試験的にアップロードする場合は「非公開」でアップロードします。後から公開／非公開の変更は可能です。
また、非公開の場合、パスワードを知らせたユーザーだけが見られる、クローズド的な利用も可能です。

▼

4 「マイ動画」で確認する

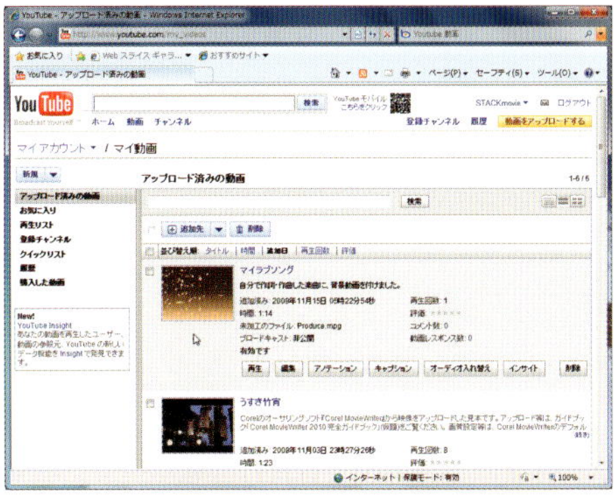

アップロードが完了後、YouTube側でファイル変換され、公開されます。「マイ動画」ページでアップロードしたムービーを確認・再生してみましょう。

ニコニコ動画に公開する

ニコニコ動画編

1 ログインする

ニコニコ動画のページで［動画を投稿］を選ぶと、「SMILEVIDEO」ページにジャンプするので、ログインし［動画の新規アップロード］をクリックします。

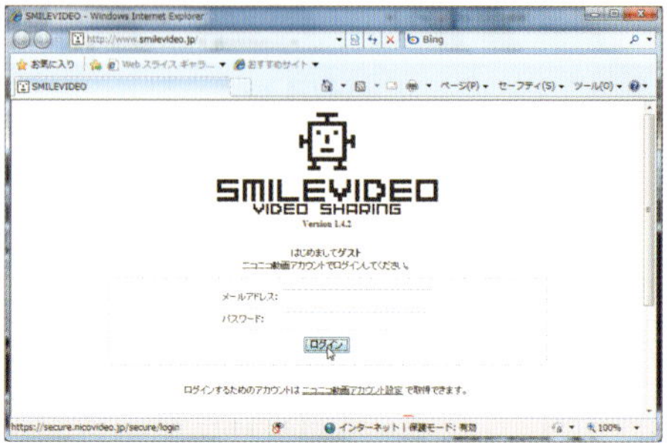

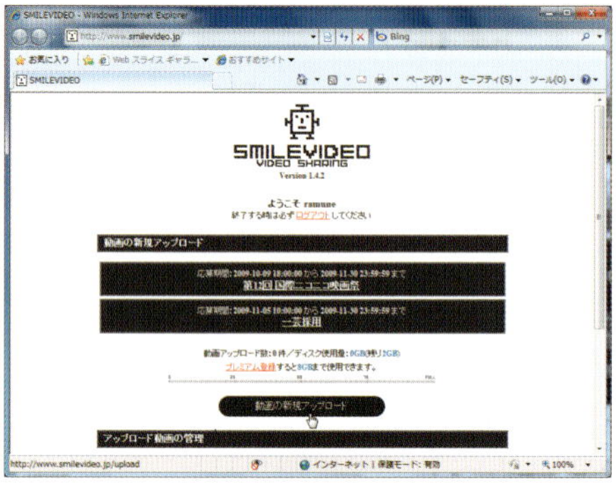

2 ファイルを選択する

［参照］ボタンをクリックして、アップロードしたいファイルを選び、「アスペクト比」を選択。［本ページ記載内容および利用規約に同意し動画をアップロード］ボタンをクリックします。

ニコニコ動画でも、ほとんどの形式の動画がアップロード可能ですが、H264/AVC（MP4）または FLV 形式は、再エンコードされずにそのままアップロードが可能で、許容ファイル容量も大きいです。

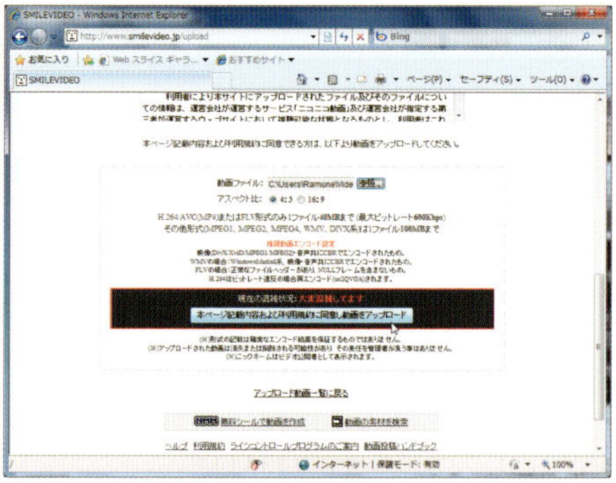

今度は、ニコニコ動画に公開する方法を解説します。編集ソフトからのアップロードはサポートしていないので、出力したファイルをニコニコ動画のサイトからアップロードする方法を解説します。

3 エンコードの順番待ち

エンコードは、アップロードした順に行われます。自分の番が来るまで待ちましょう。

ニコニコ動画では、19 時～ 26 時は、プレミアム会員が優先的にエンコードされます。気長に待つことができない場合は、プレミアム会員になることをおすすめします。

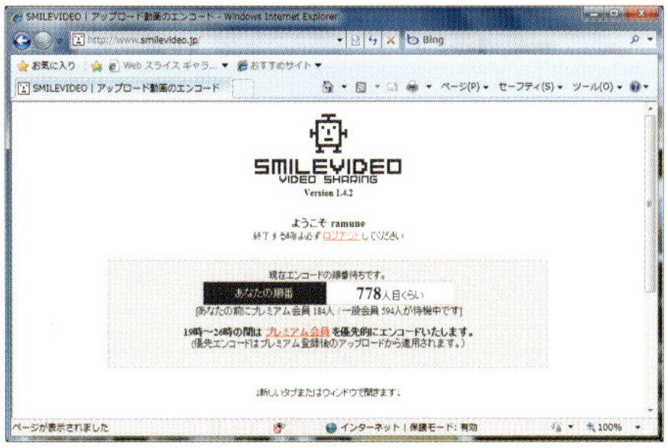

▼

4 動画情報の入力

公開する動画のタイトルや説明文、カテゴリーを入力します。また、公開 / 非公開のどちらかを選択し、［この内容で登録］ボタンをクリックします。

試験的にアップロードする場合は、「非公開」でアップロードします。後から、公開 / 非公開の変更は可能です。

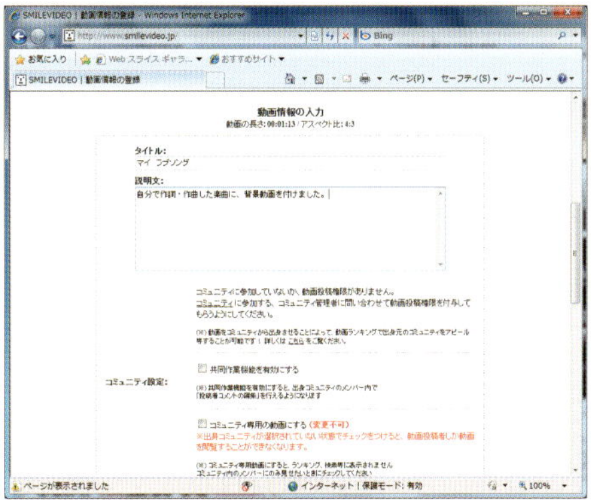

▼

5 動画を確認する

確認メッセージで［OK］を選択してアップロードが完了すると、自動的にアップロードした動画を確認するページにジャンプします。

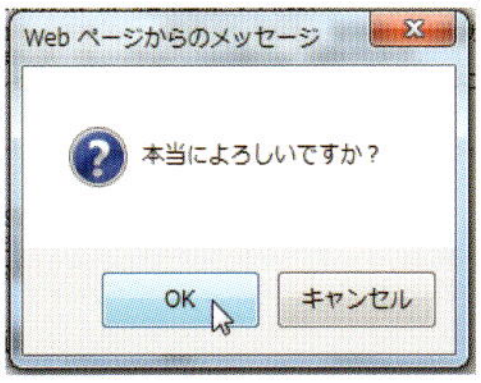

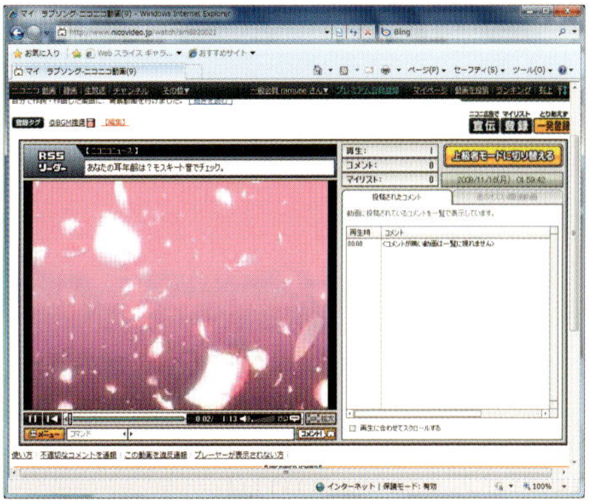

＼キラキラ★星／

001

BRILLIANT STAR 00:10.00

00:10.00

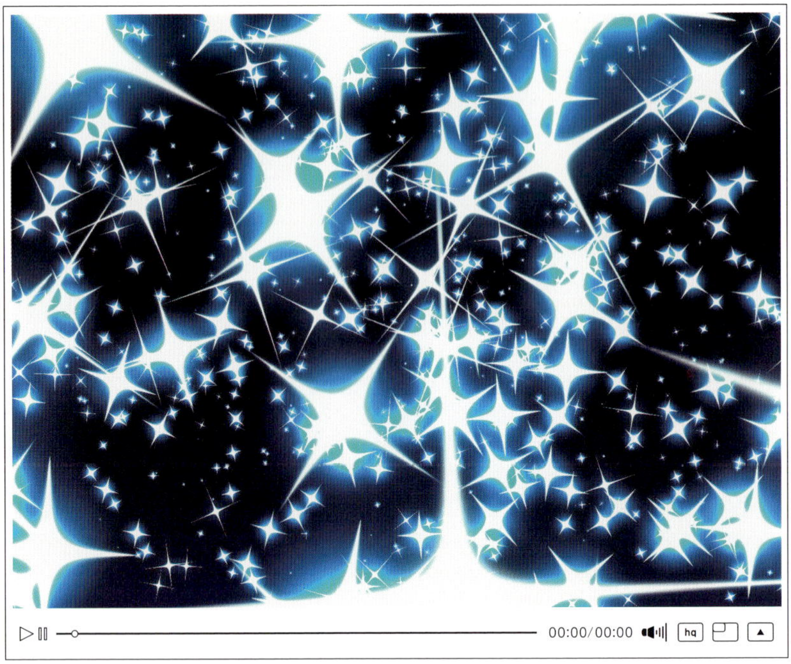

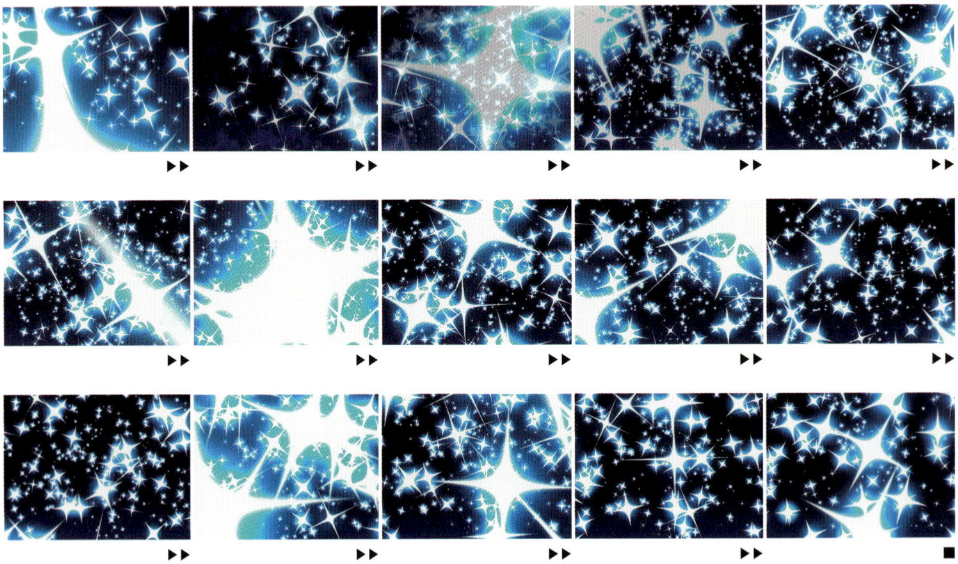

002

00:10.00 KIRAIKIRA BLUE

00:10.00

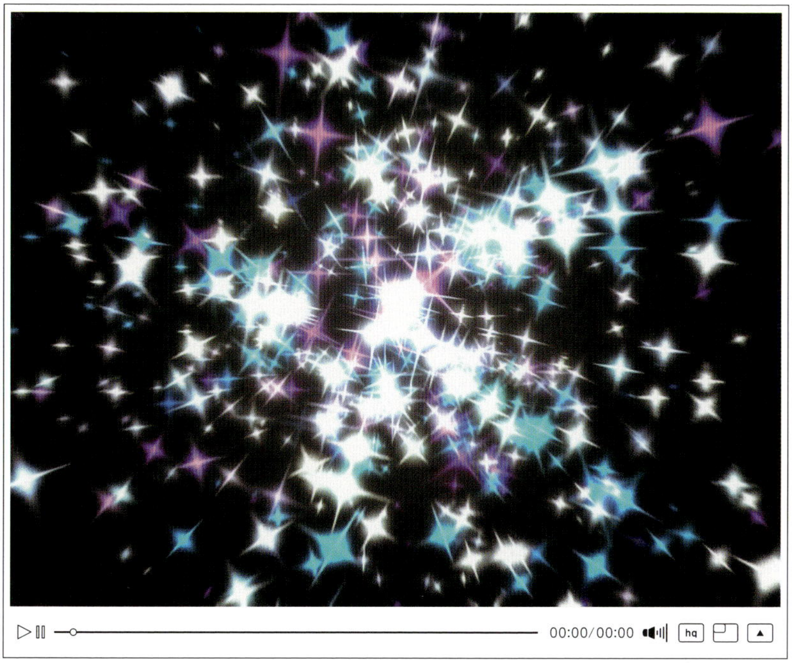

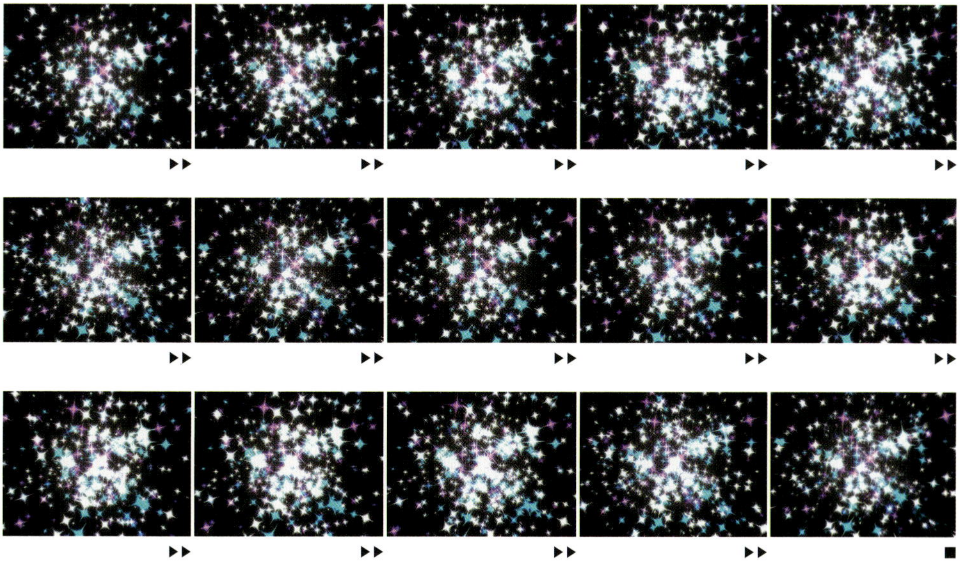

003

KIRAIKIRA HEART

00:16.00

00:16

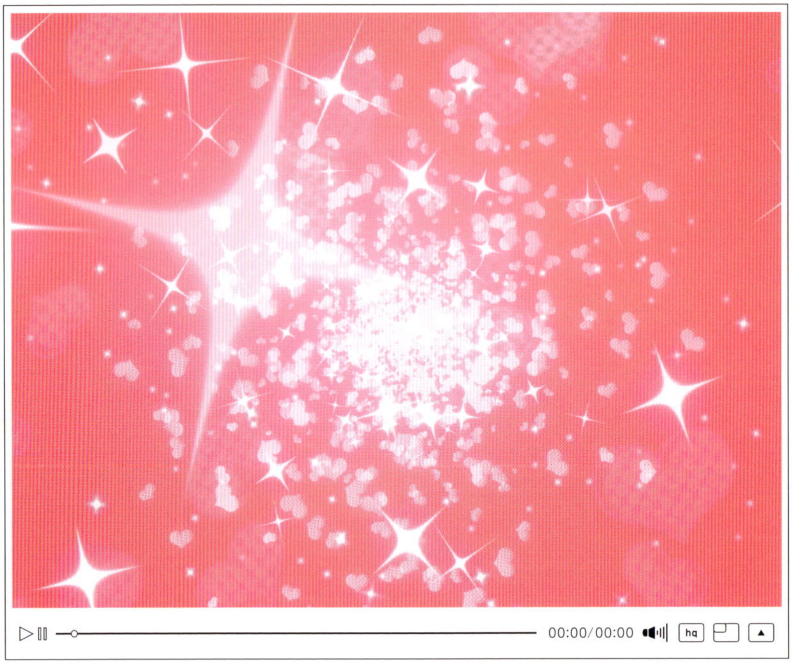

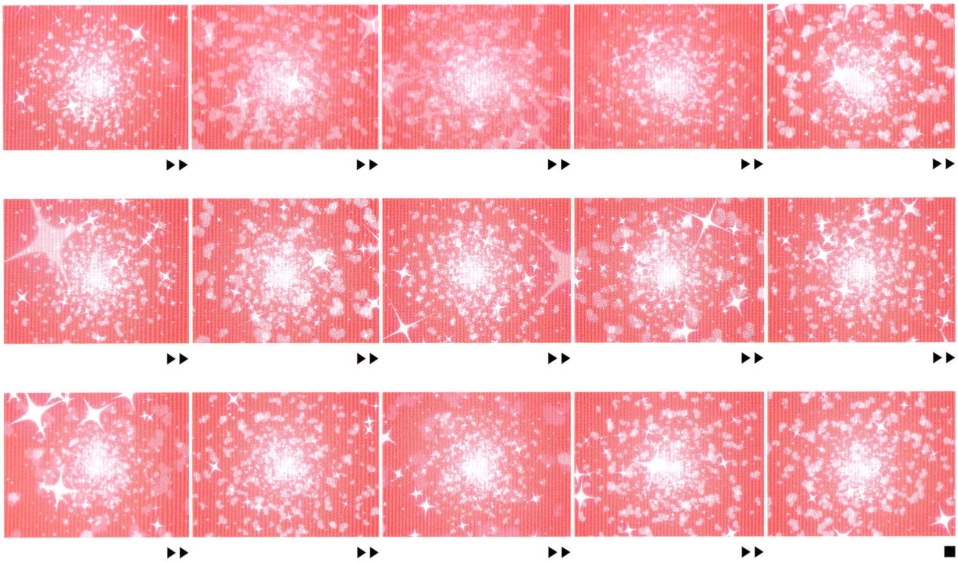

00:15.00 KIRAIKIRA PINK

004

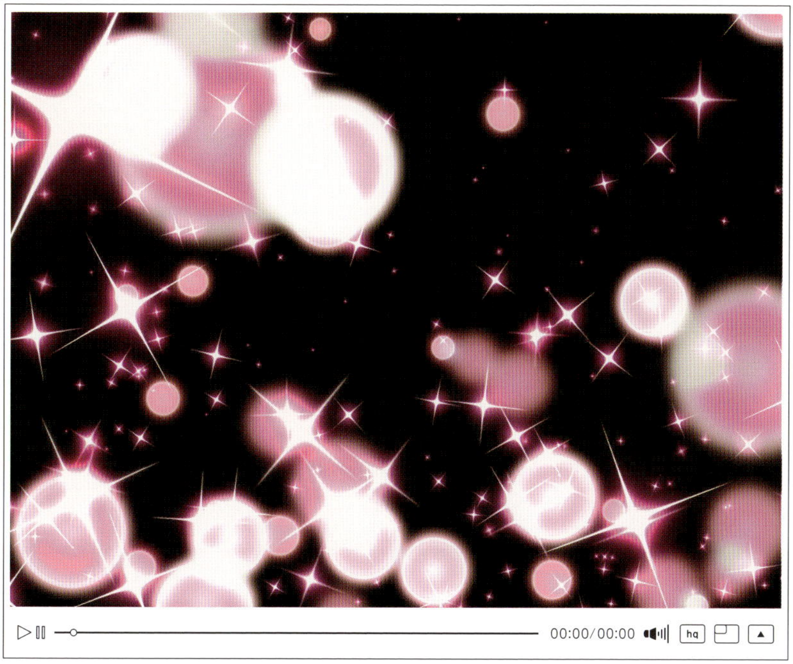

00:15 .00

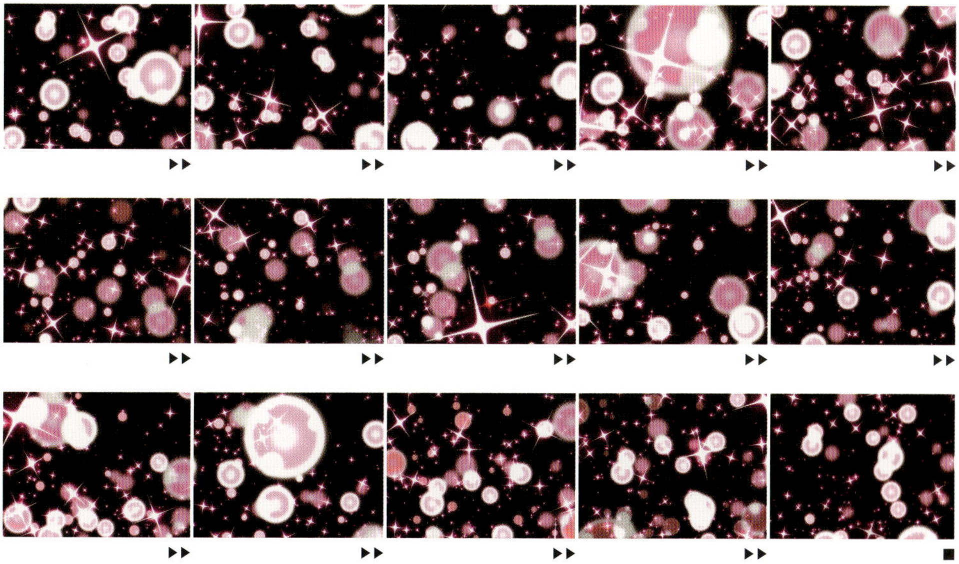

005 TWINKLING STAR 00:16.00

00:16.00

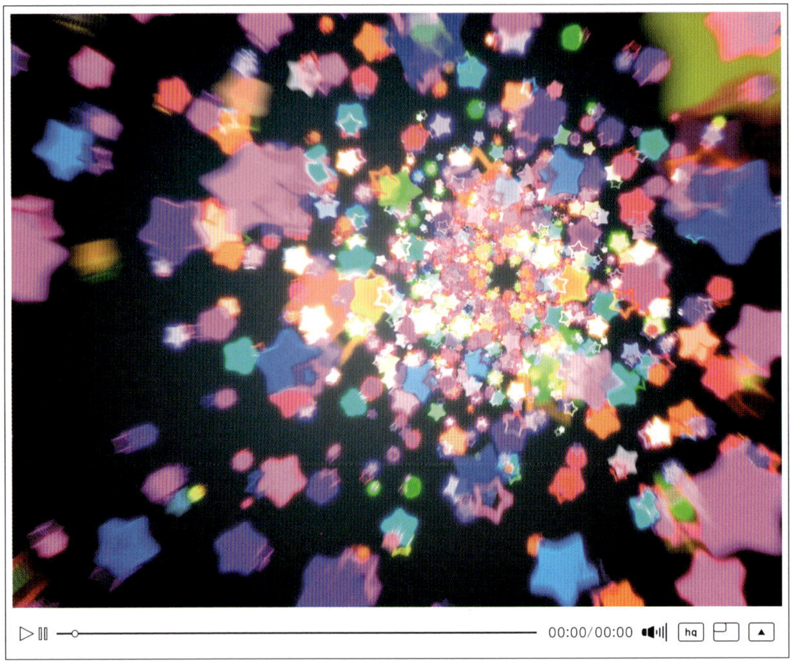

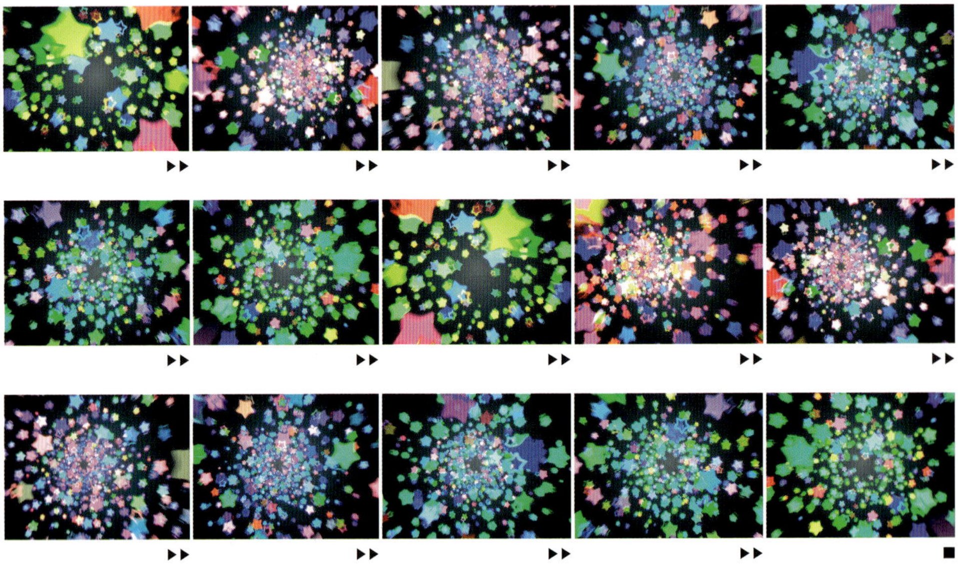

00:12.00 SWINGING STAR 006

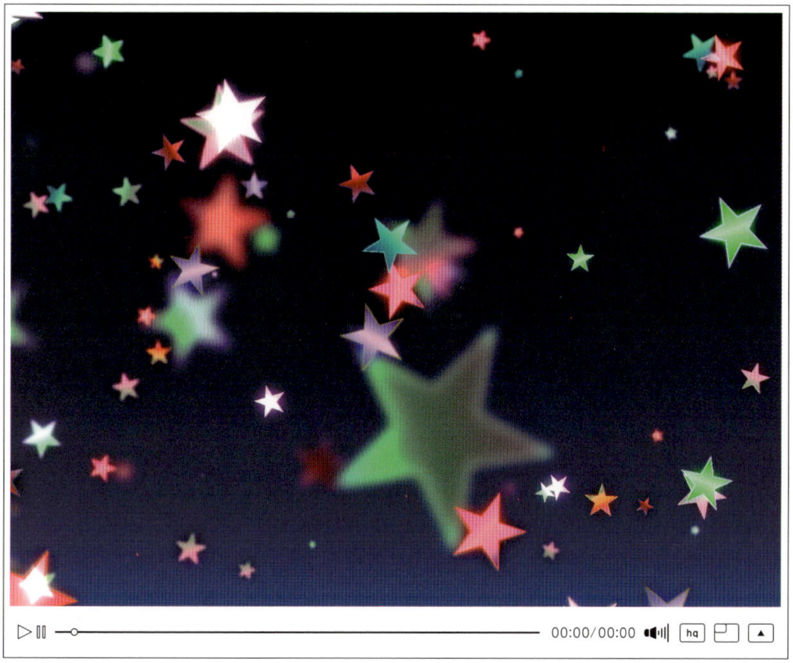

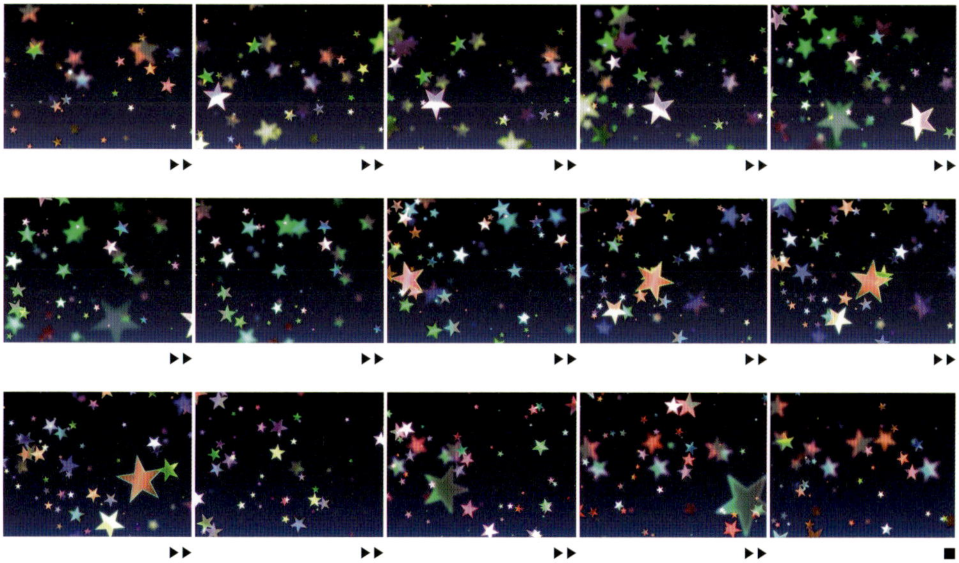

007

SPARKLING BLUE

00:05.00

00:05.00

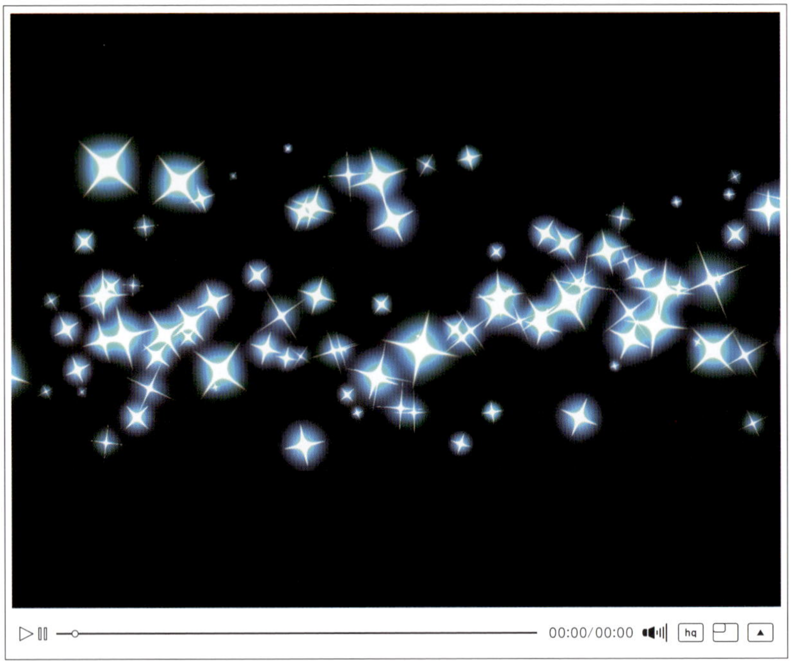

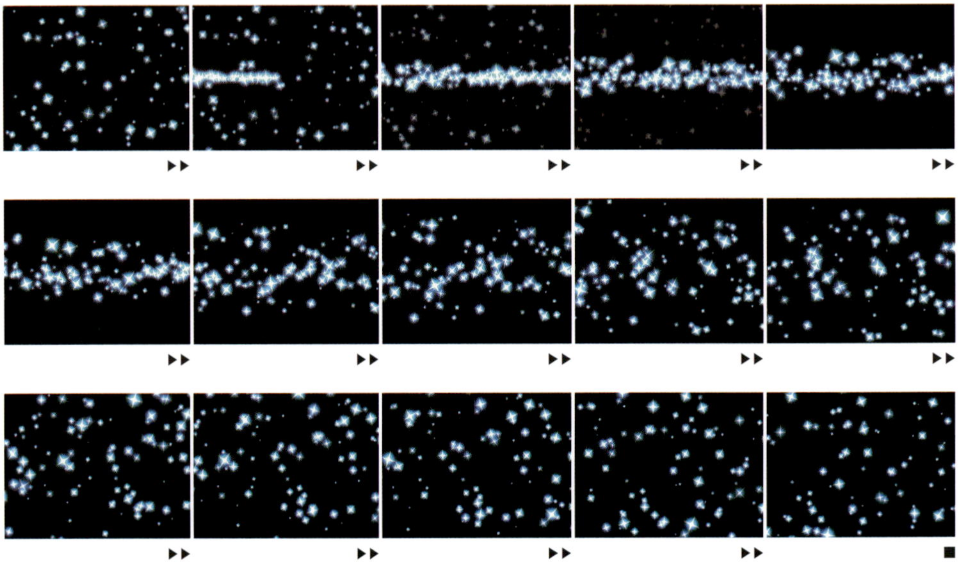

008

00:02.00 SHINY BLUE

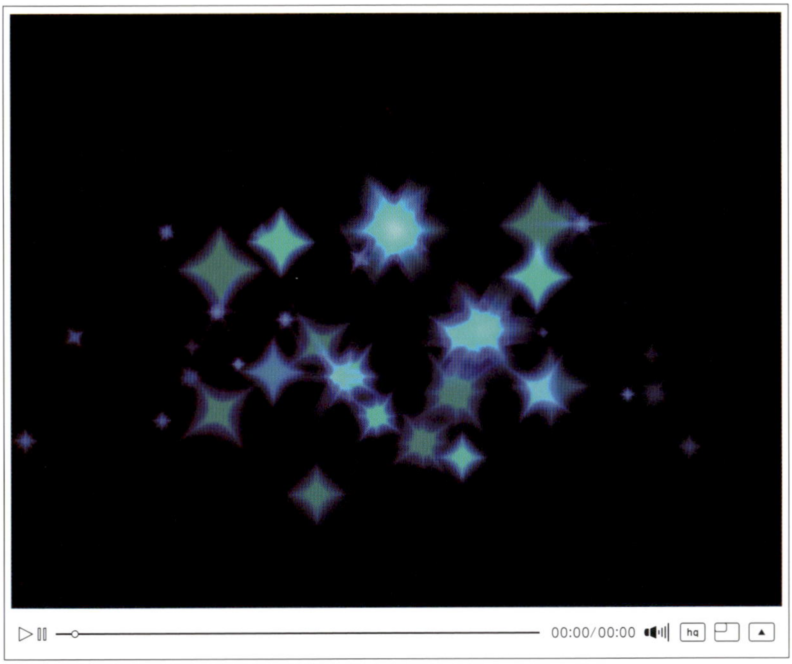

00:02.00

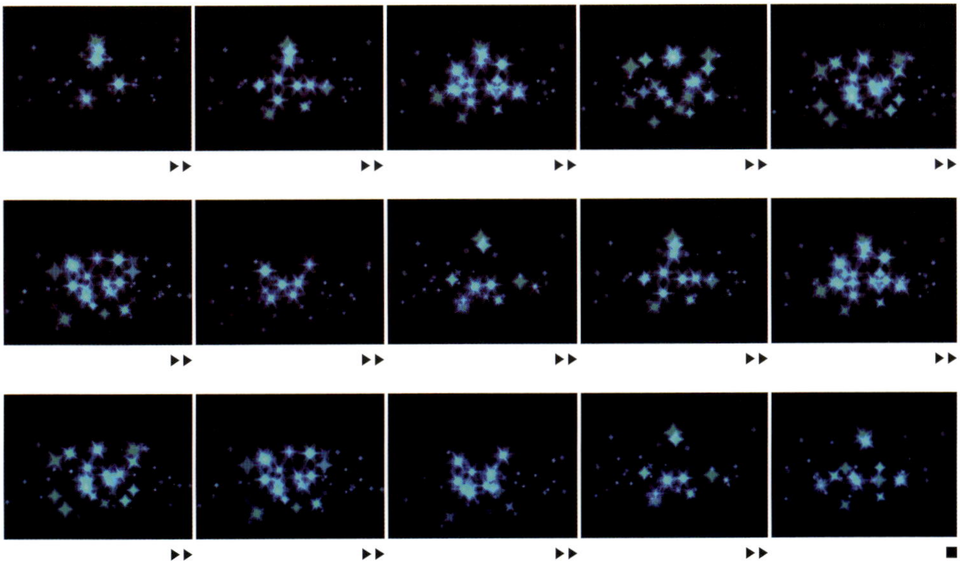

009 DISCO DISCO 00:06.50

00:06.50

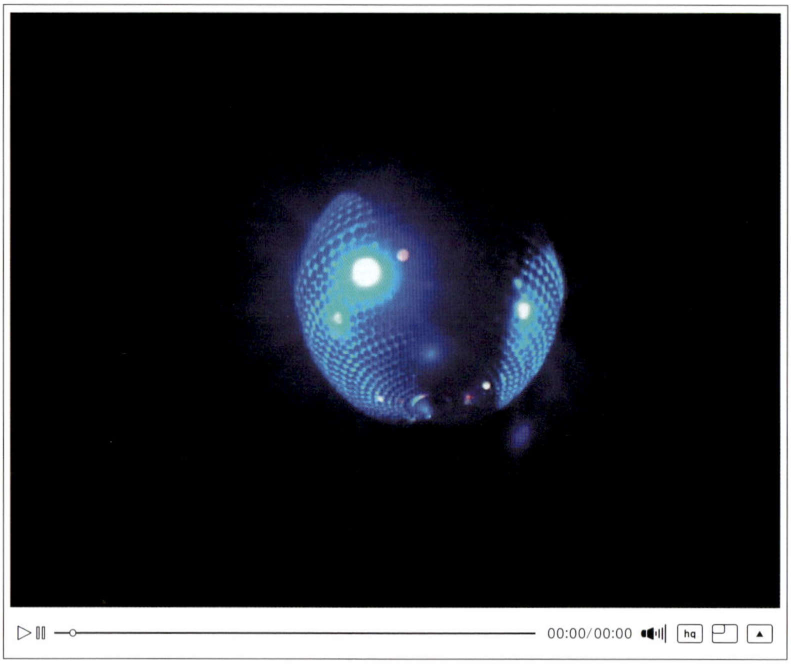

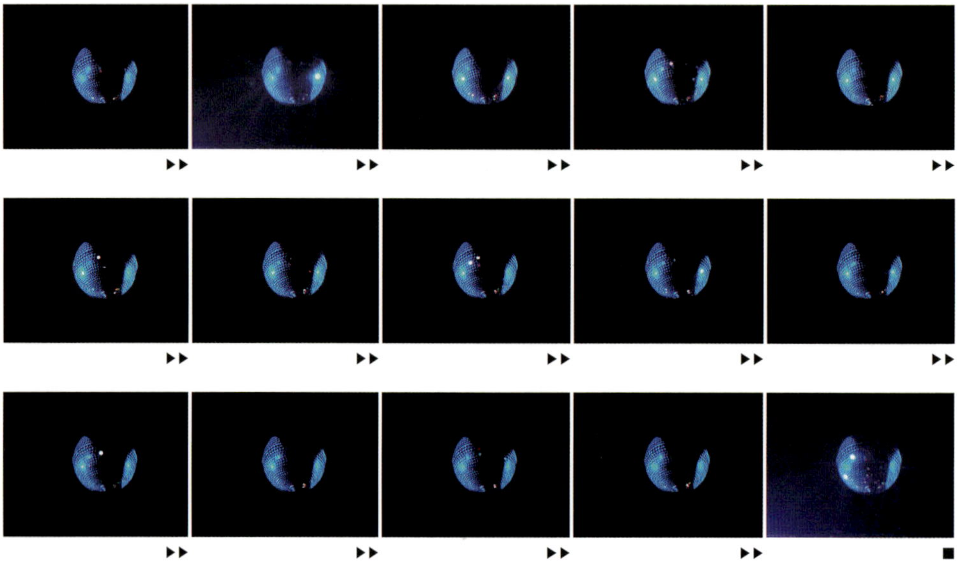

010

00:06.03 HANABI

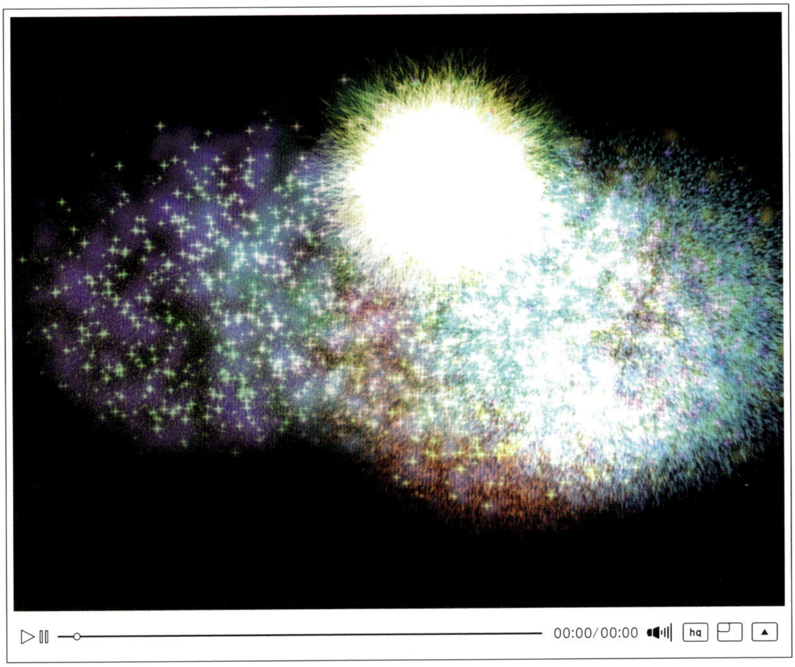

00:06.03

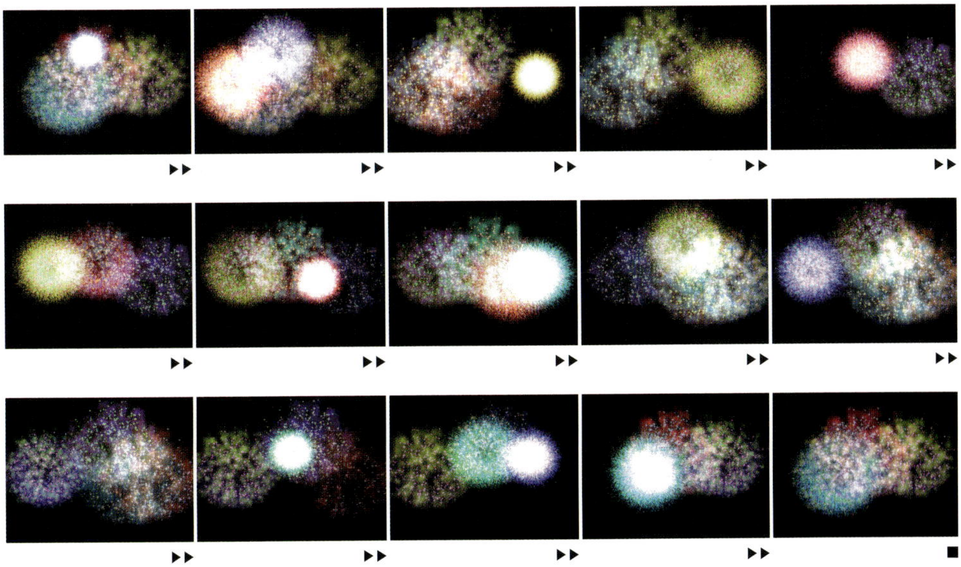

011

RAINBOW STAR

04:13.00

04:13.00

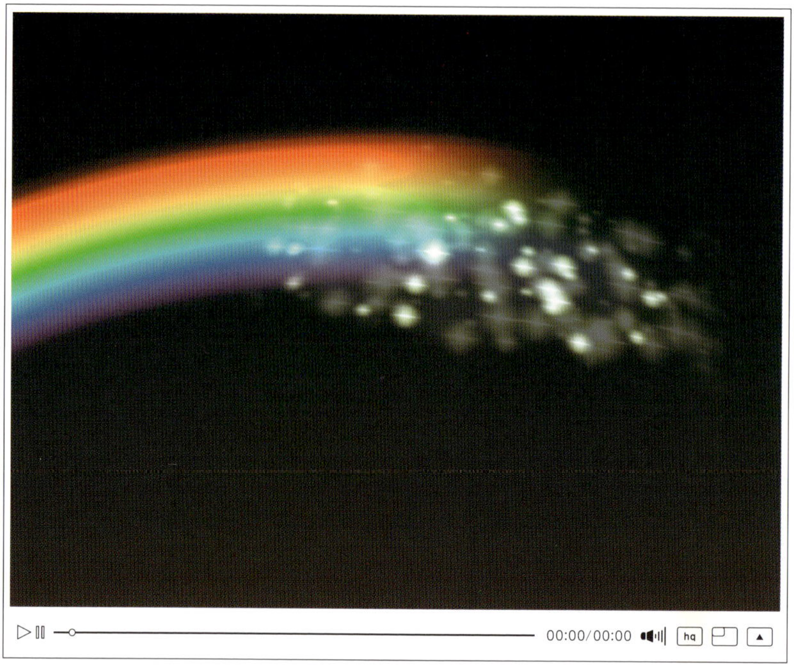

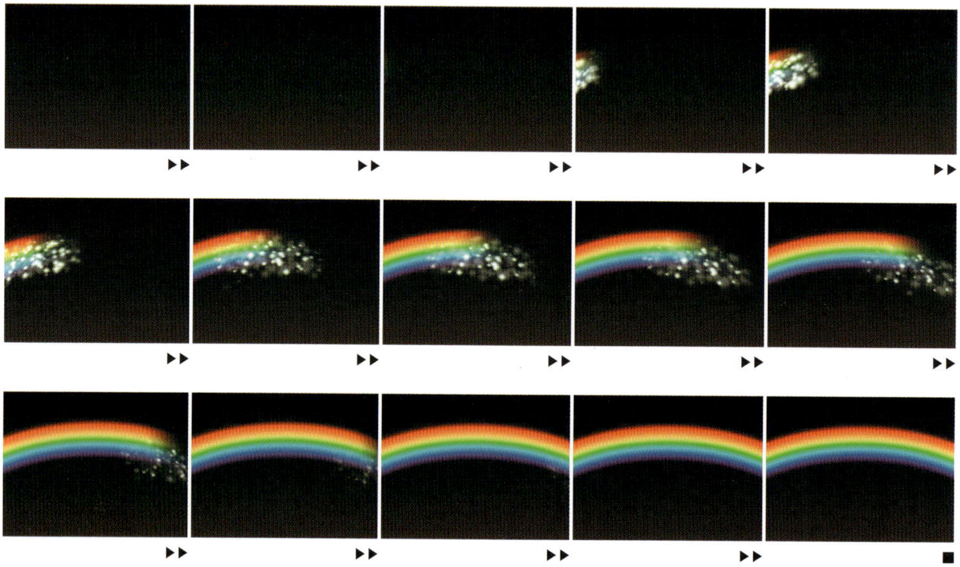

\色いろ✿カラフル/

012

COLOR BAR 1

00:06.00

00:06.00

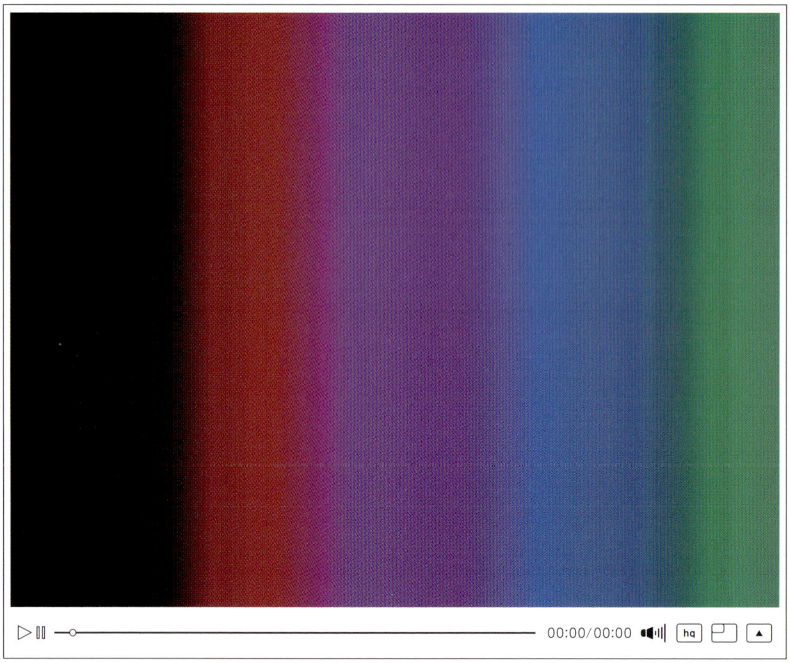

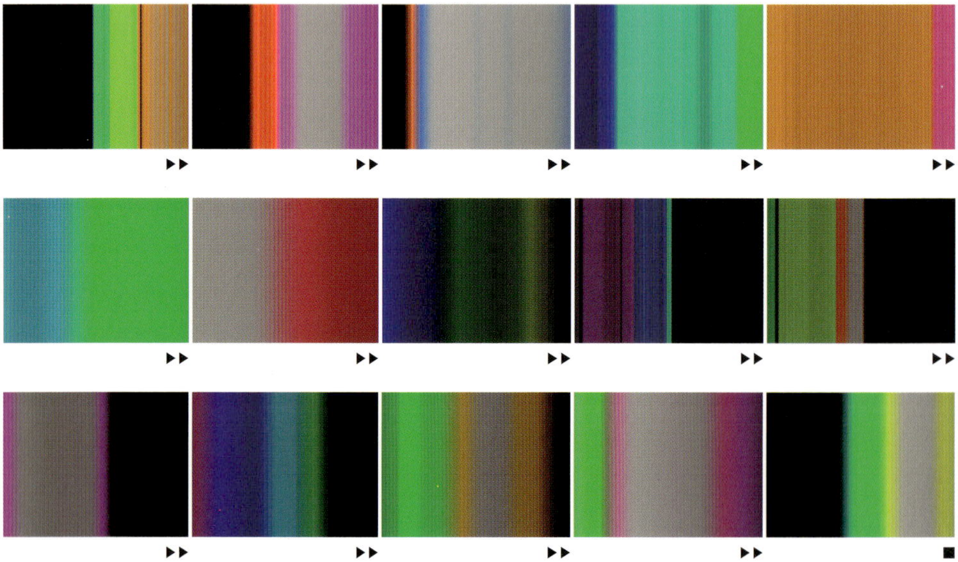

00:06.00 COLOR BAR 2 013

00:06.00

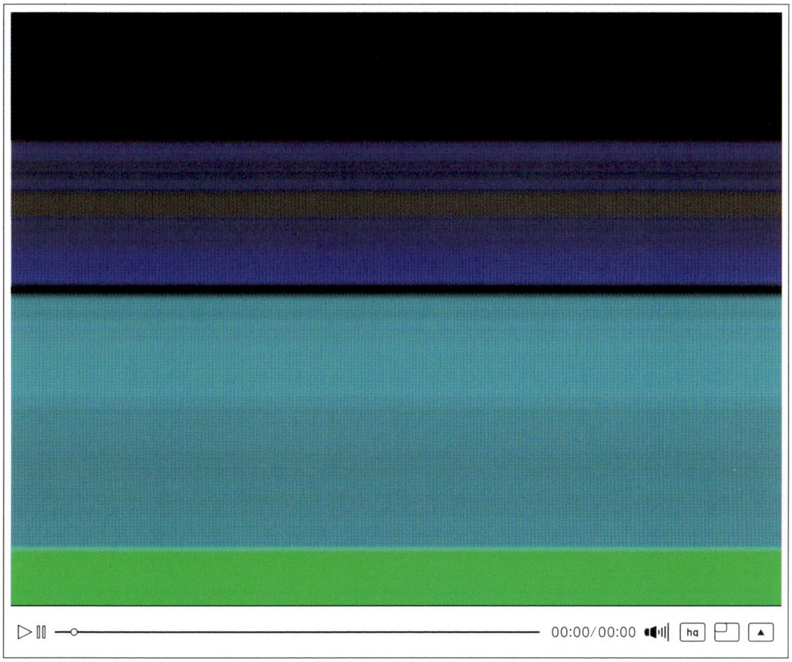

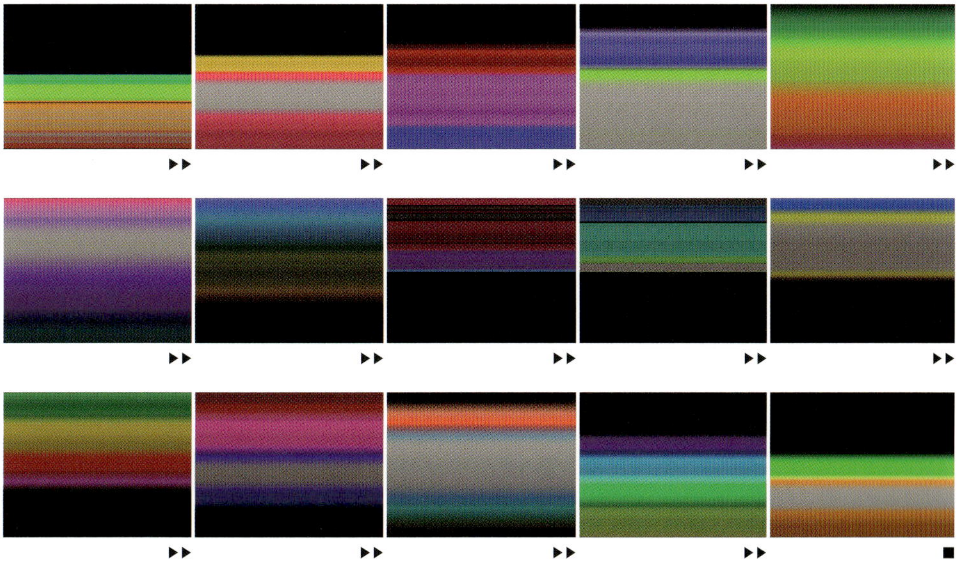

014 ROTARY COLOR 00:08.03

00:08.03

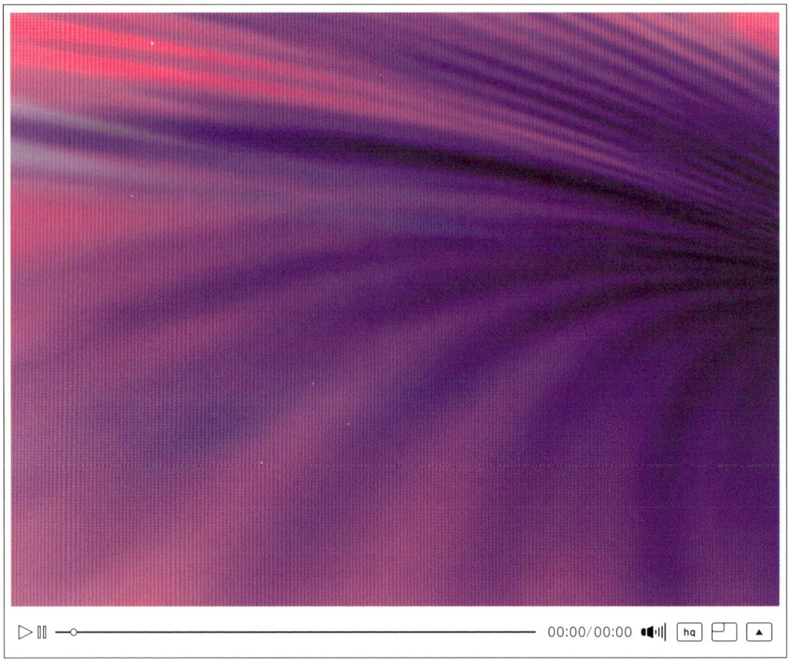

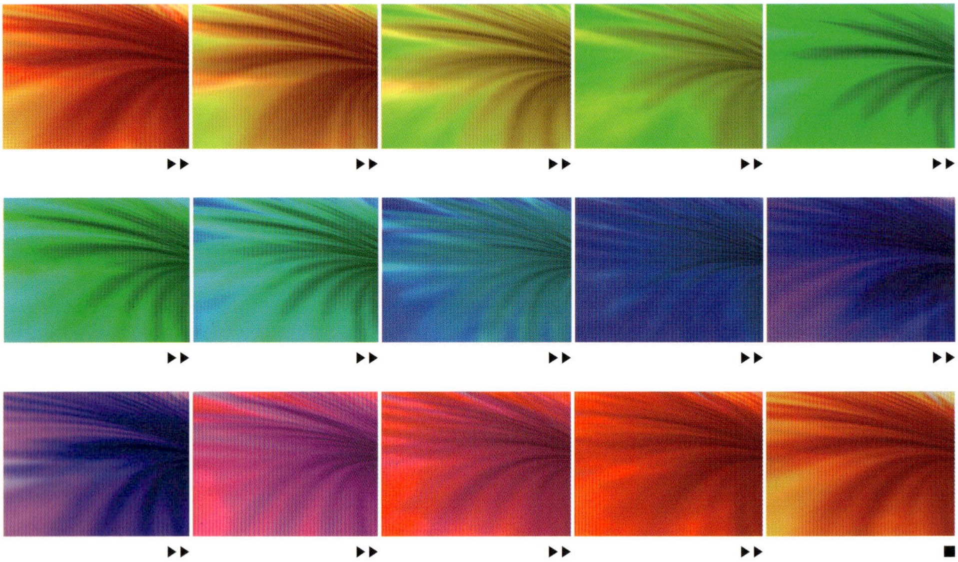

015

00:04.00 SPIRAL COLOR

00:04.00

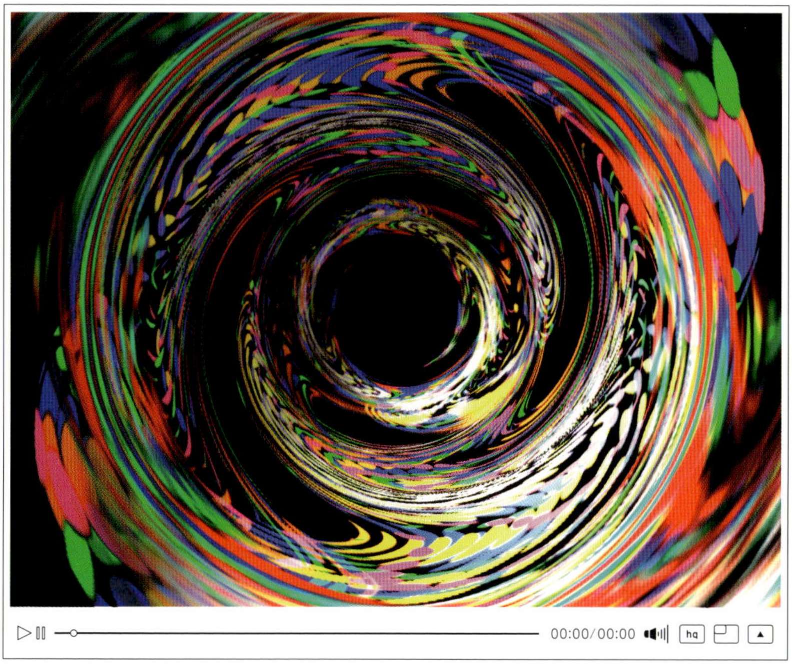

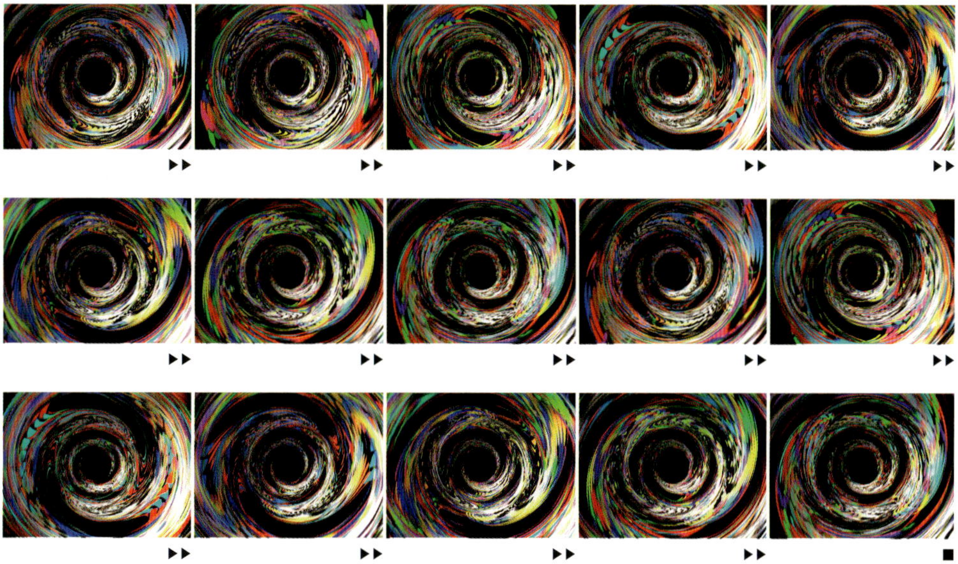

016

ILLUMINATE CIRCLE 1 00:26.^{96}

00:26.^{96}

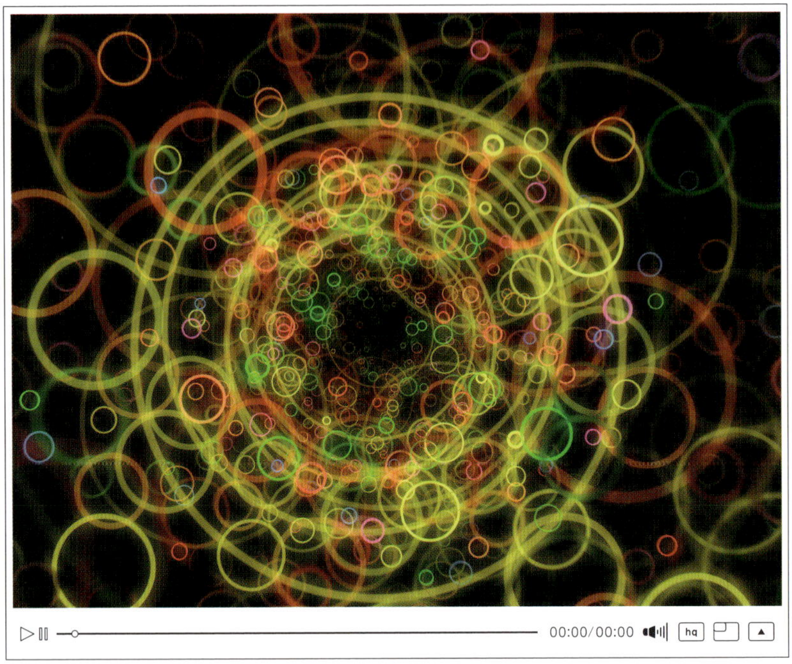

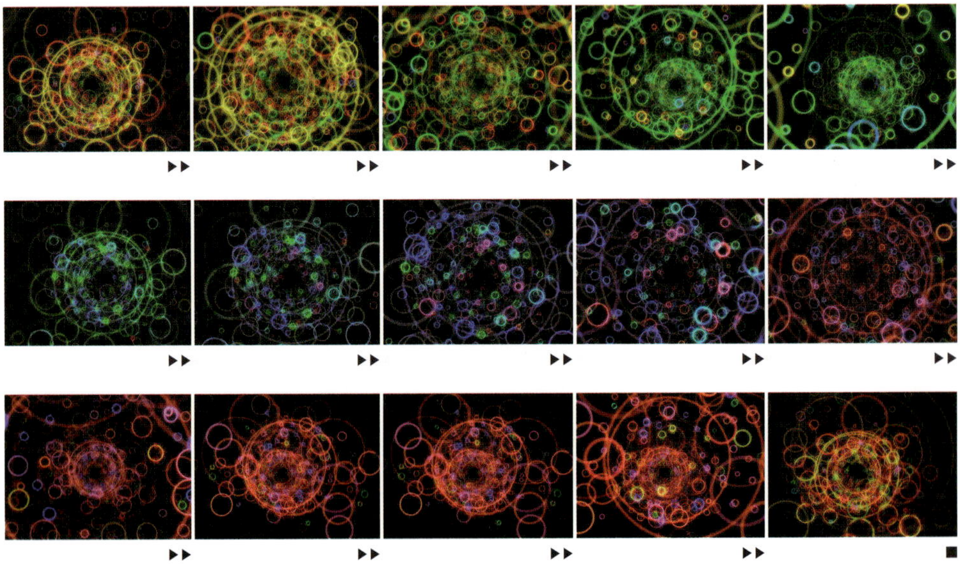

017

00:08.00 ILLUMINATE CIRCLE 2

00:08.00

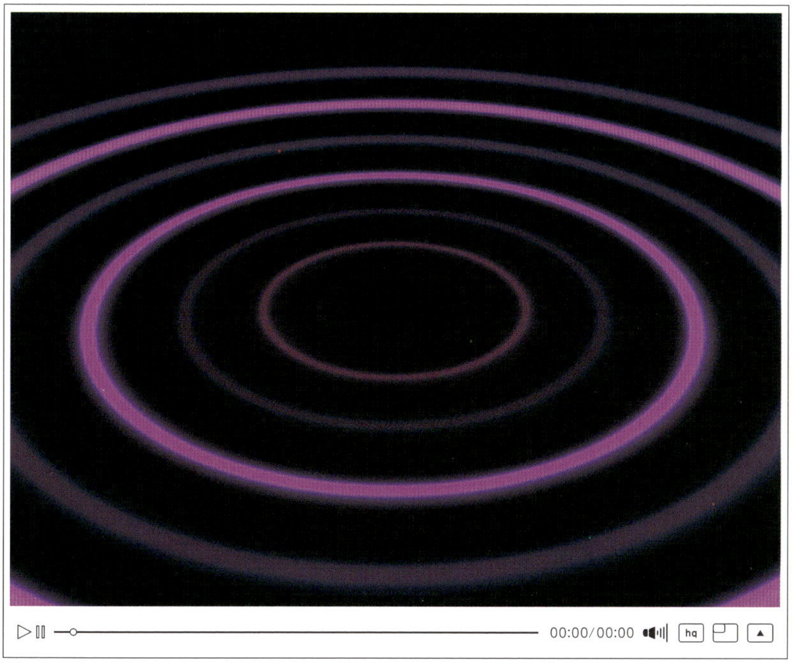

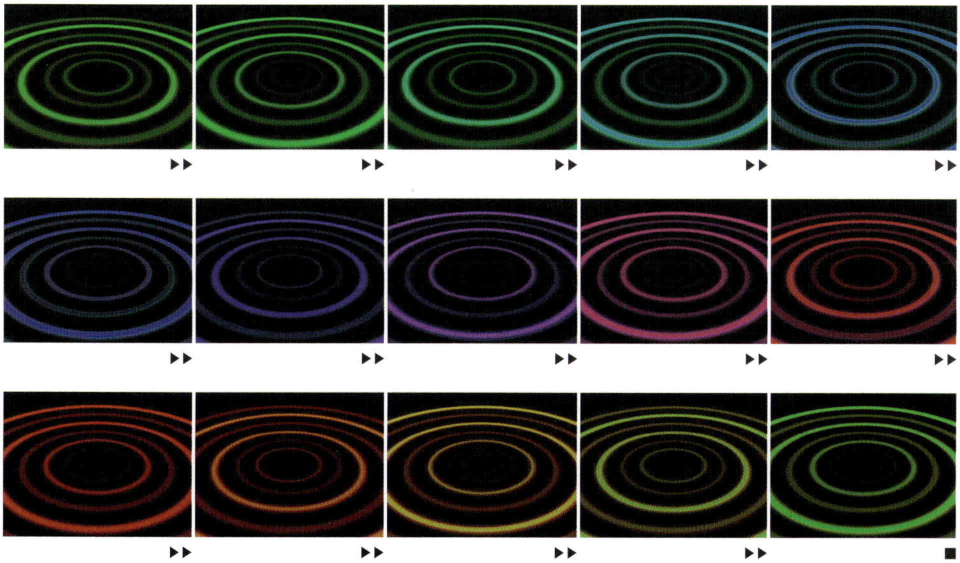

018 NEON LINE 1 00:12.00

00:12.00

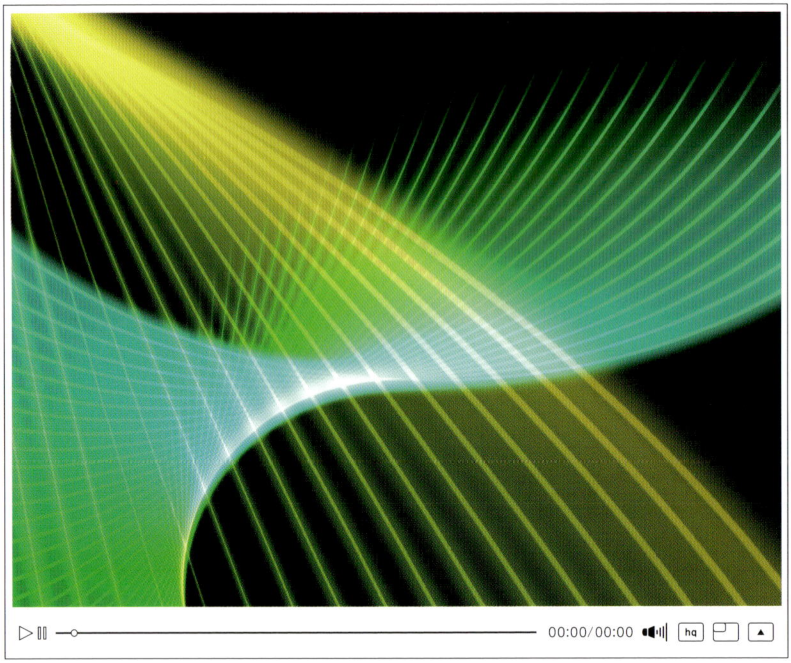

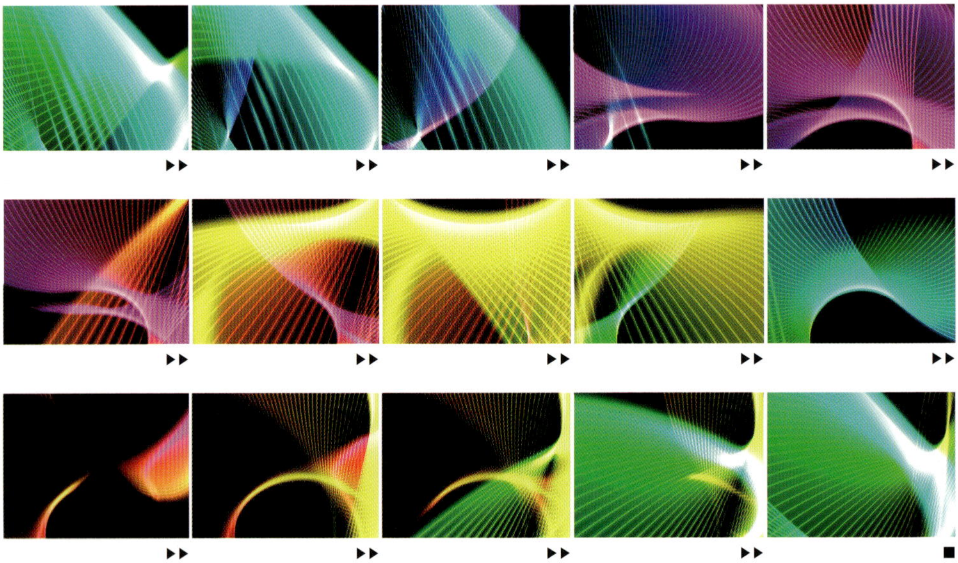

019

00:12.00 NEON LINE 2

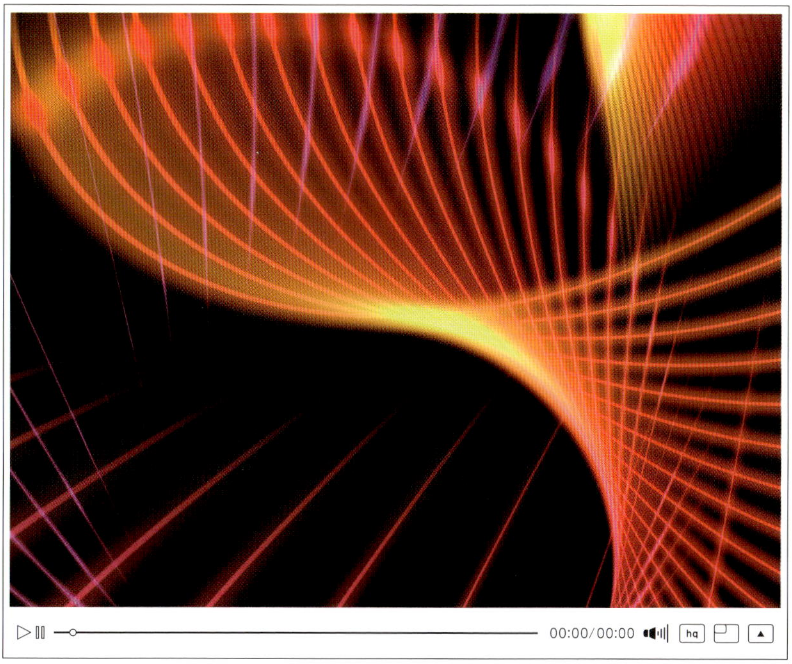

00:12.00

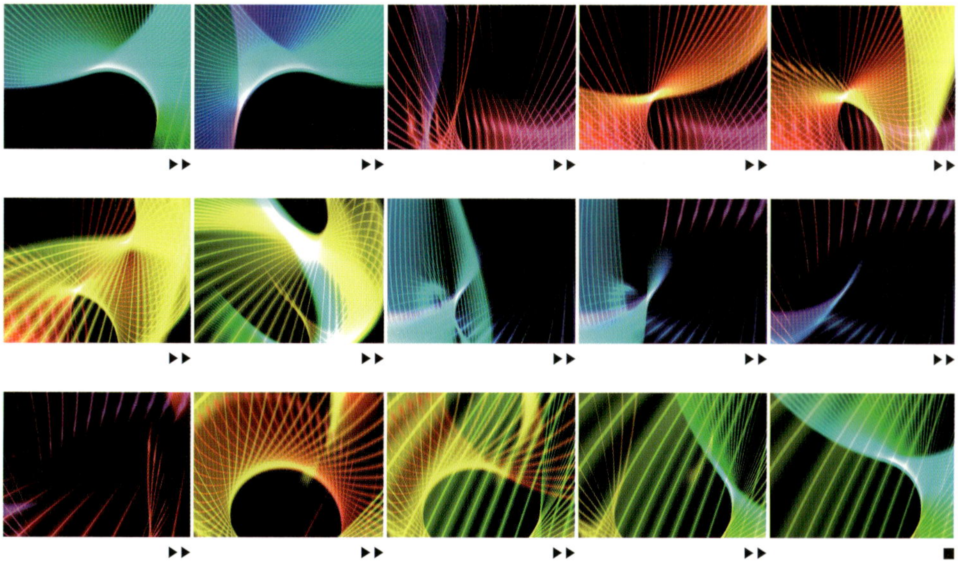

020 LIGHT BEAM 00:15.00

00:15.00

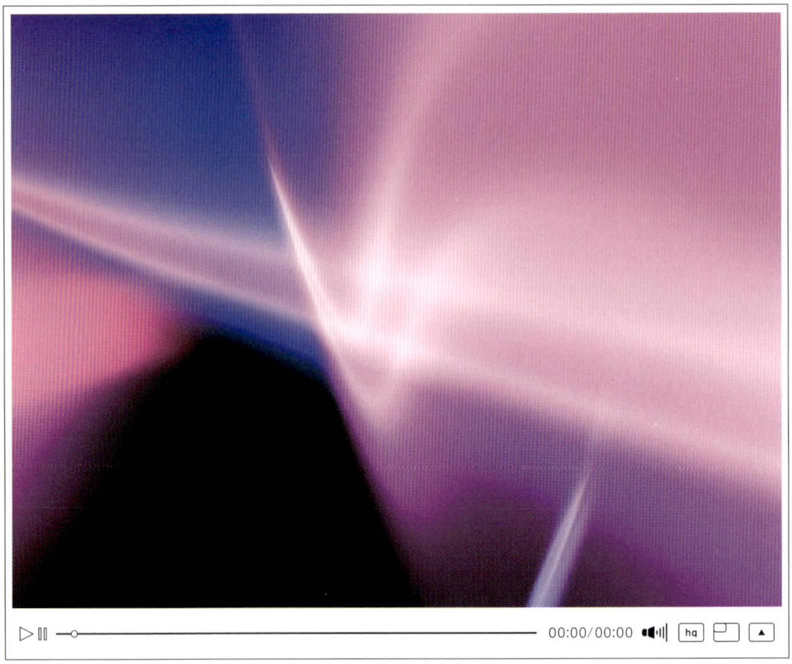

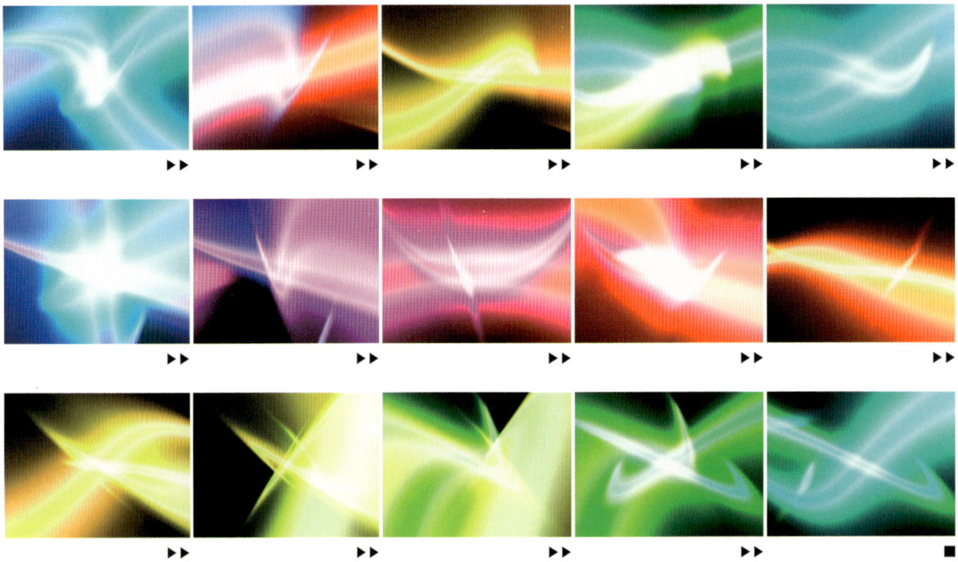

00:04.00 LIGHT WOOFER 021

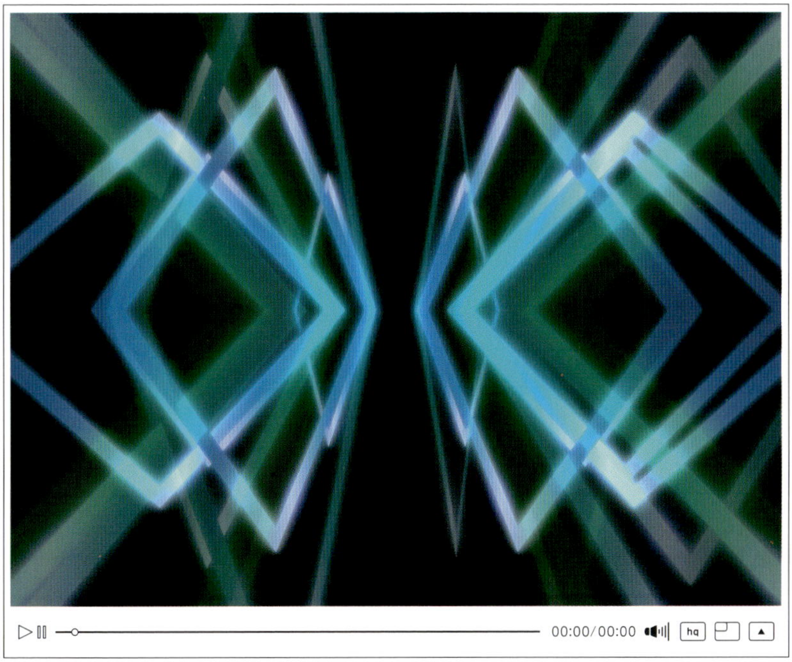

00:04.00

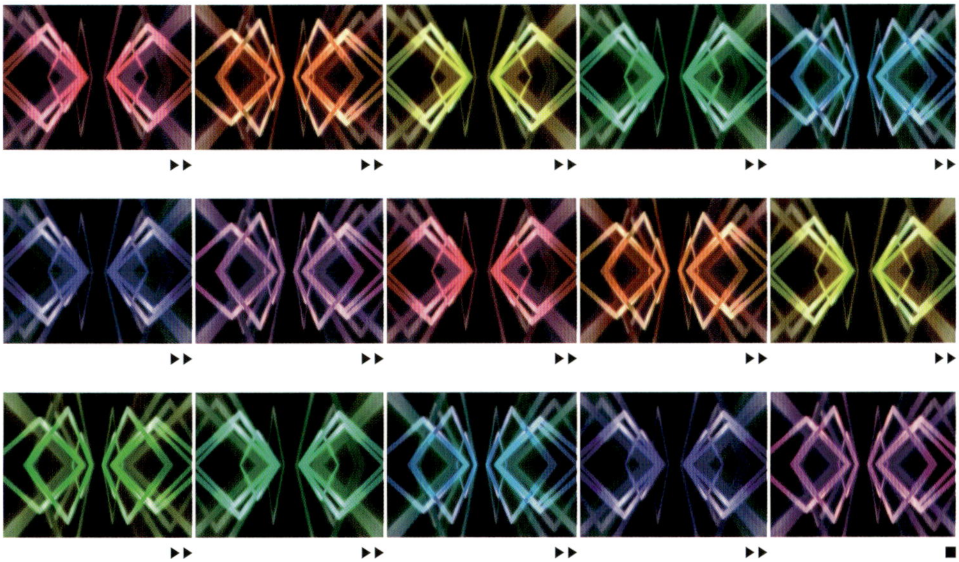

022 COLORFUL DOTS 00:16.03

00:16.03

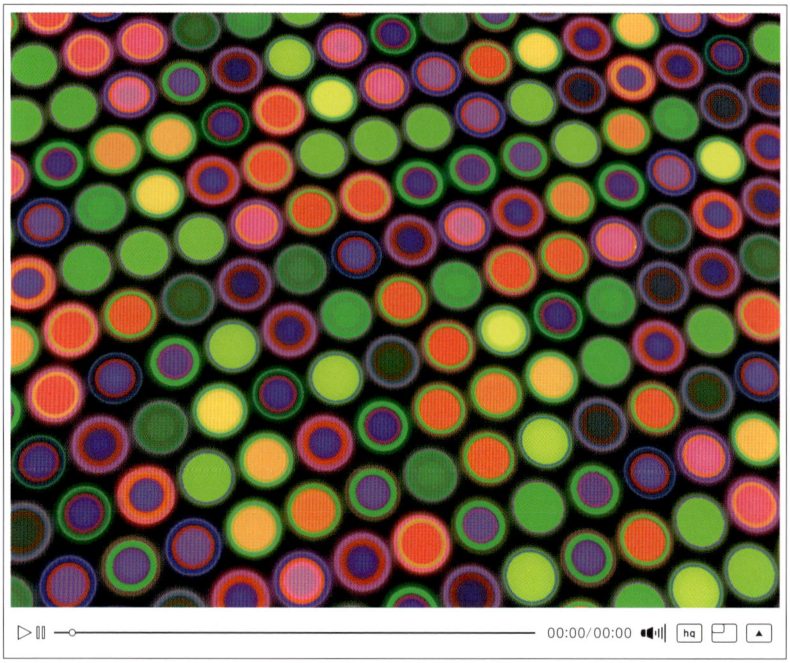

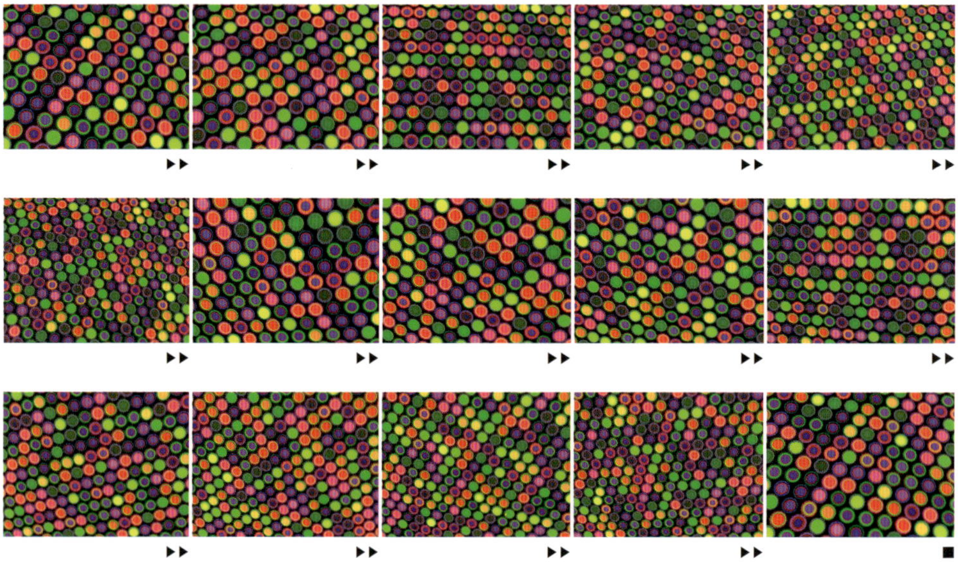

023

00:10.00 COLORFUL STAGE

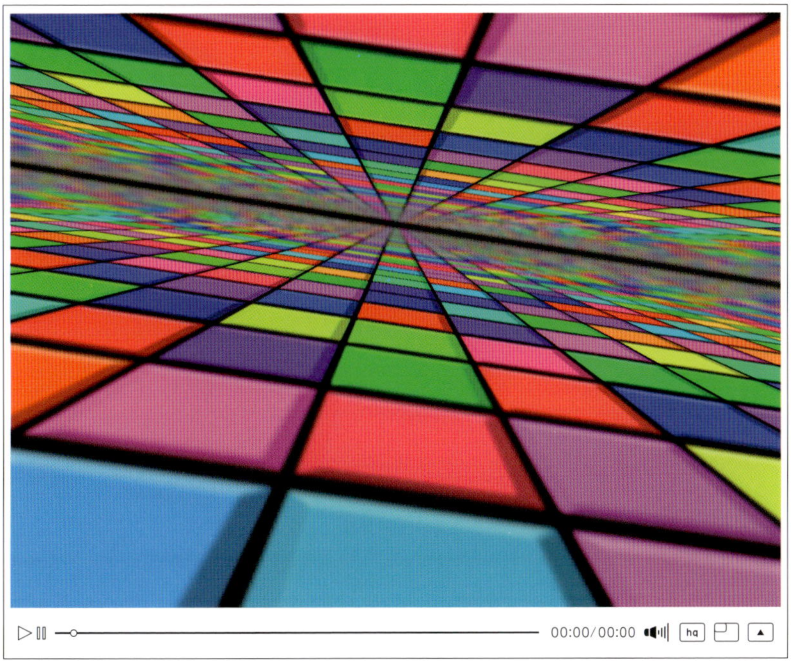

00:10.00

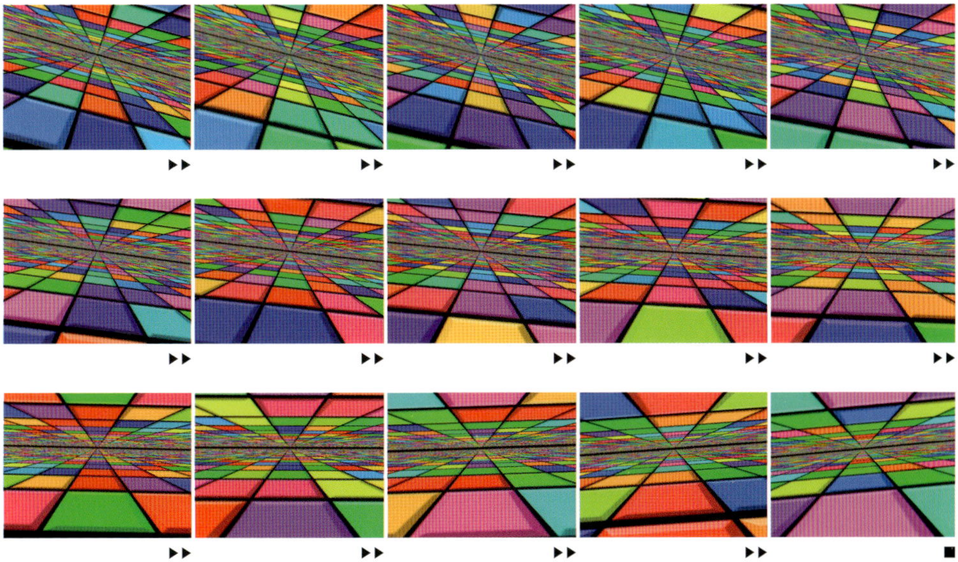

024 COLORFUL CIRCLE 00:30.00

00:30.00

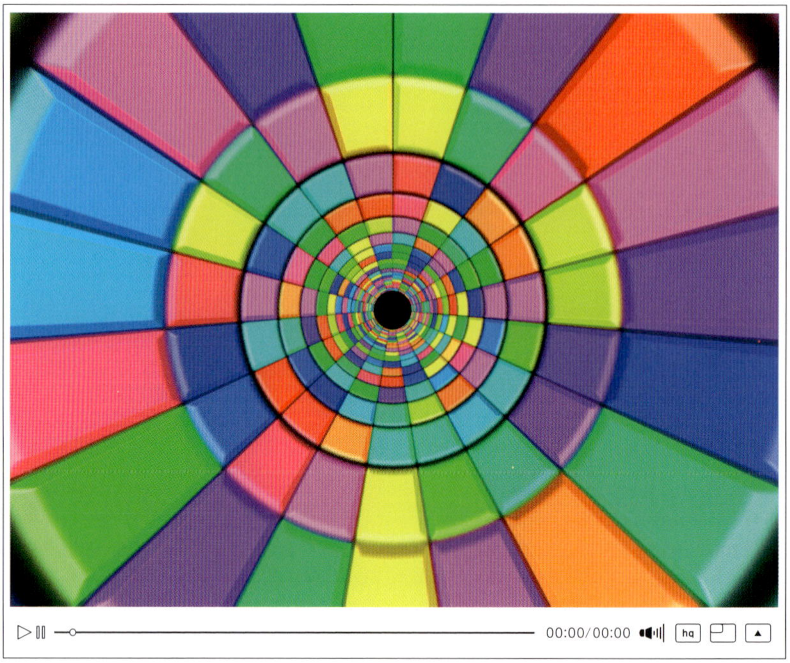

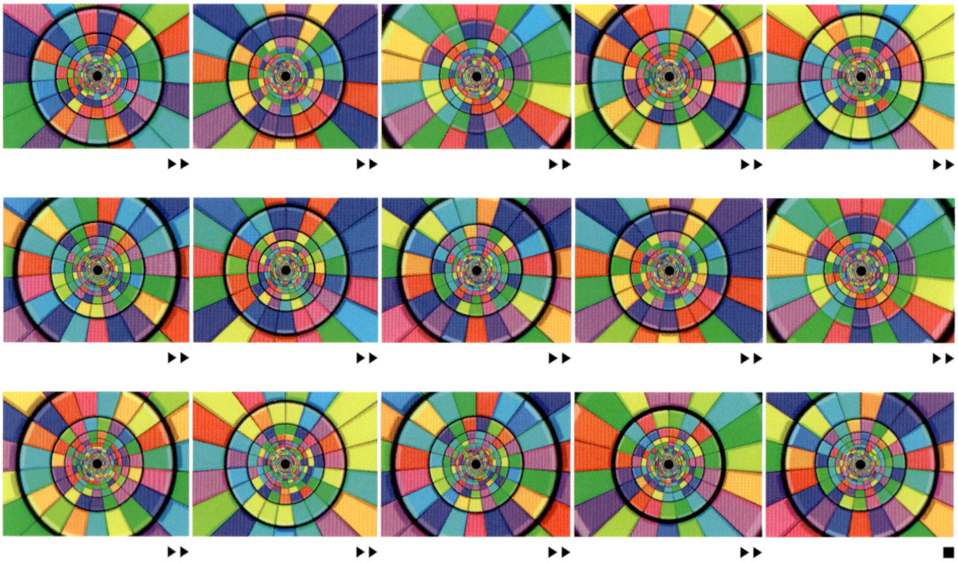

025

00:30.00 COLORFUL GRID

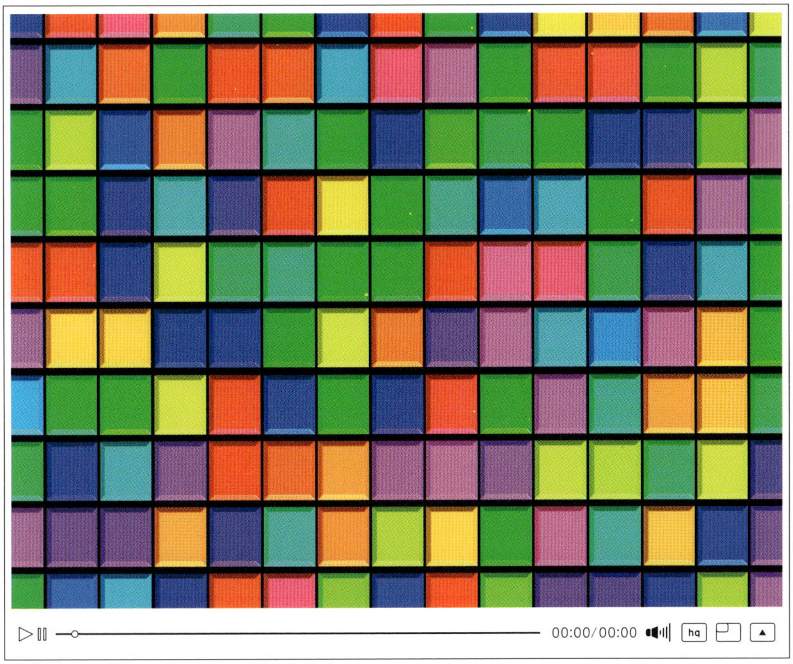

00:30.00

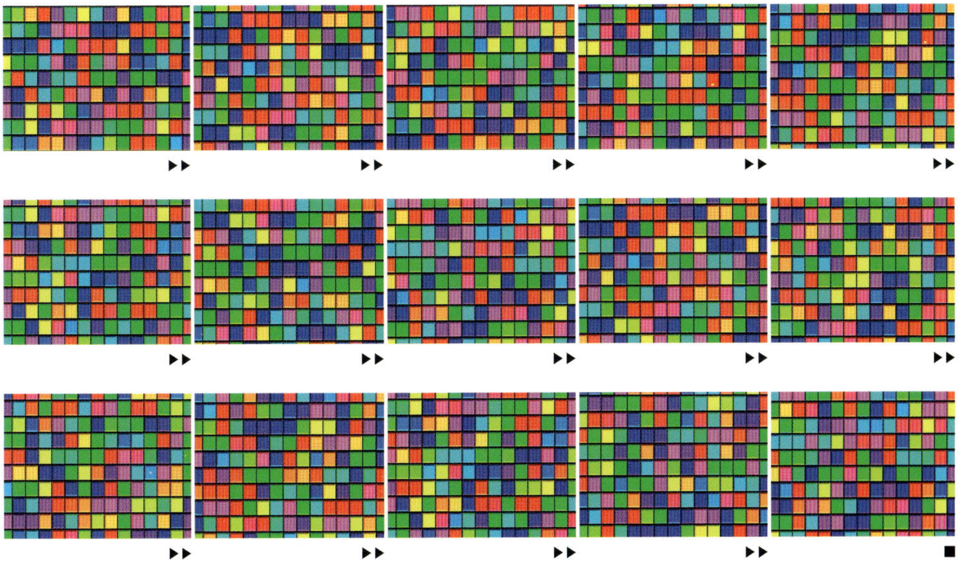

026 SPOT LIGHT 00:07.00

00:07.00

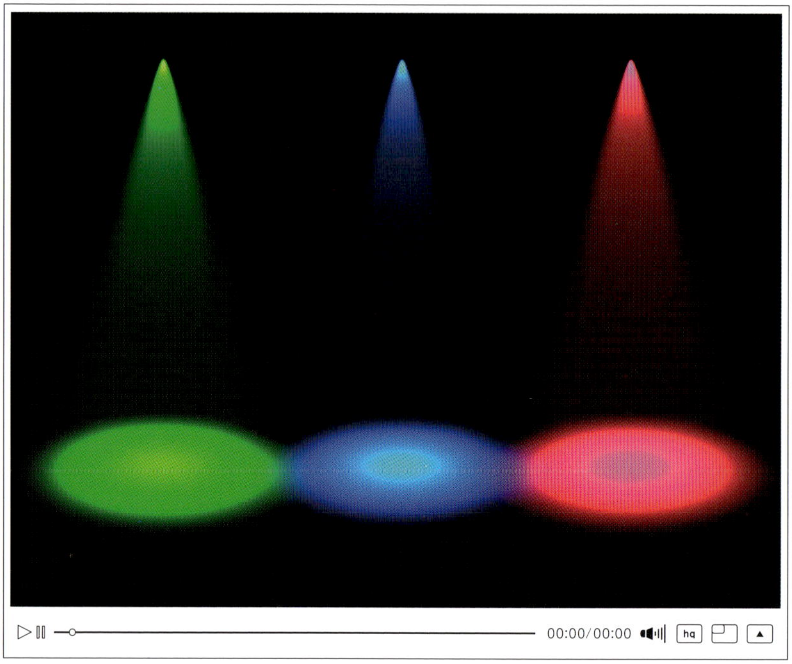

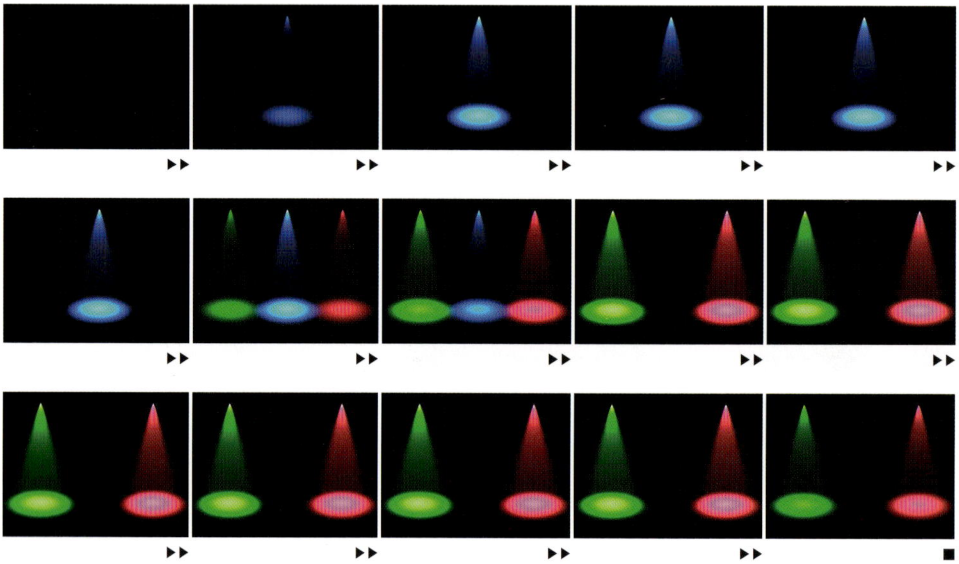

＼ギラギラ🪐宇宙／

027

MOVIN' ON 1

00:04.00

00:04.00

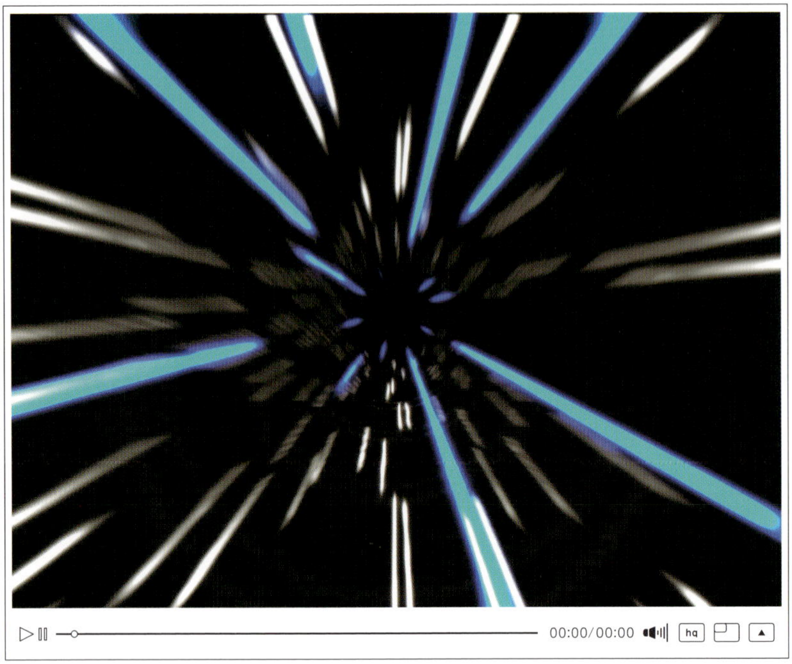

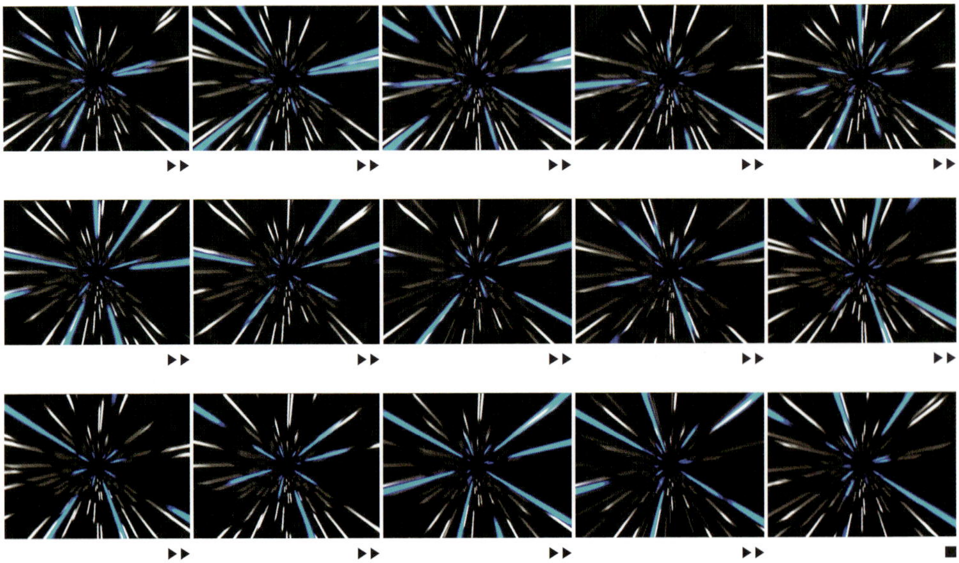

028

00:08.00 MOVIN' ON 2

00:08.00

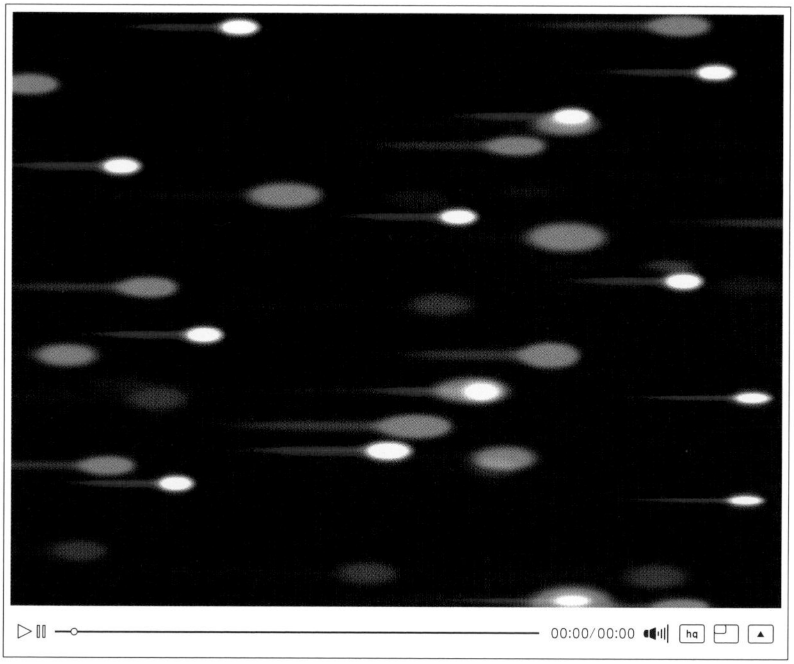

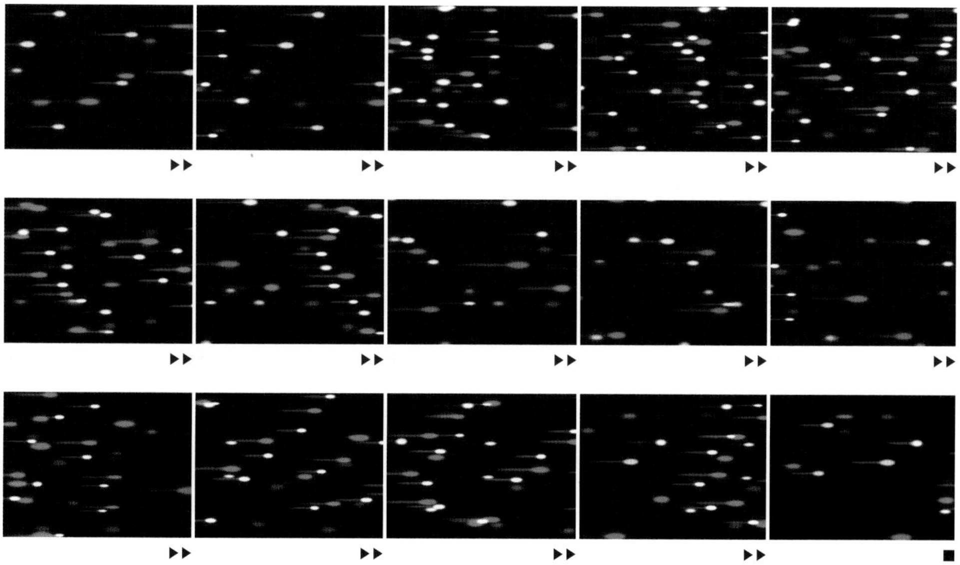

029 WARP1 00:08.03

00:08.03

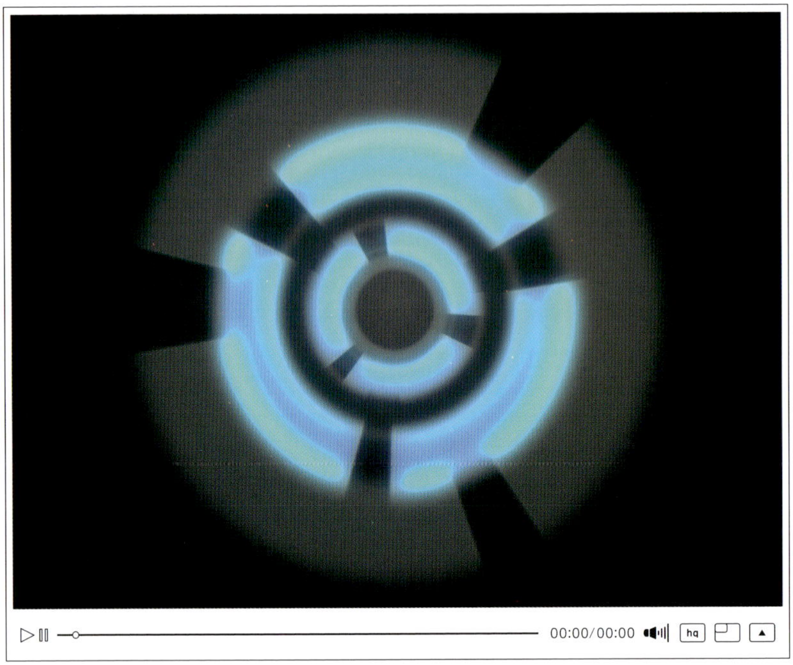

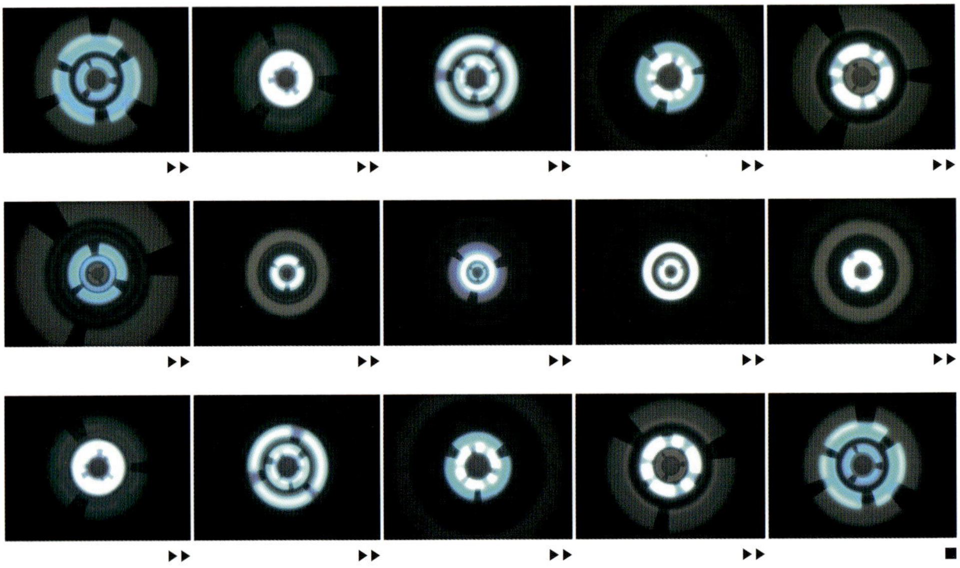

030

00:10.96 WARP 2

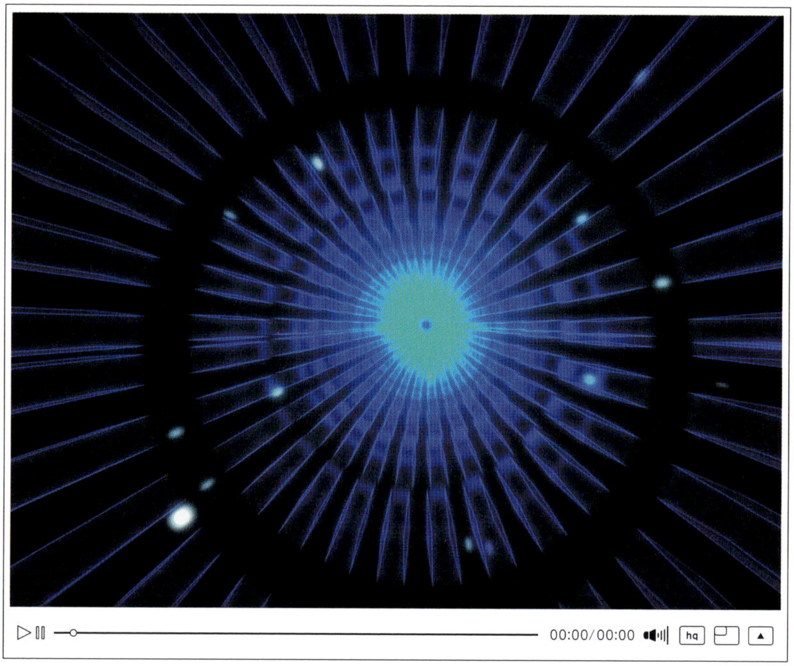

00:10.96

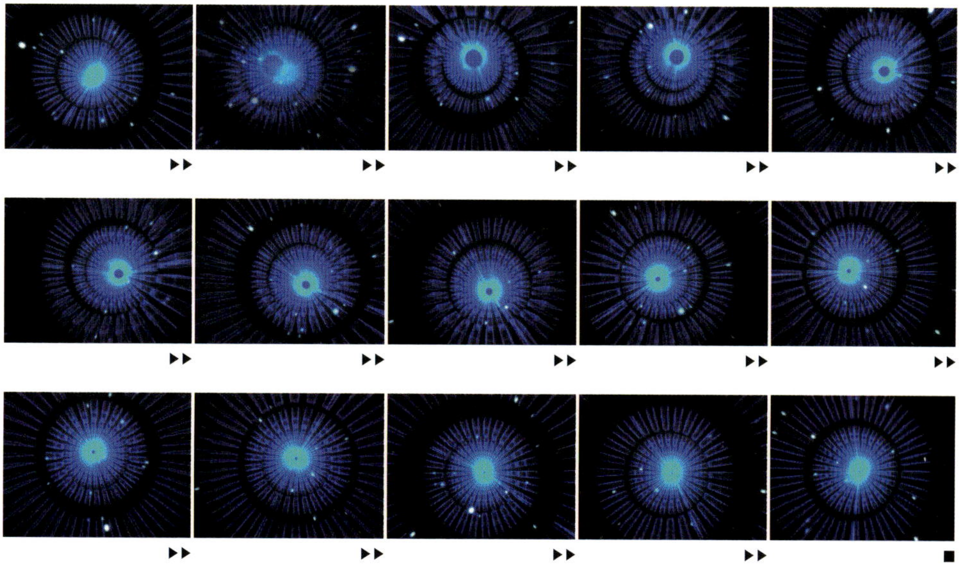

031

ORBIT BLUE

00:18.00

00:18.00

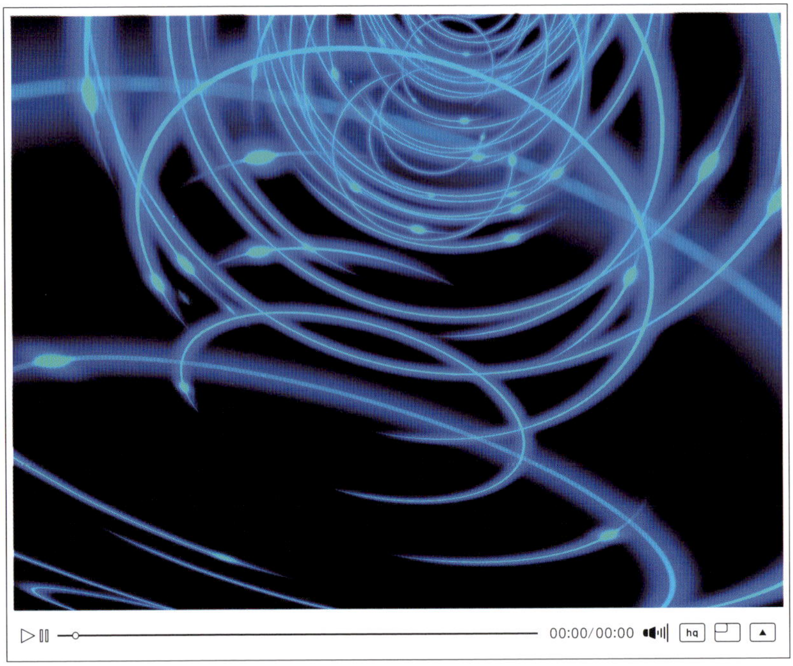

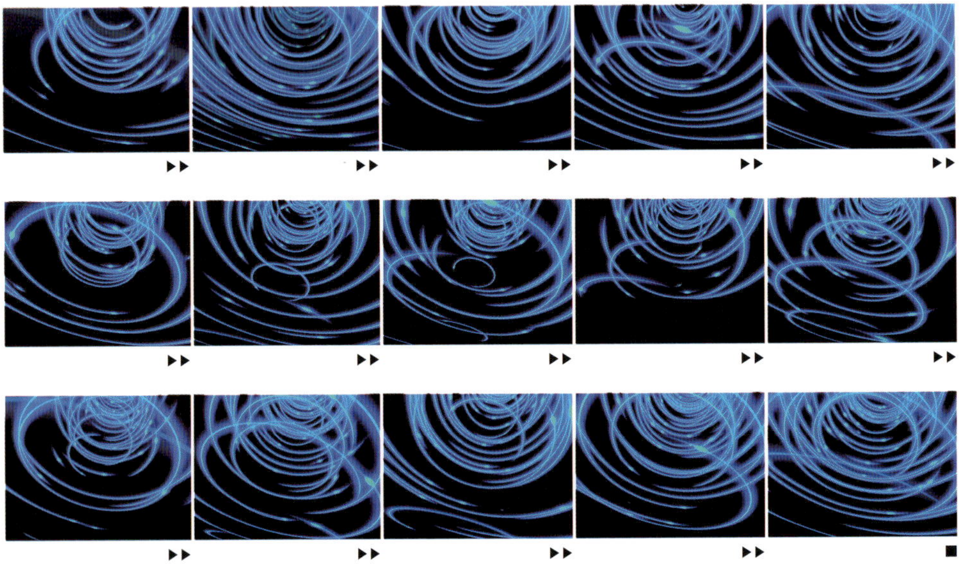

032

00:18.00 ORBIT GREEN

00:18.00

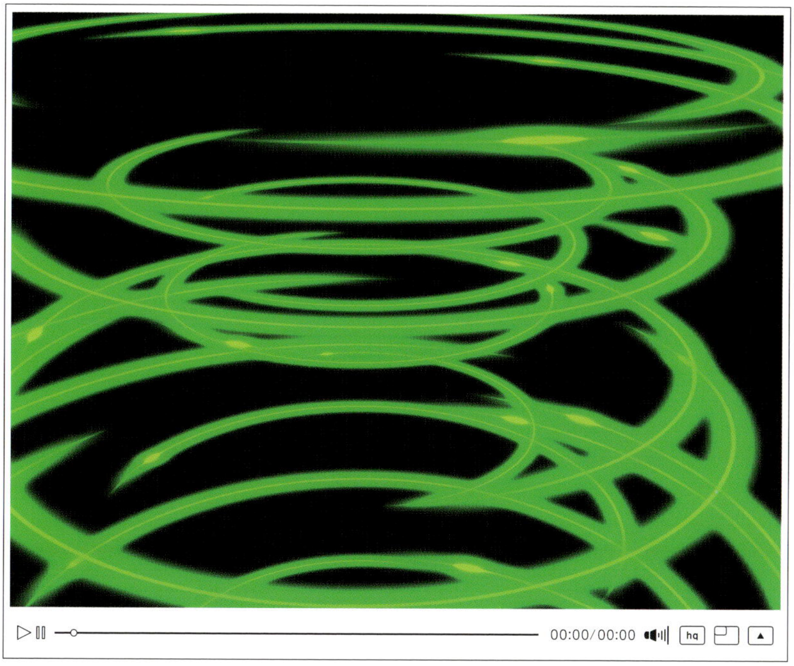

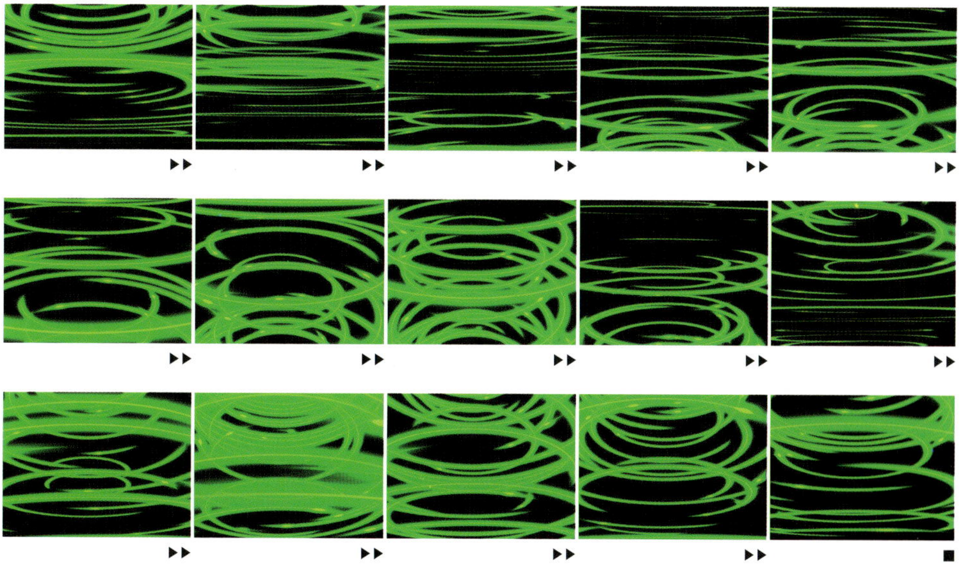

033 HIGH SPEED 1 00:06.00

00:06.00

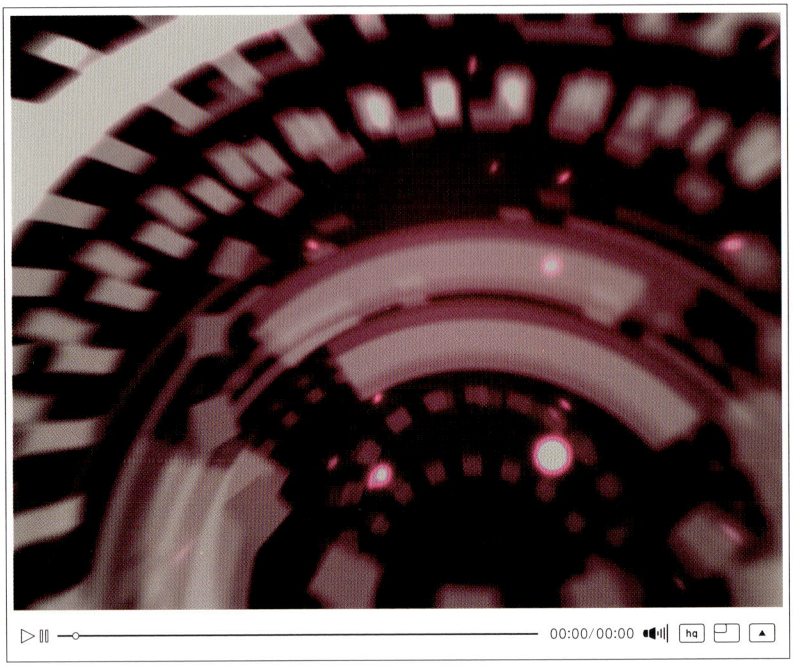

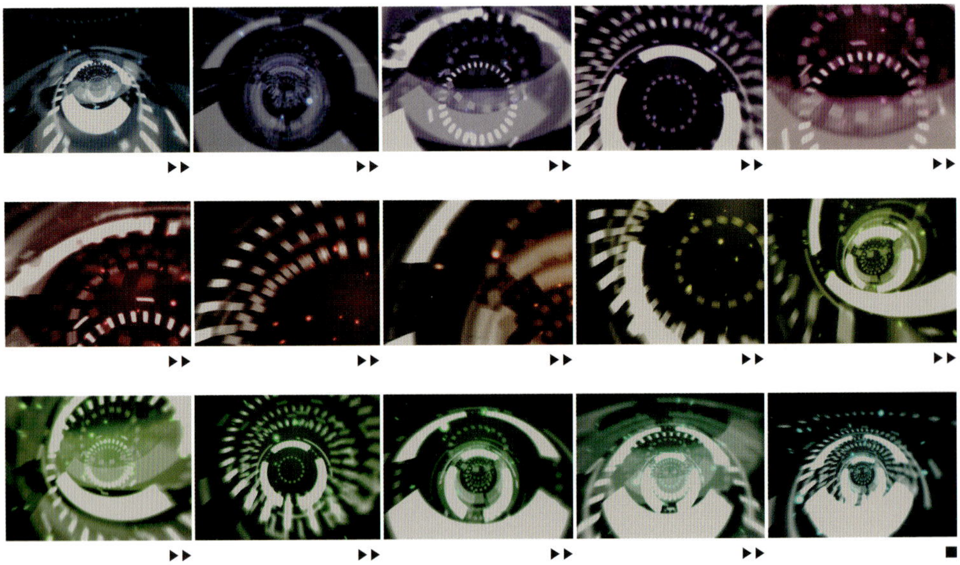

00:13.16 HIGH SPEED 2 034

00:13.16

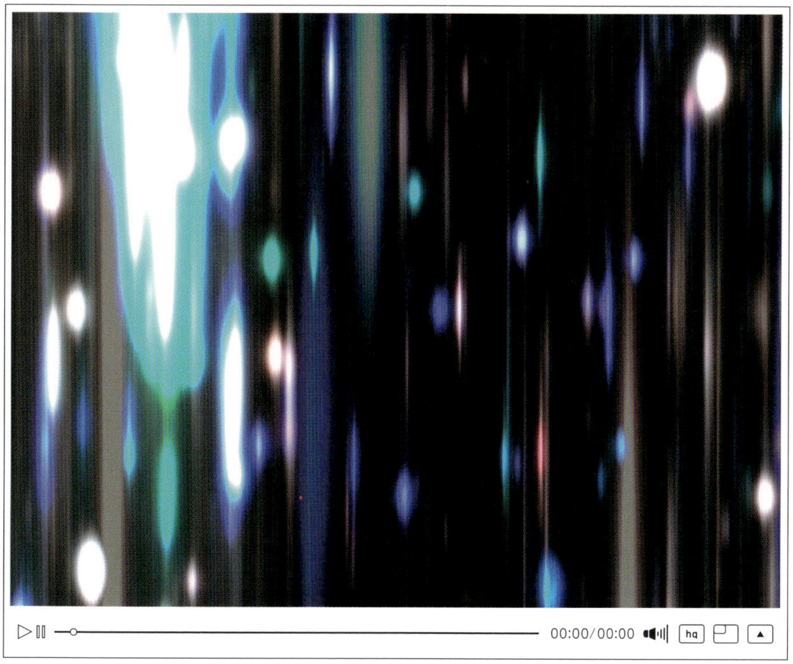

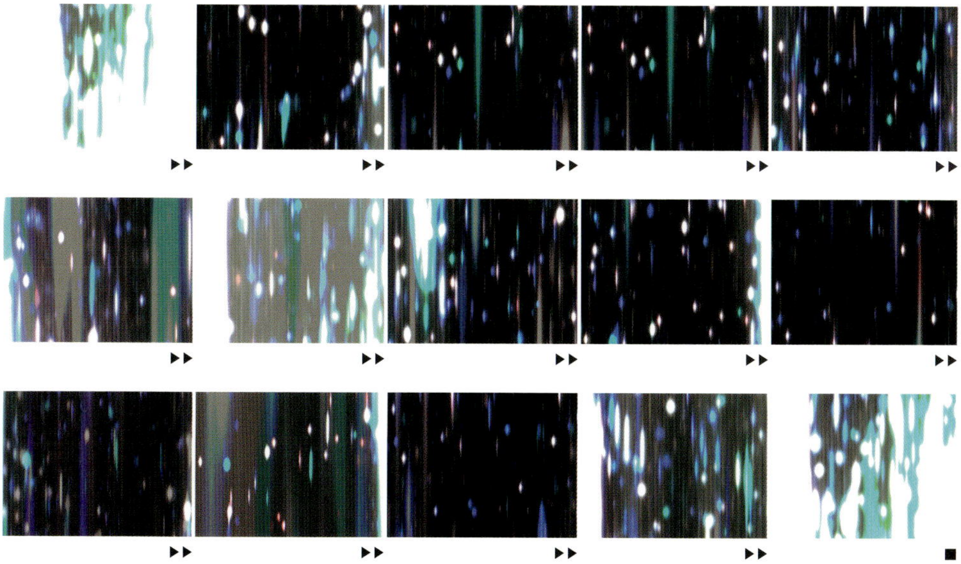

035 GALAXY 00:27.30

00:27.30

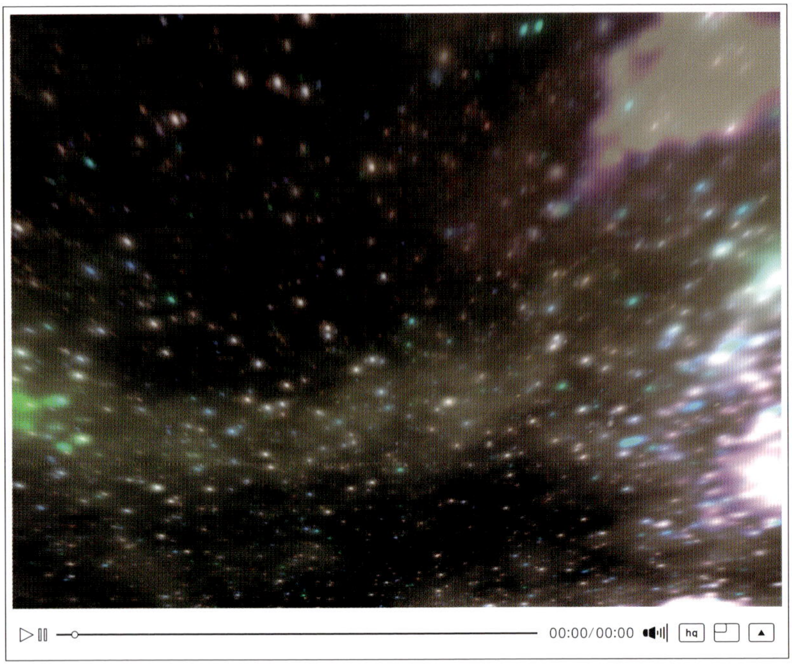

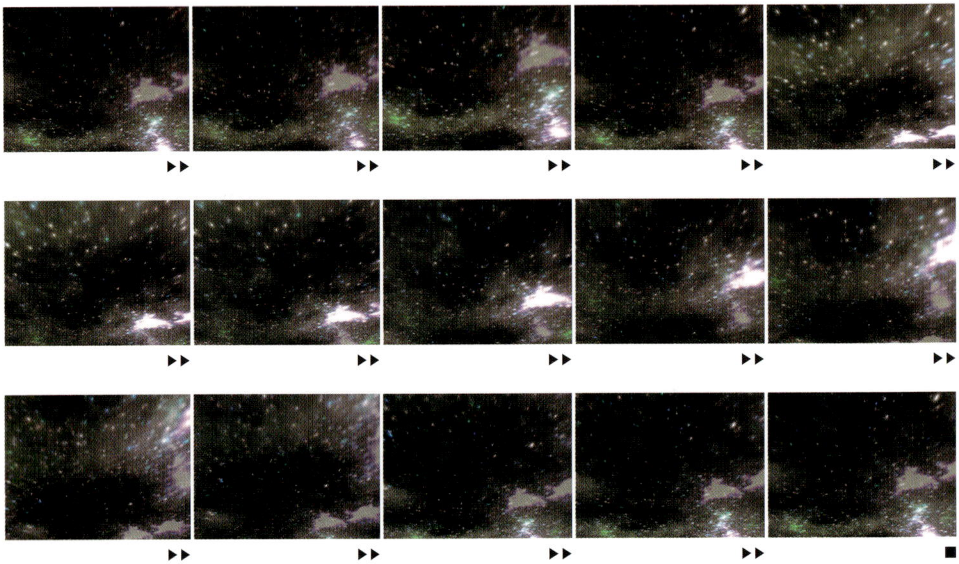

036

00:30.00 THE EARTH

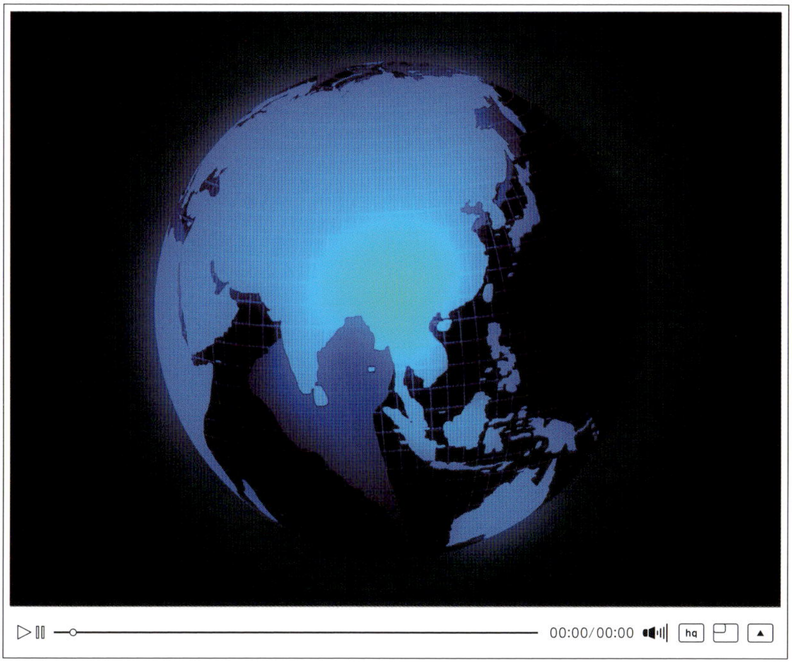

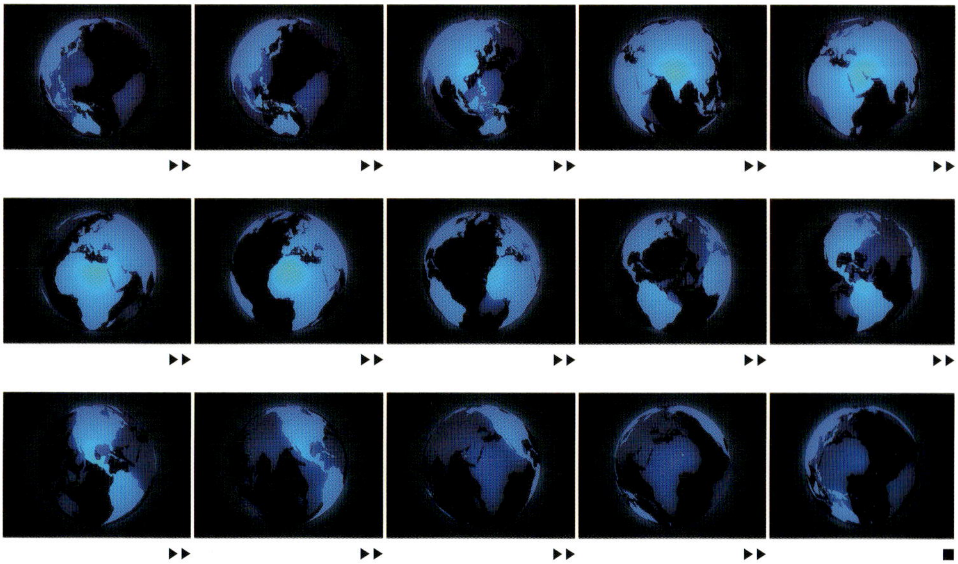

00:30.00

037

THE PLANET 1 — 00:10.00

00:10.00

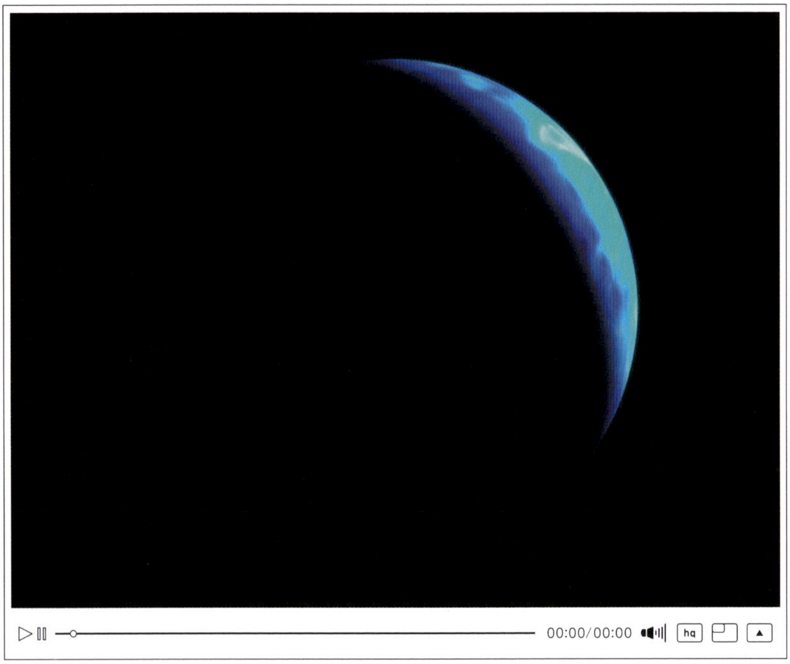

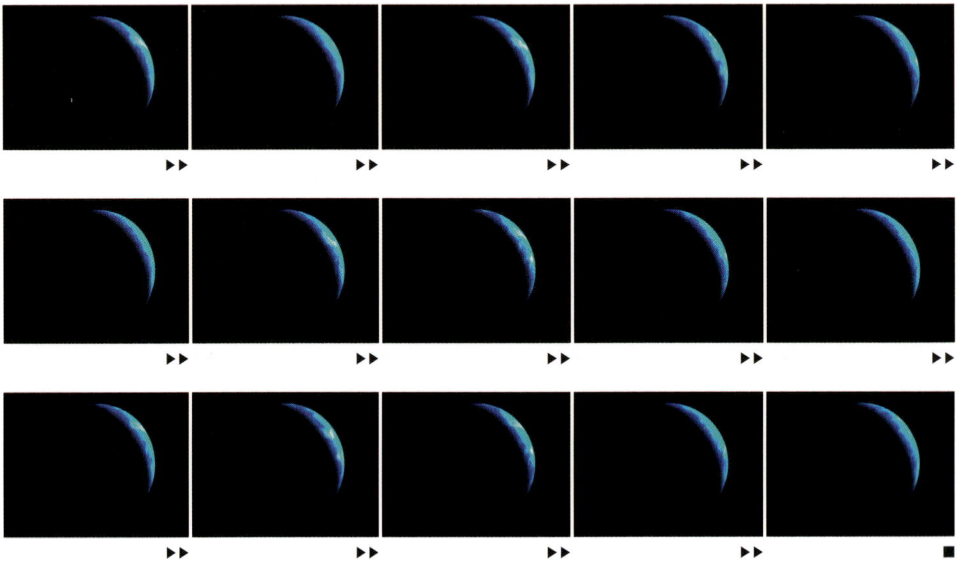

038

00:29.00 THE PLANET 2

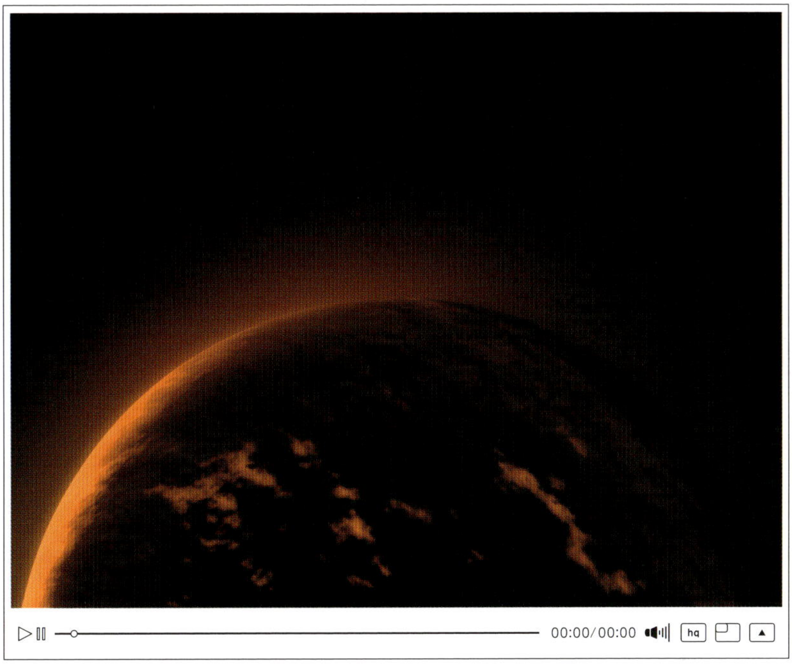

00:29.00

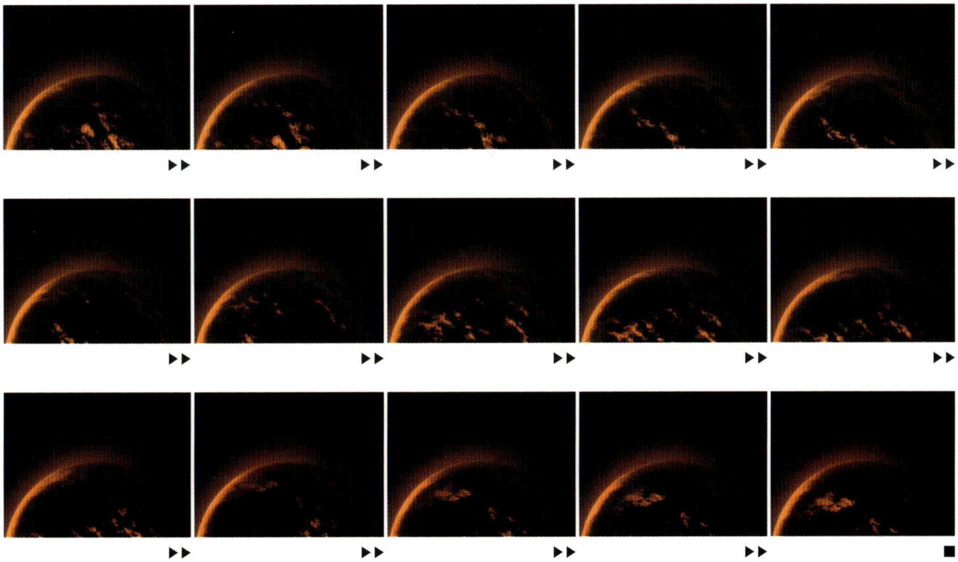

039

COUNT DOWN

00:10.[03]

00:10.[03]

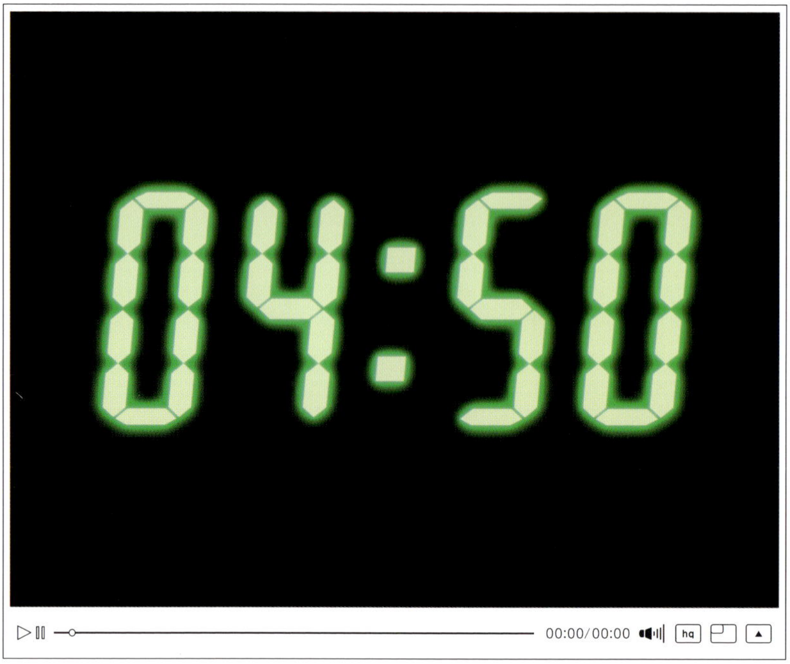

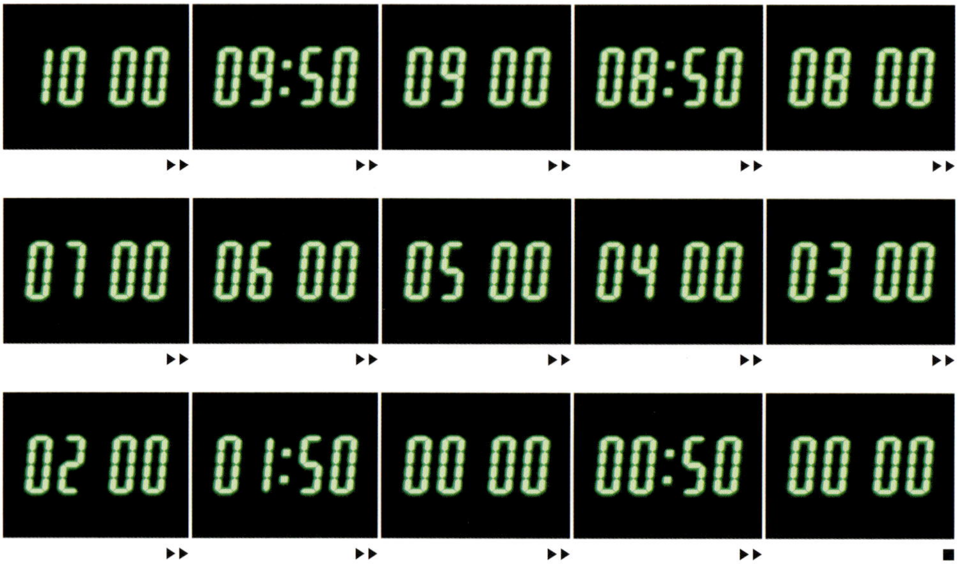

＼プリティ❤ガールズ／

040

POP FLOWER 1

00:09.00

00:09.00

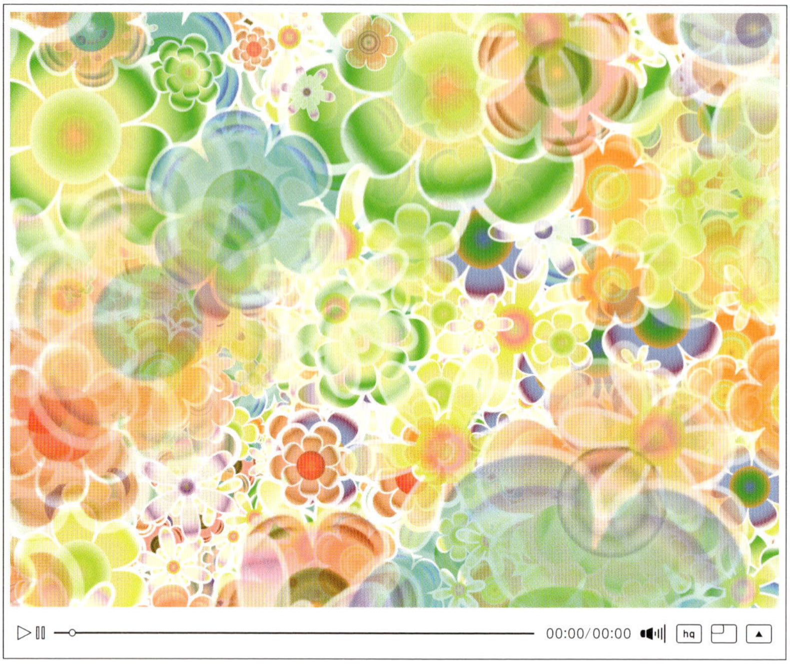

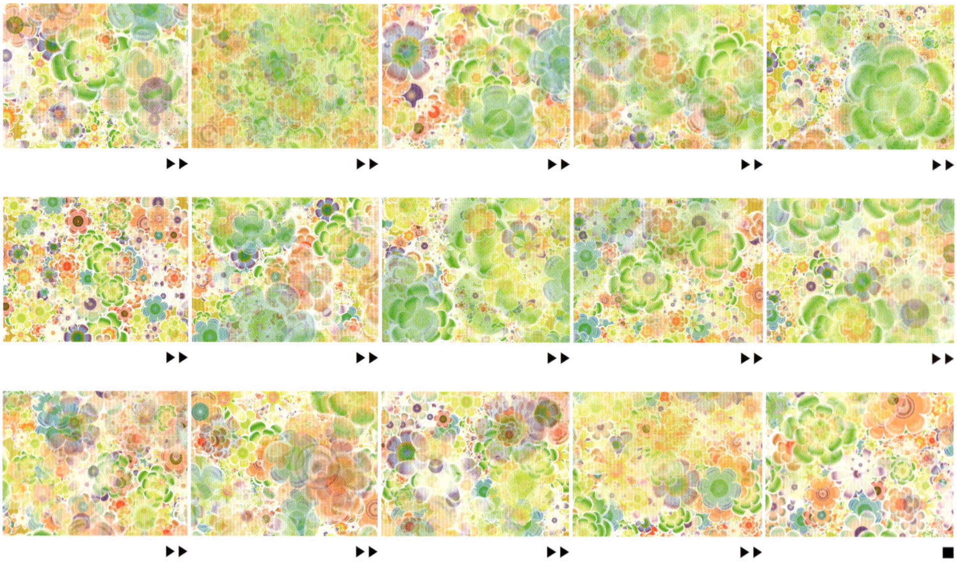

041

00:12.00 POP FLOWER 2

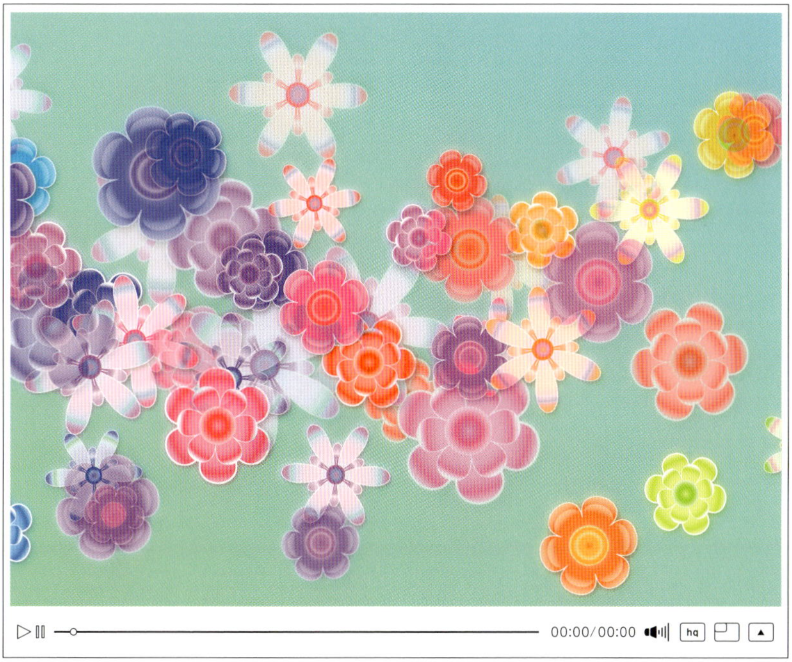

00:12.00

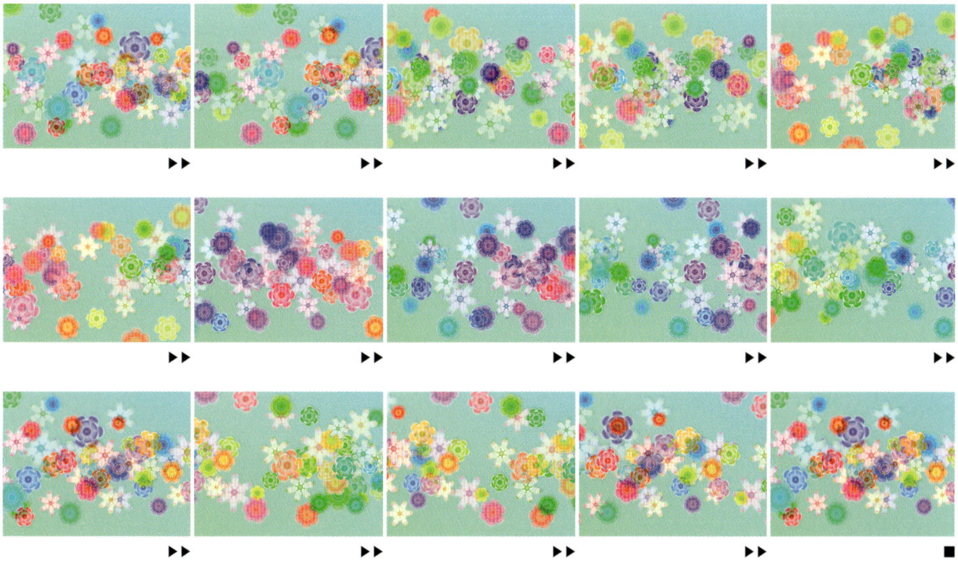

042

HAPPY BOX 1

00:16.00

00:16.00

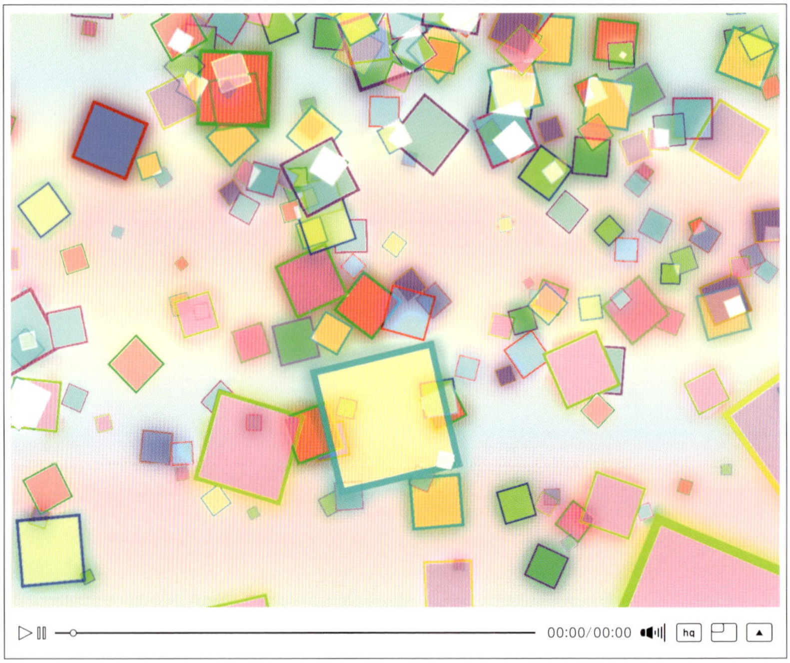

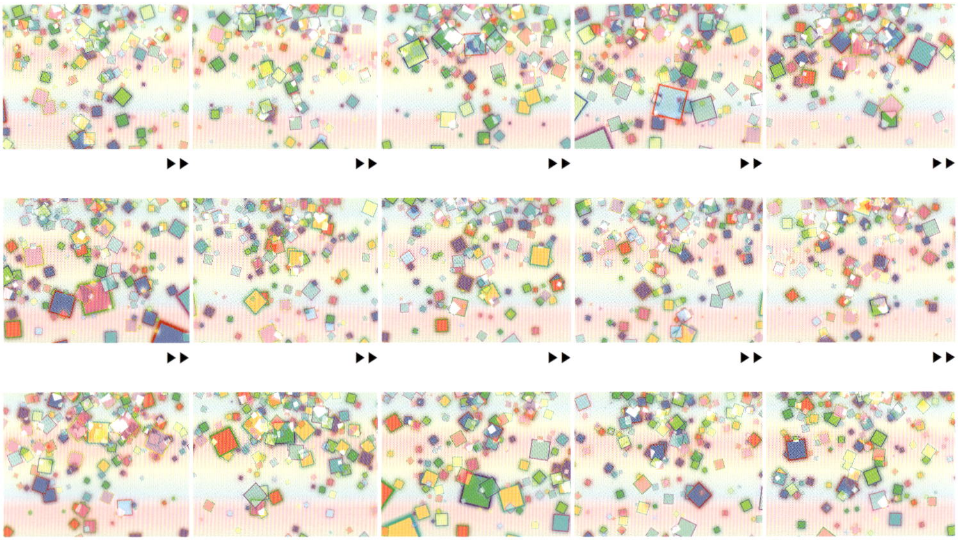

043

00:09.00 HAPPY BOX 2

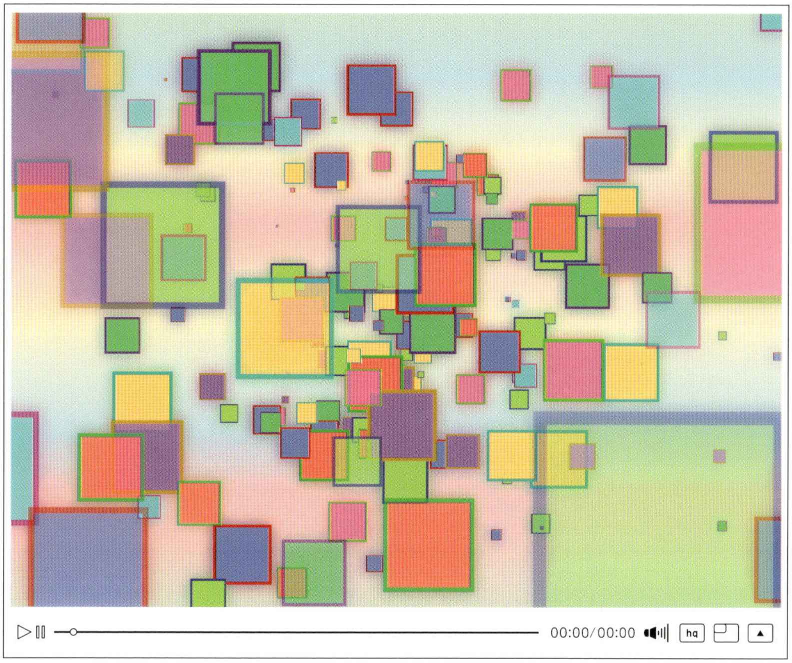

00:09.00

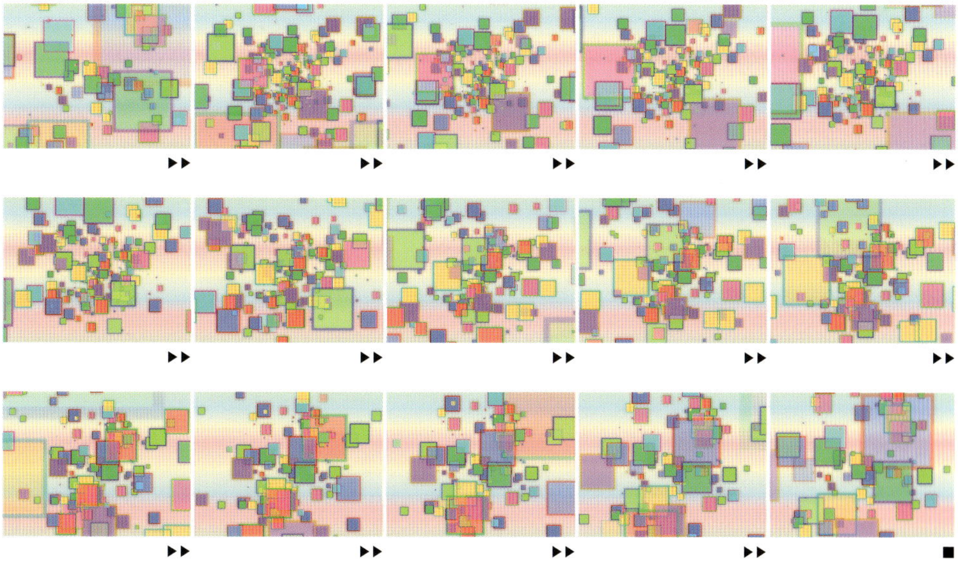

044 PINKY HEART 1 00:24.03

00:24.03

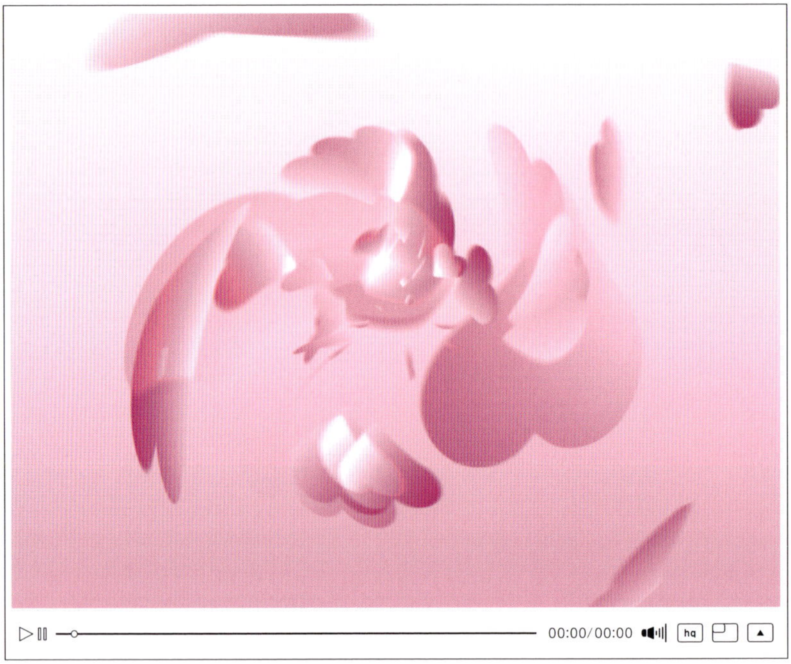

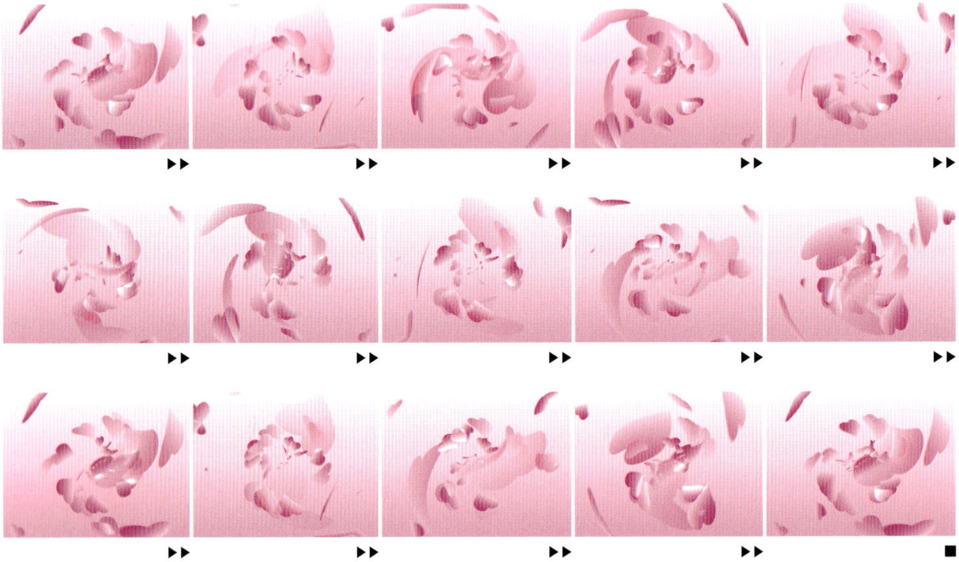

045

00:15.00 PINKY HEART 2

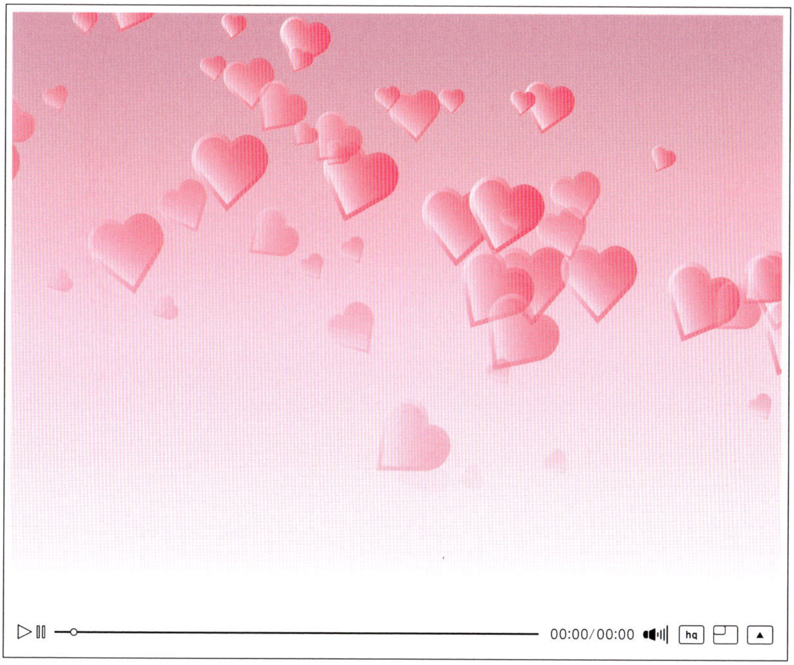

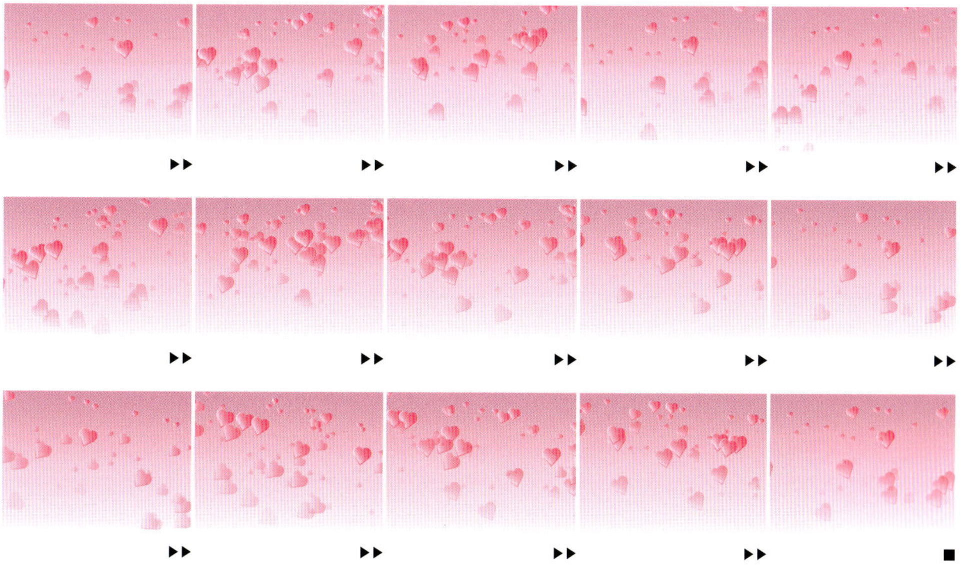

00:15.00

046 POP FLOWER 3 00:07.00

00:07.00

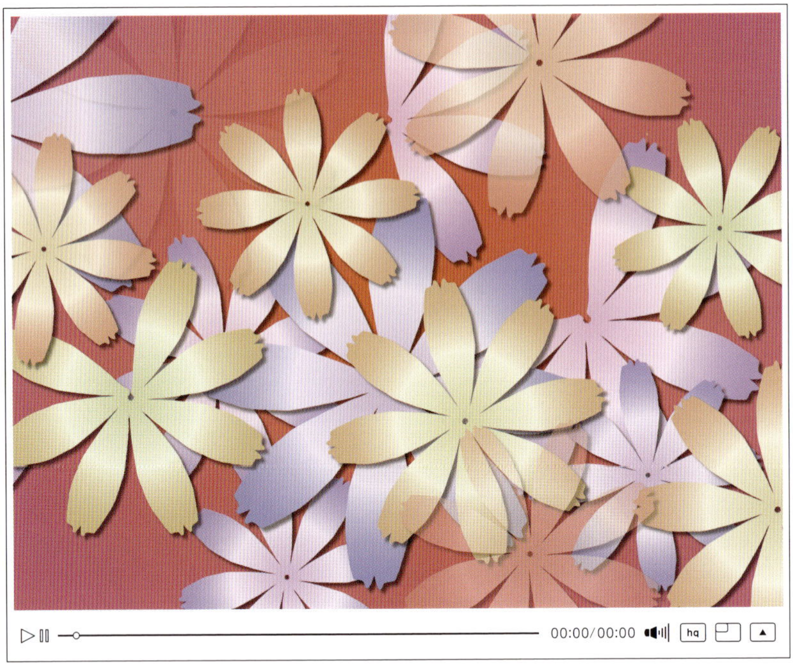

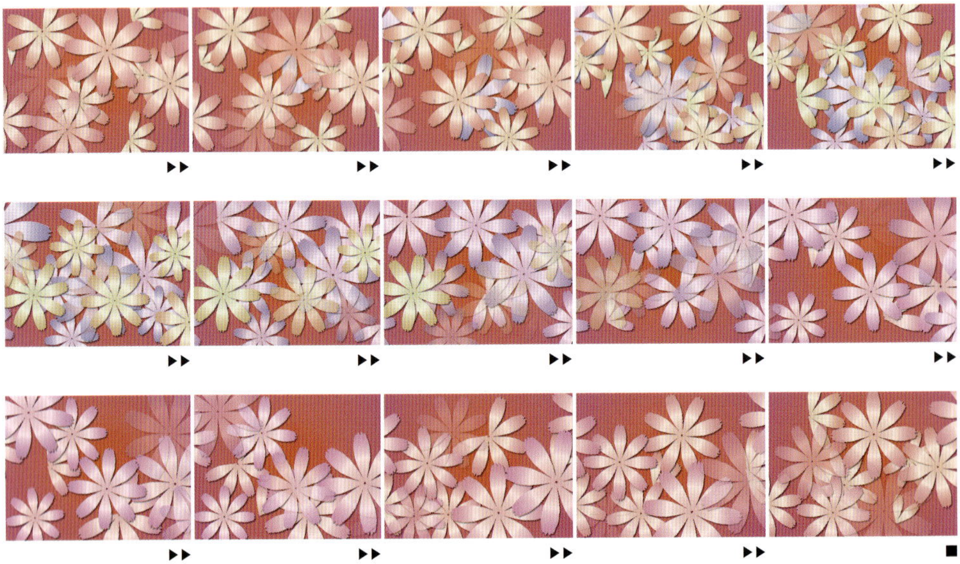

00:16.00 BALLOON 047

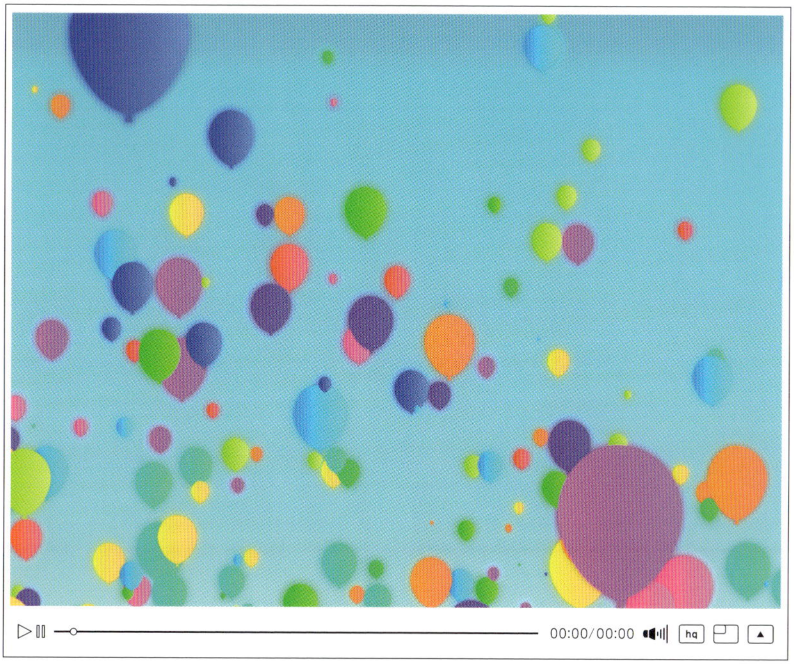

00:16.00

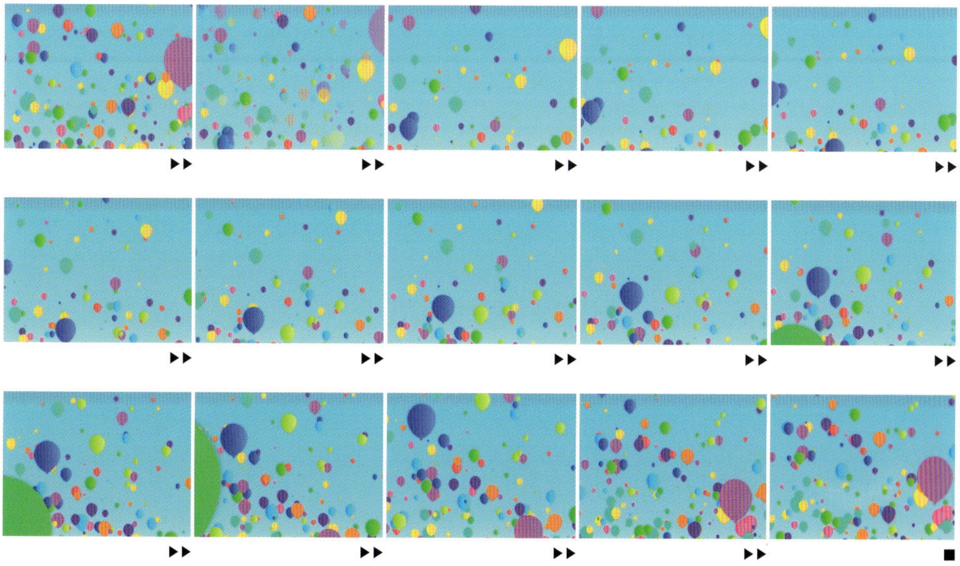

048

RAINBOW SKY 1 — 00:10.00

00:10.00

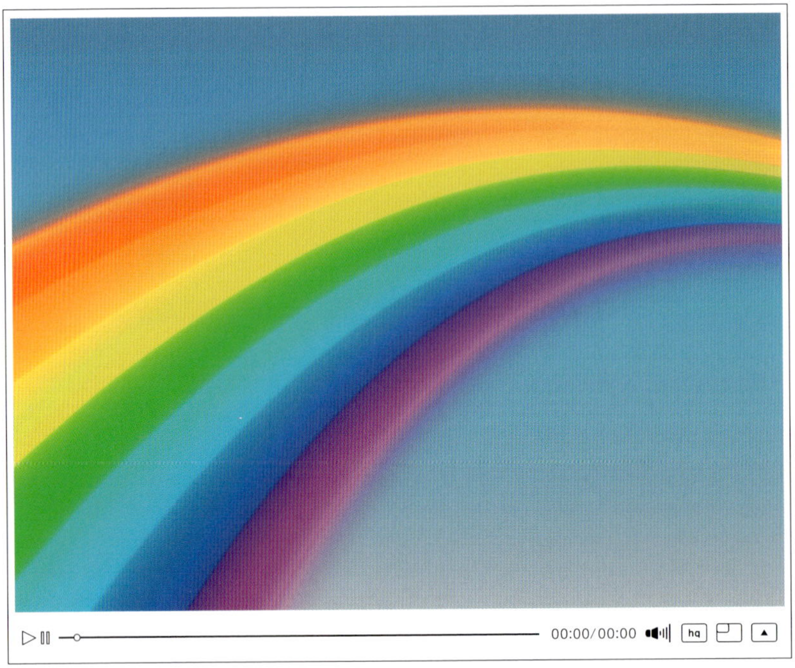

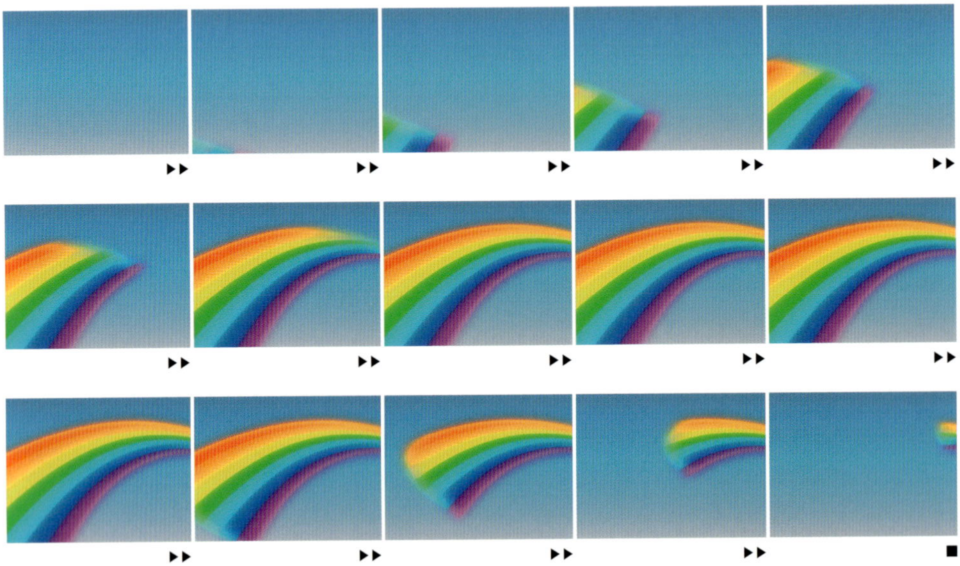

049

00:03.96 RAINBOW SKY 2

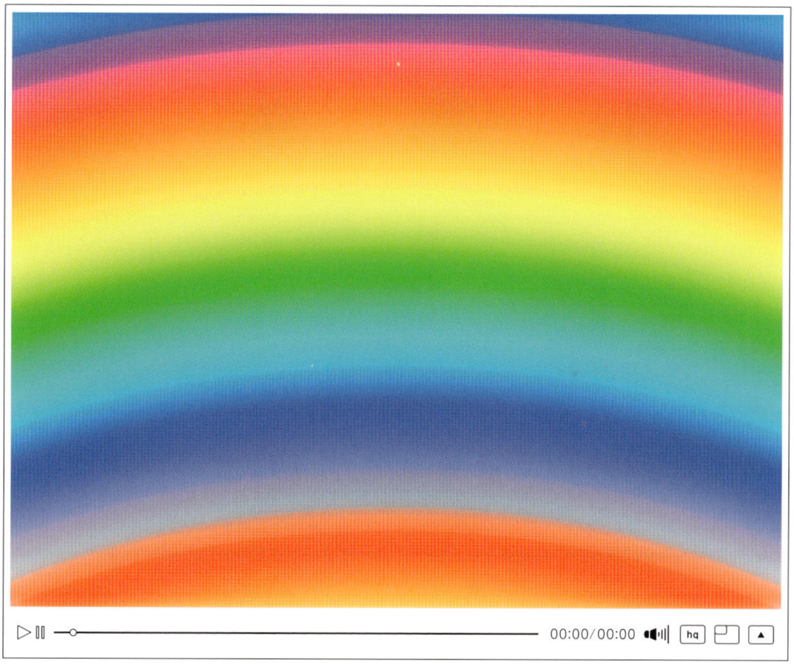

00:03.96

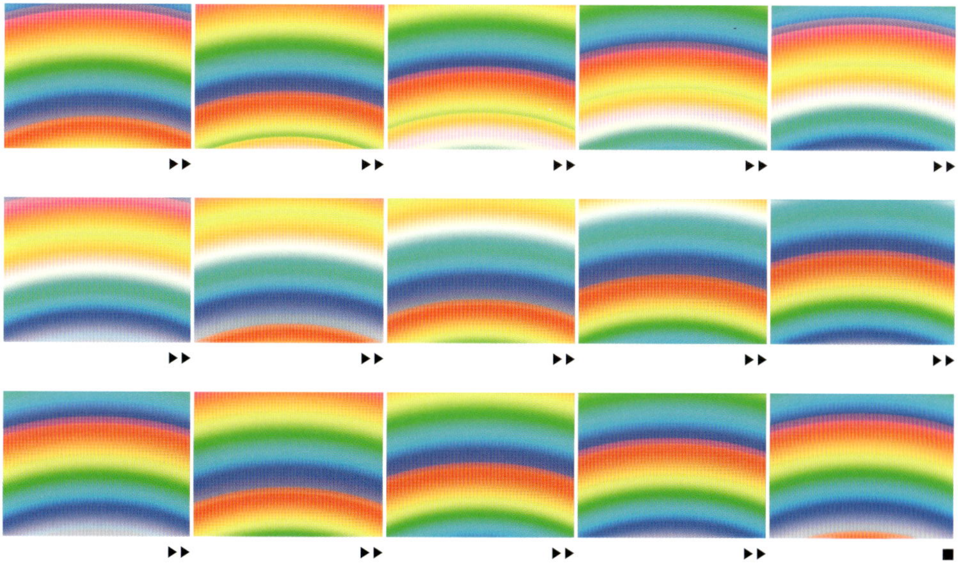

050 DANCING SCORE 00:10.00

00:10.00

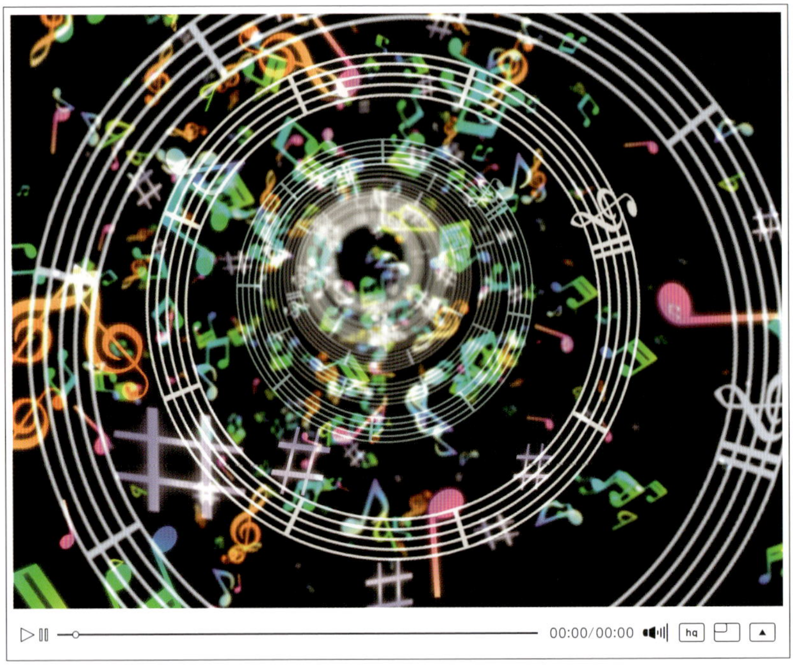

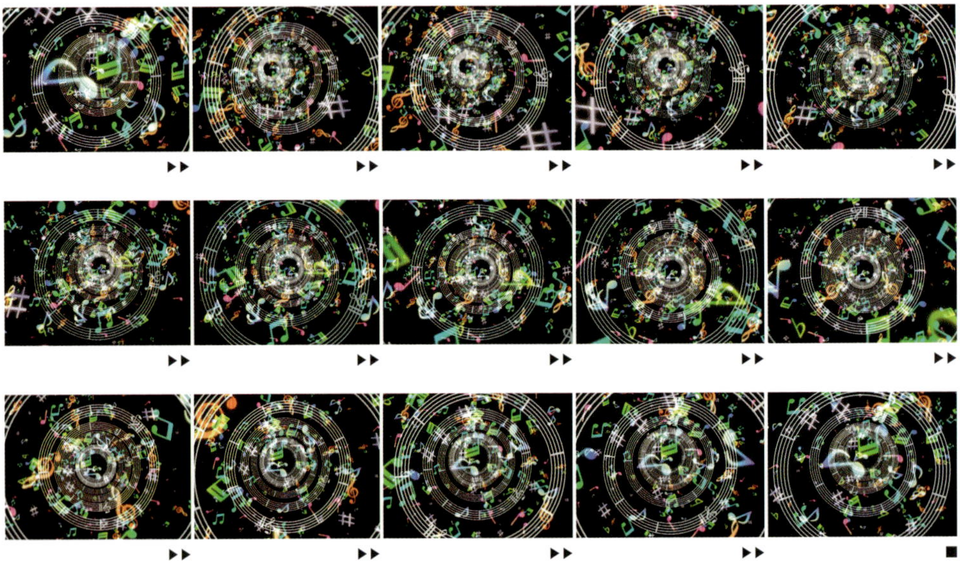

051

00:07.00 DANCING HEART

00:07.00

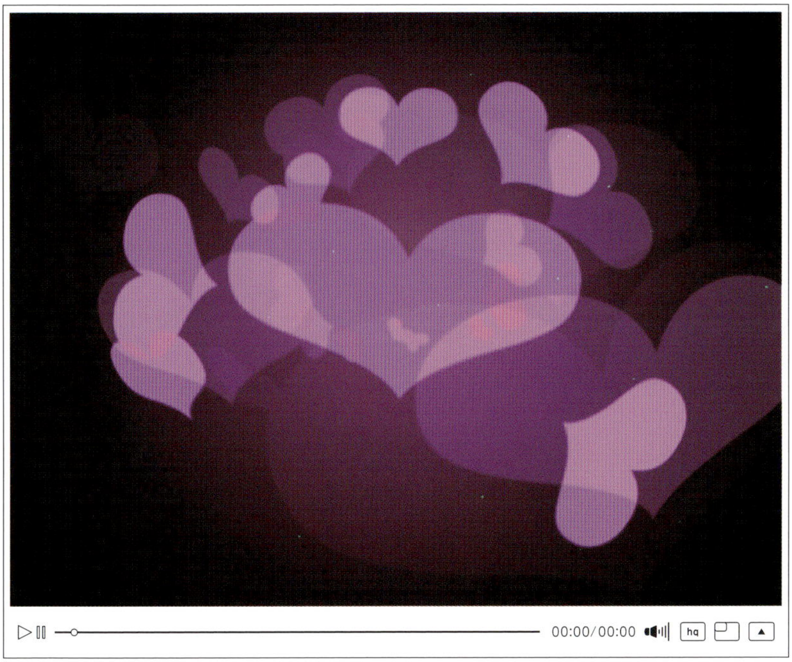

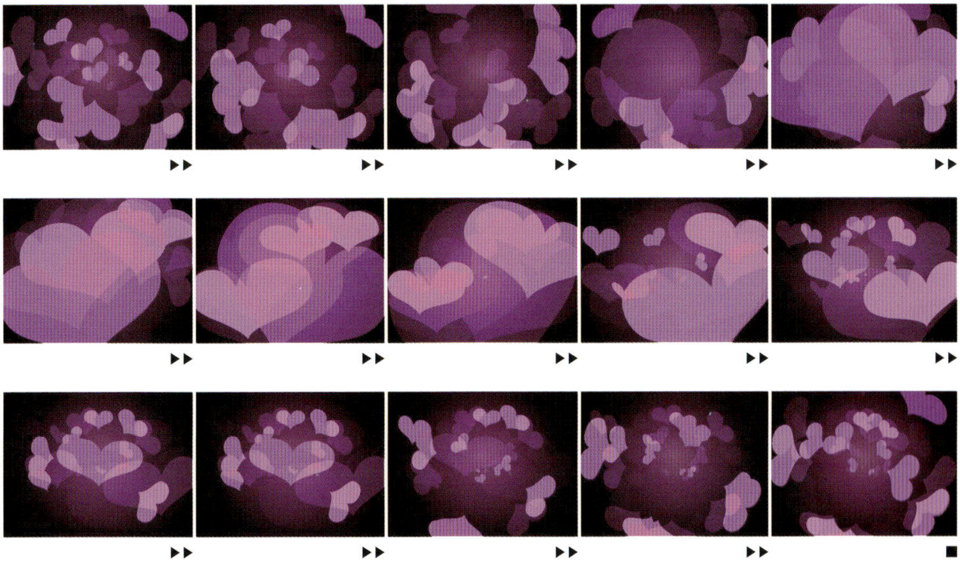

052 HOPPING HEART 1 00:04.33

00:04.33

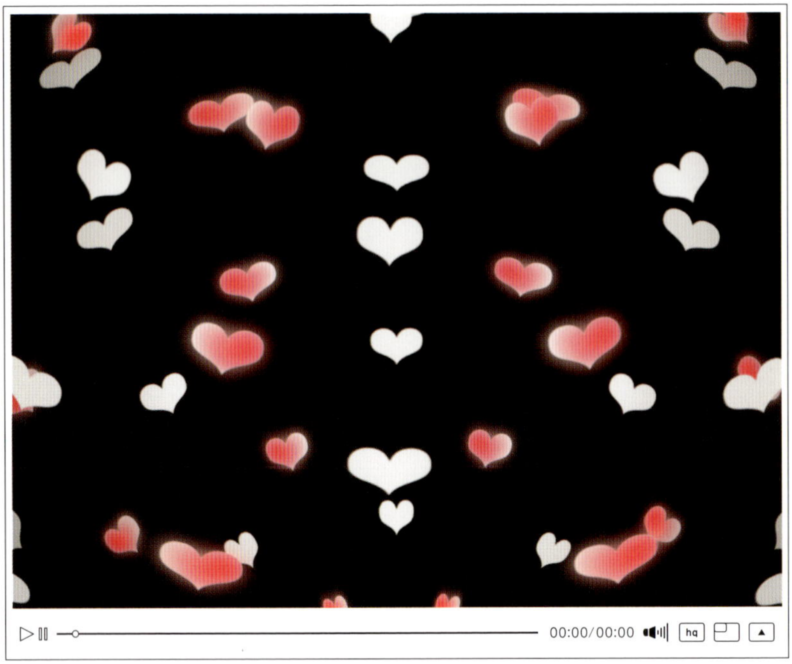

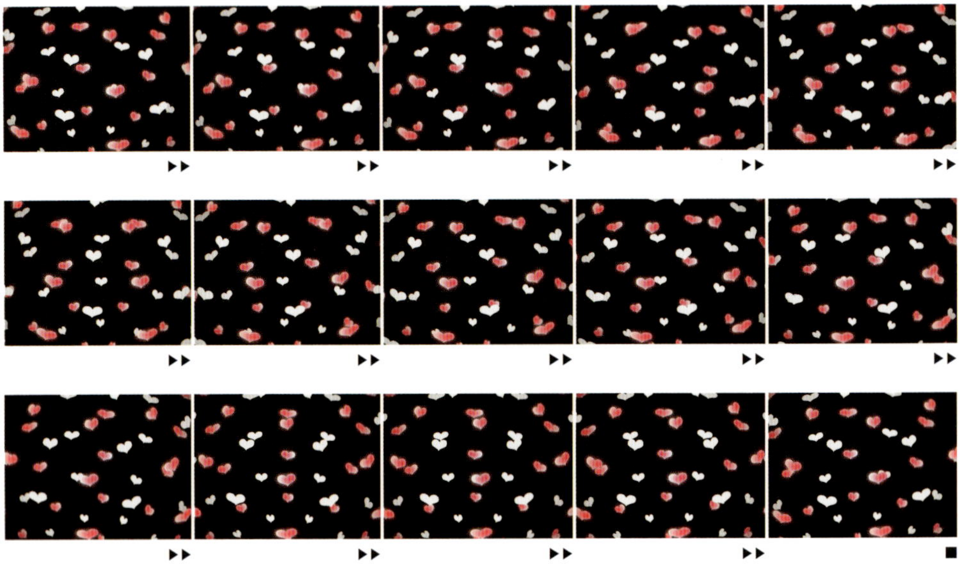

00:17.96 HOPPING HEART 2 053

00:17.96

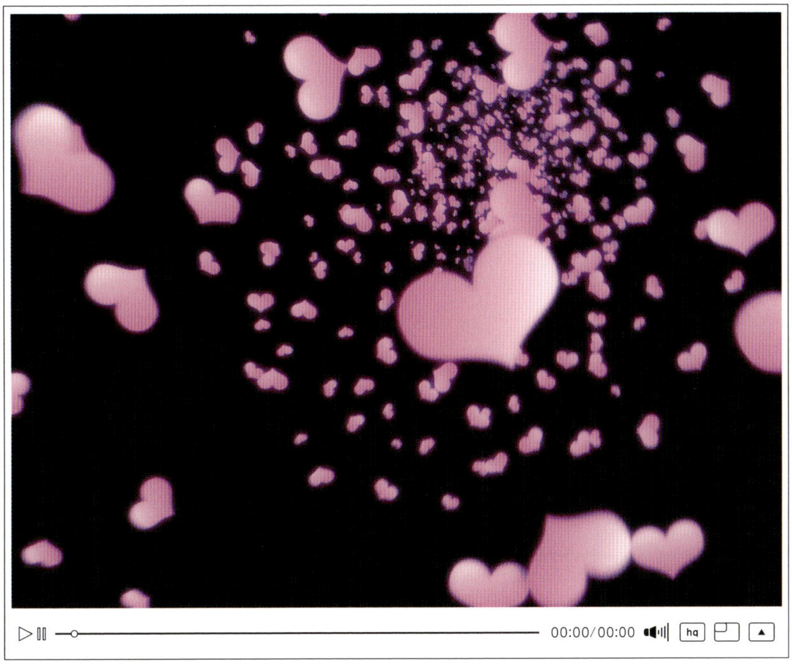

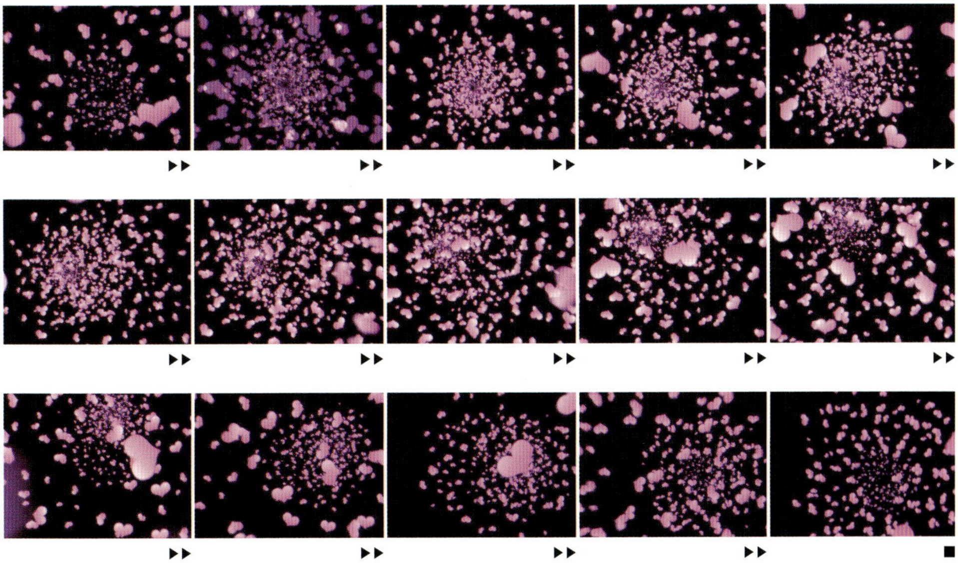

054

HEART BEAT

00:10.00

00:10.00

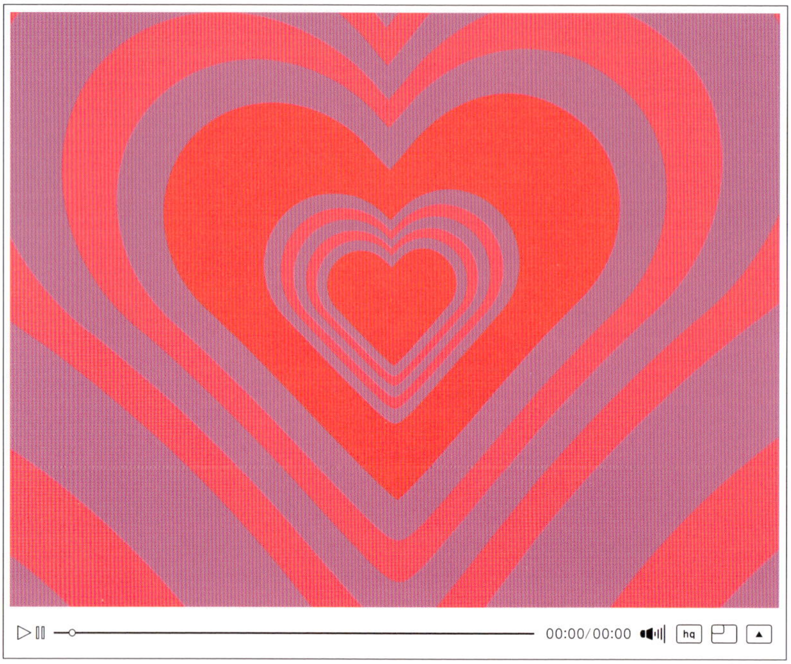

＼ひらひら／羽／

055

FLIP UP FEATHER

00:18.00

00:18.00

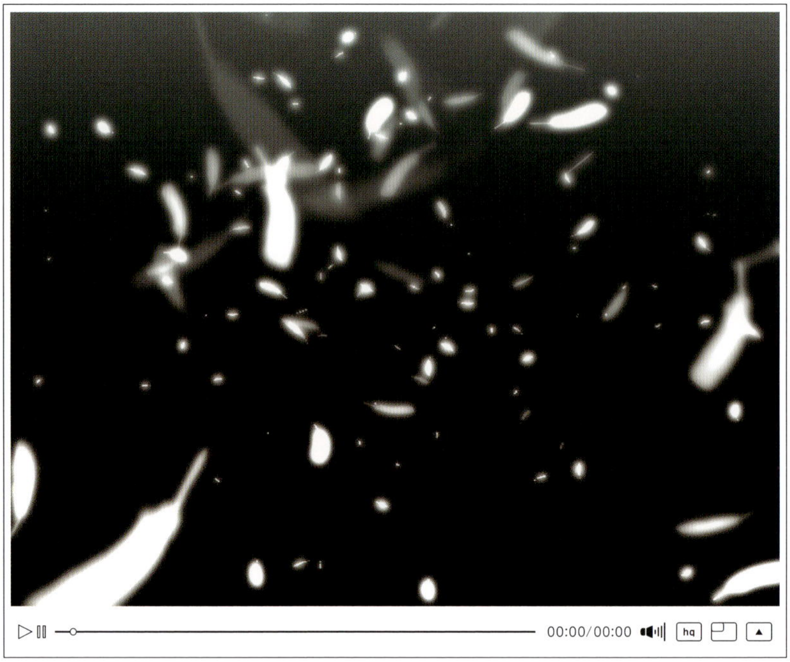

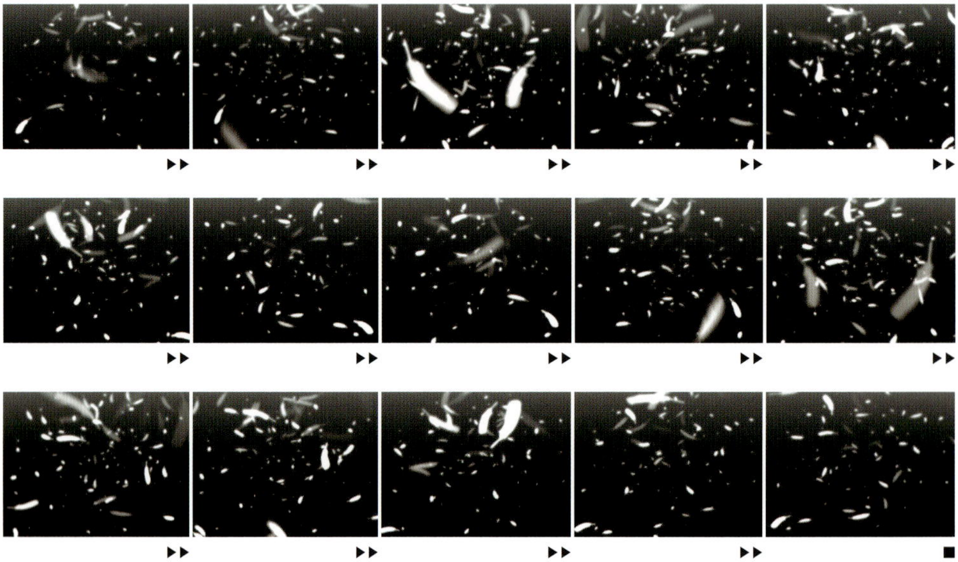

056

00:20.03 FLUTTERING FEATHER

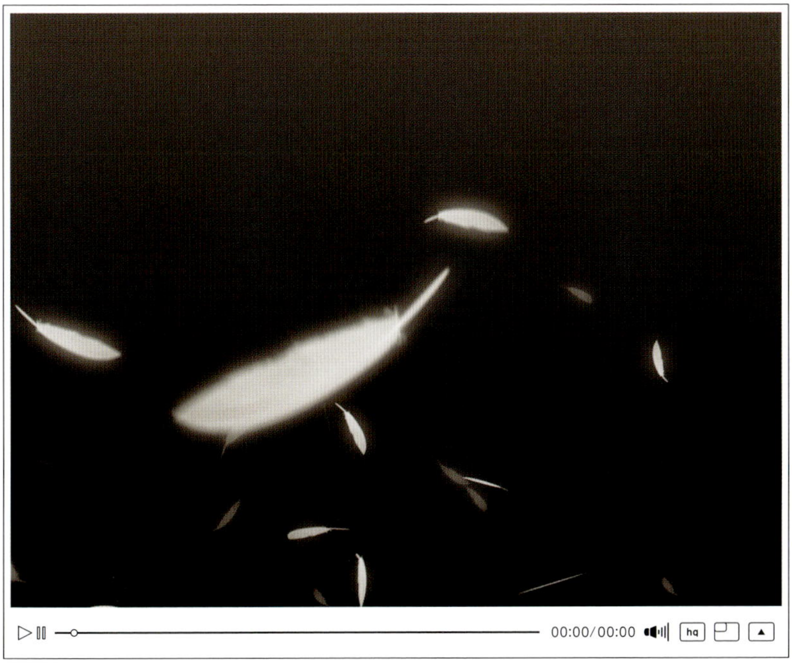

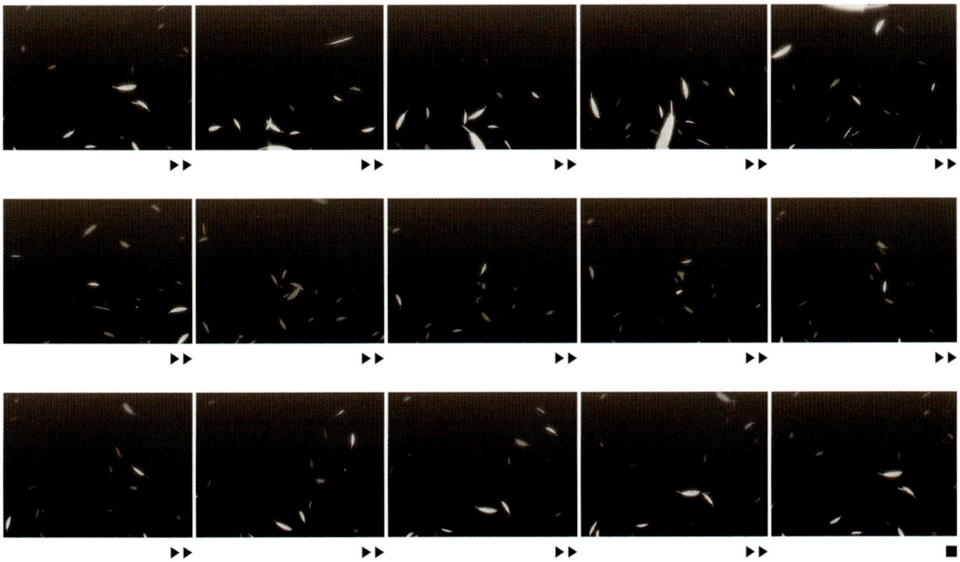

00:20.03

057 FLOATING FEATHER 00:20.03

00:20.03

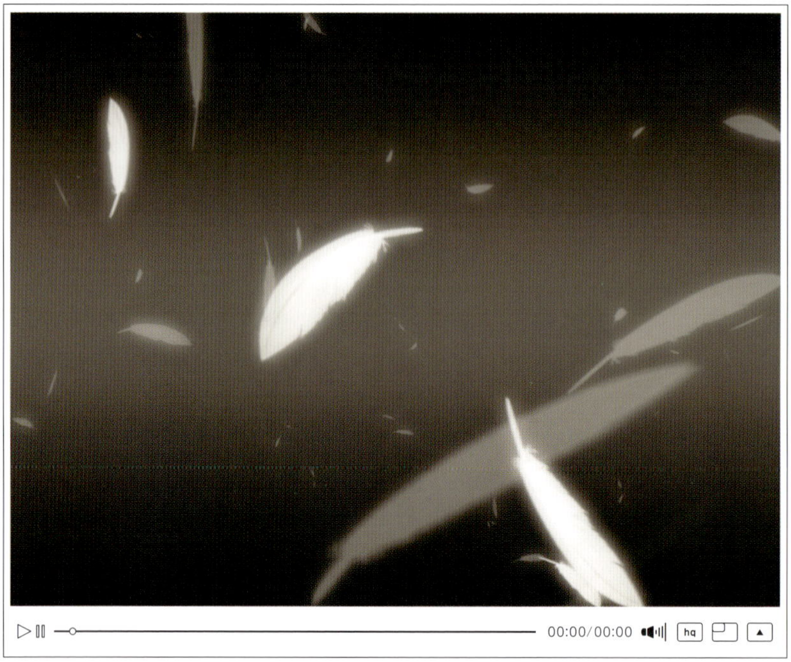

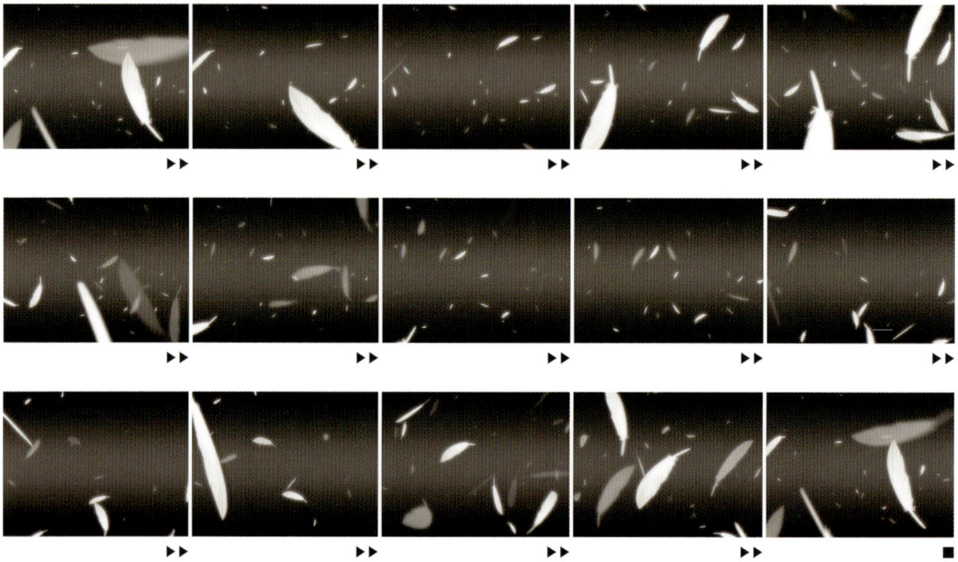

058

00:14.00 FALLING LEAVES

00:14.00

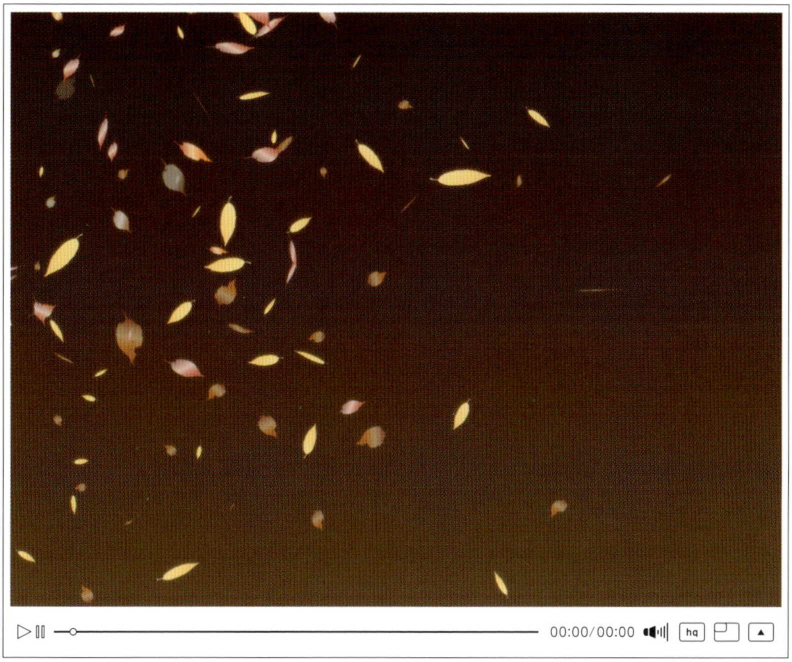

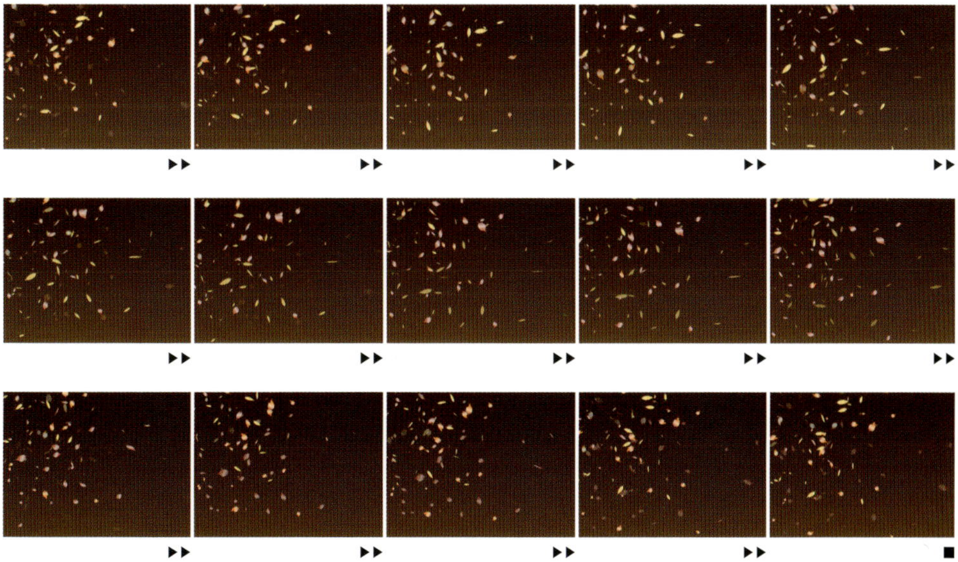

059 WANDERING NOTE 00:25.00

00:25.00

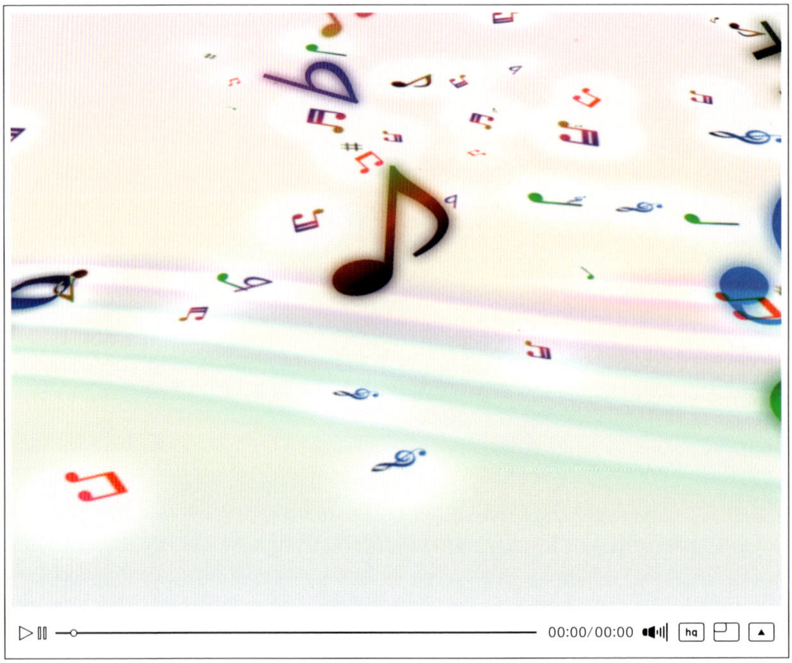

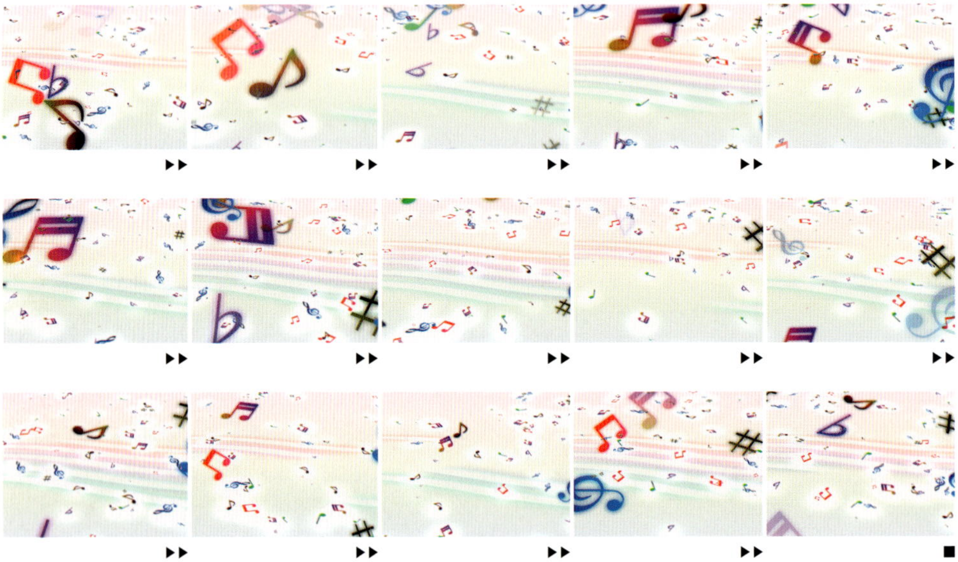

060

00:35.00 DRIFTING NOTE

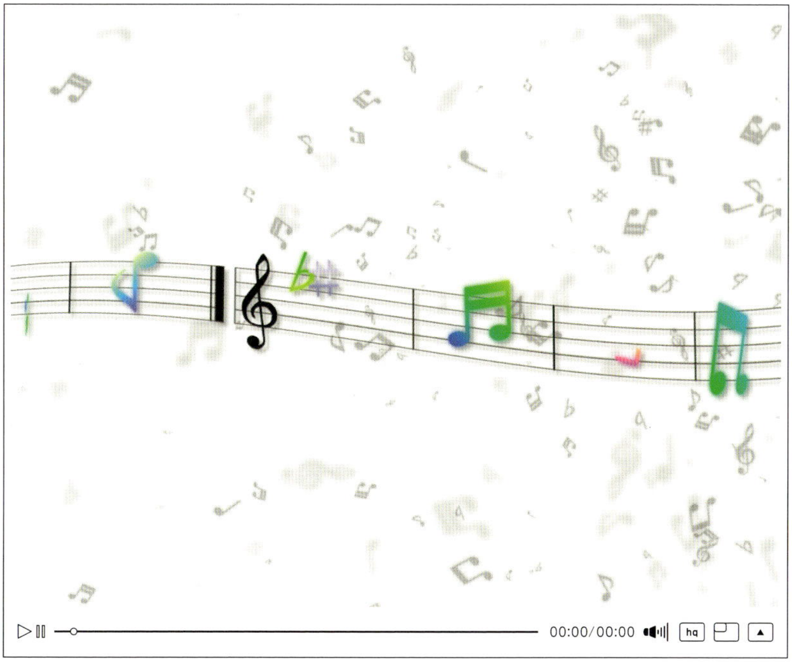

00:35.00

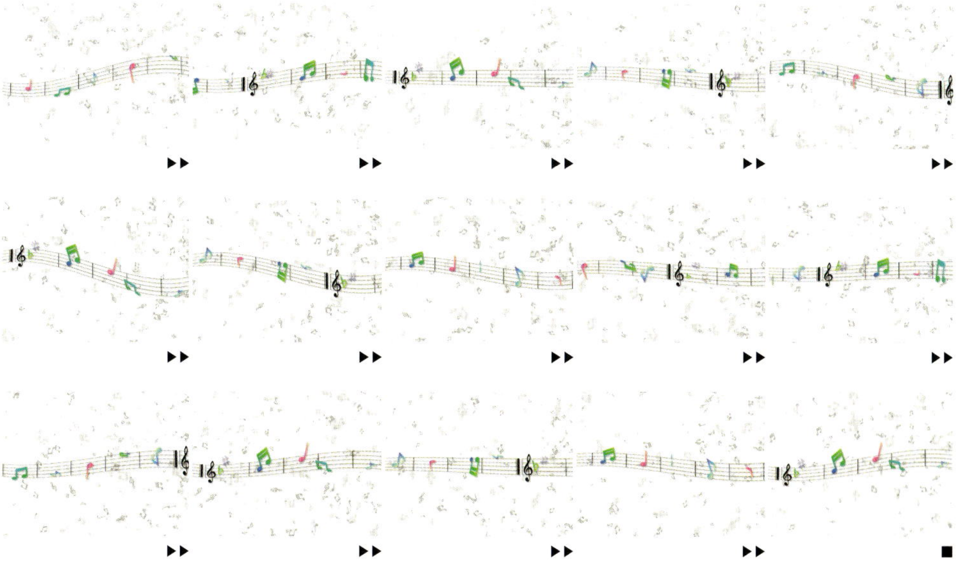

061

DRIZZLING RAIN

00:16.00

00:16.00

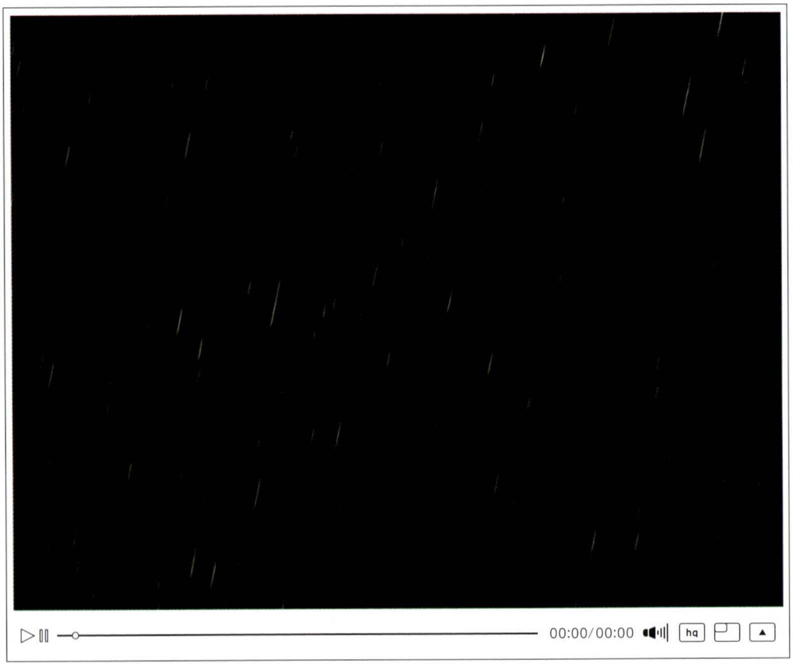

00:12.00 DRIPPING RAIN

062

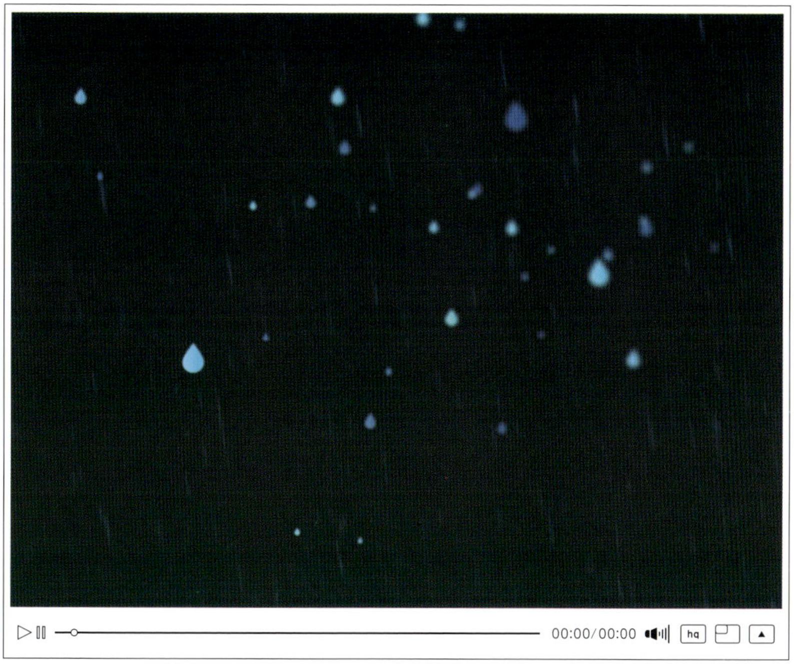

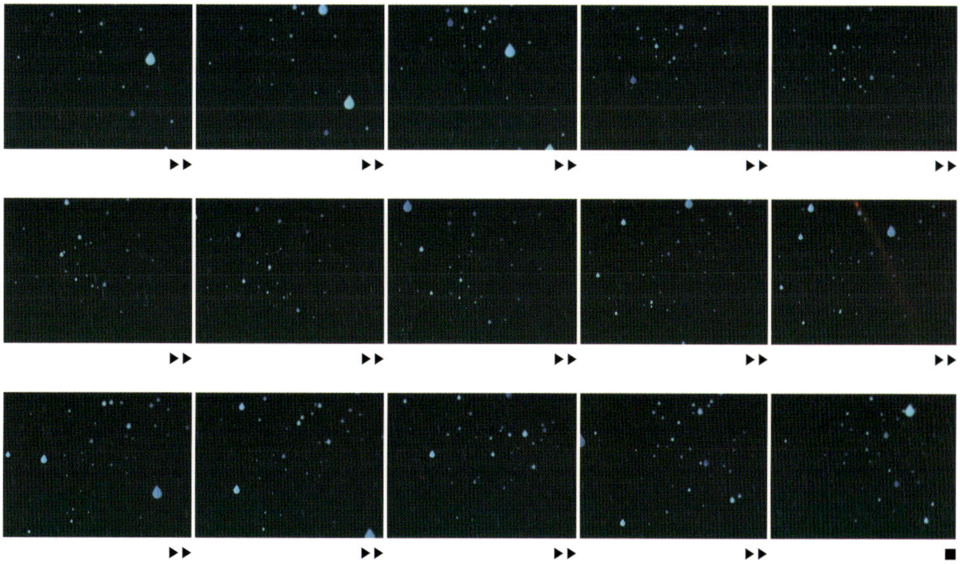

063

FLUFFY PETAL

00:30.00

00:30.00

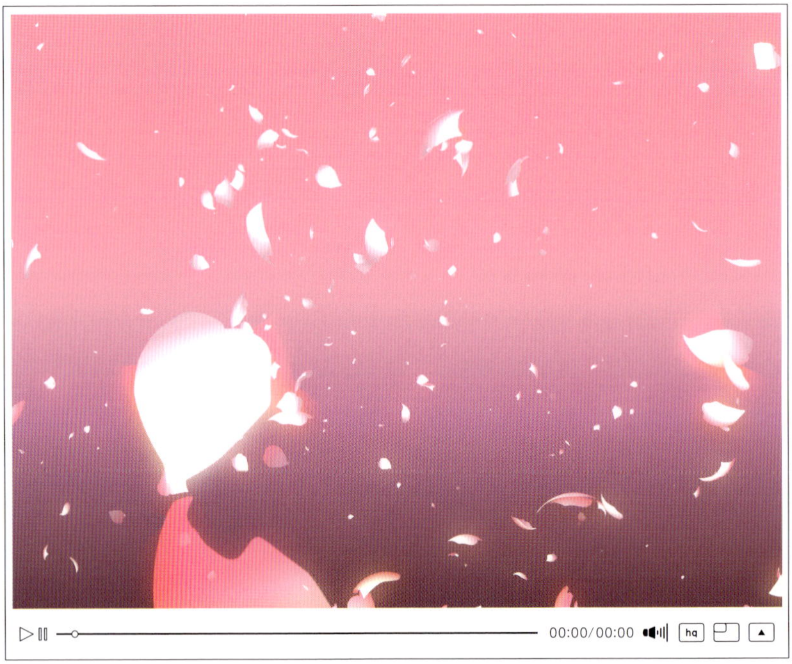

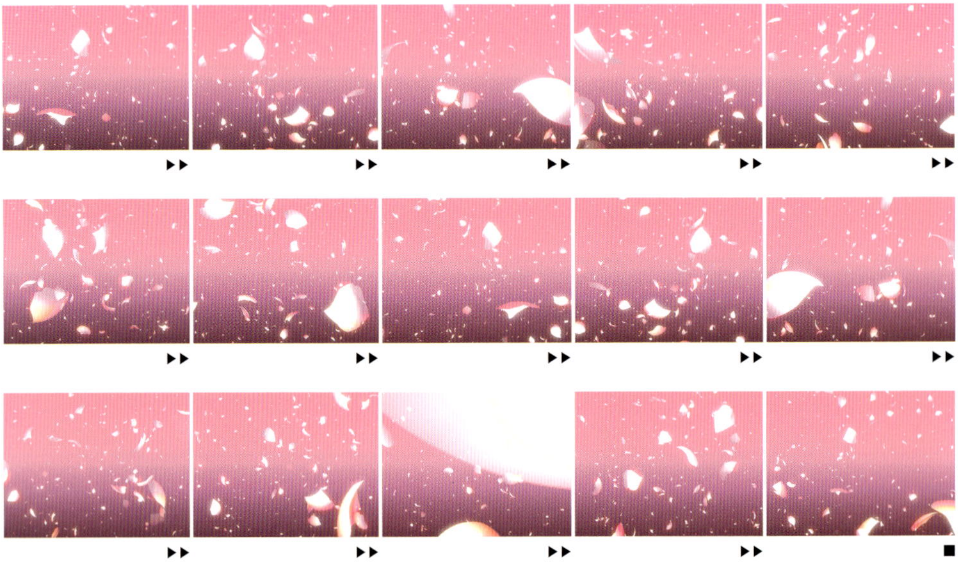

064

00:30.00 SOFTLY PETAL

00:30.00

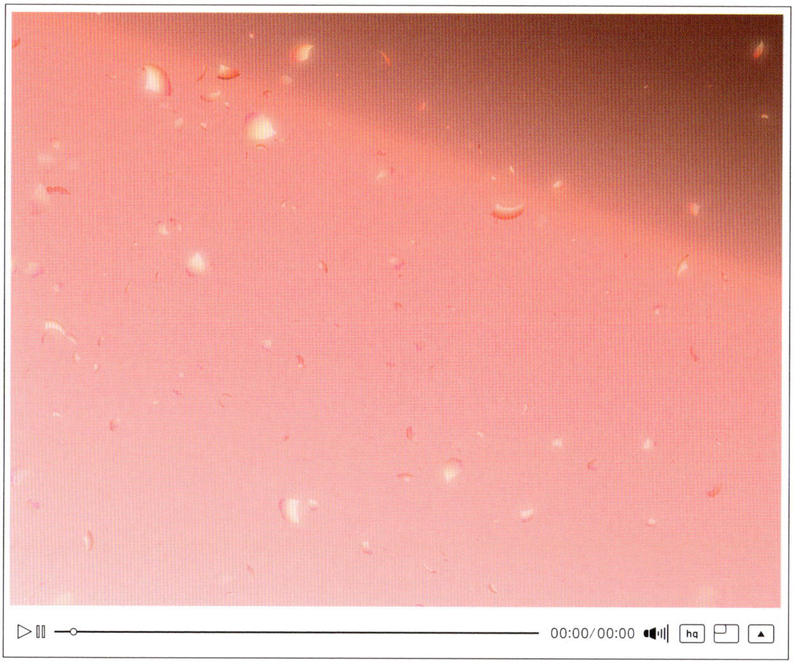

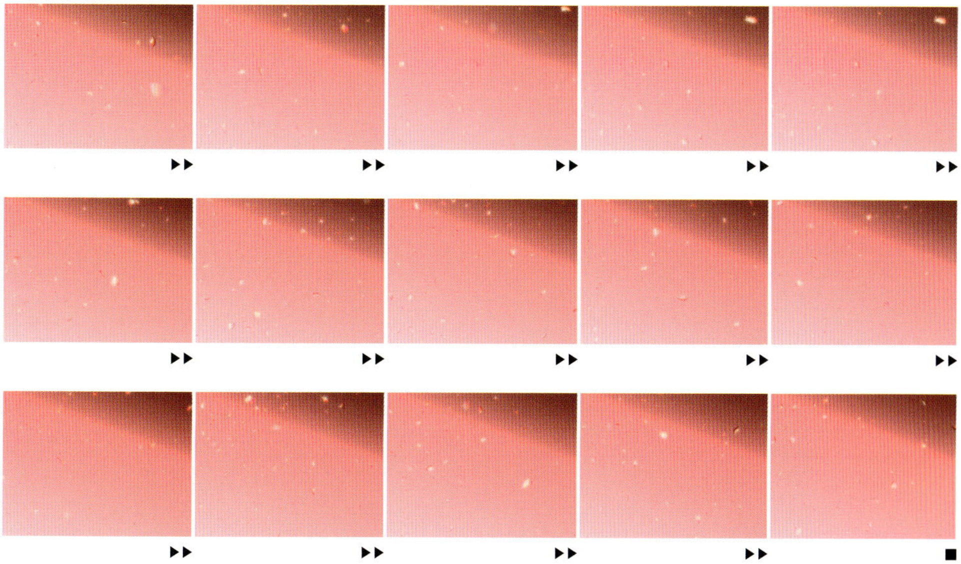

065

SAKURA IN THE AIR 00:14.00

00:14.00

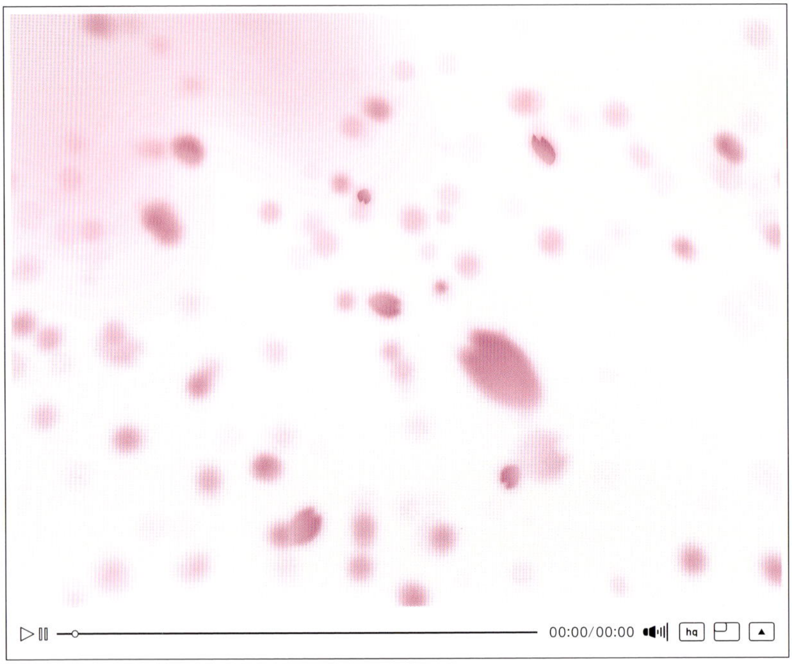

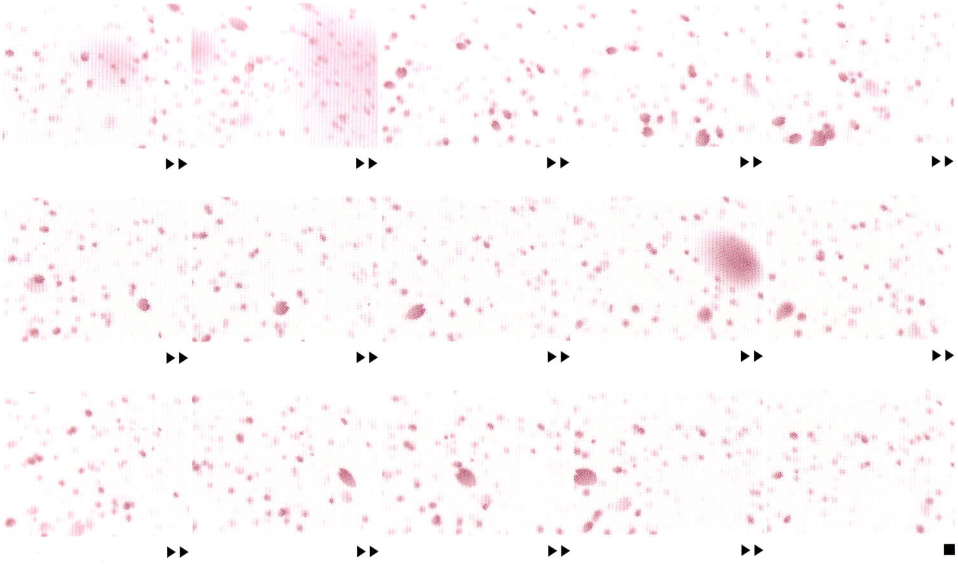

＼四季❖おりおり／

066 FLOATING SPRING 1 00:09.96

00:09.96

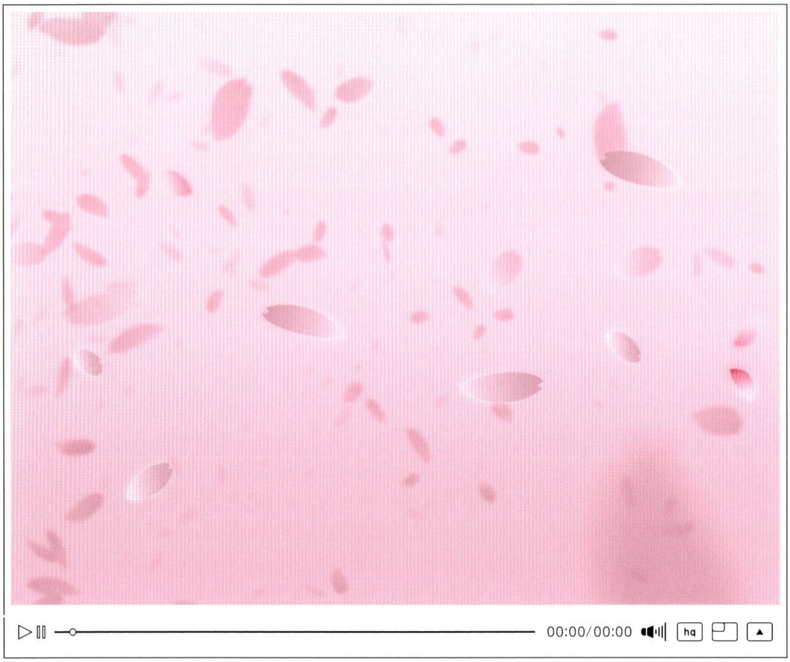

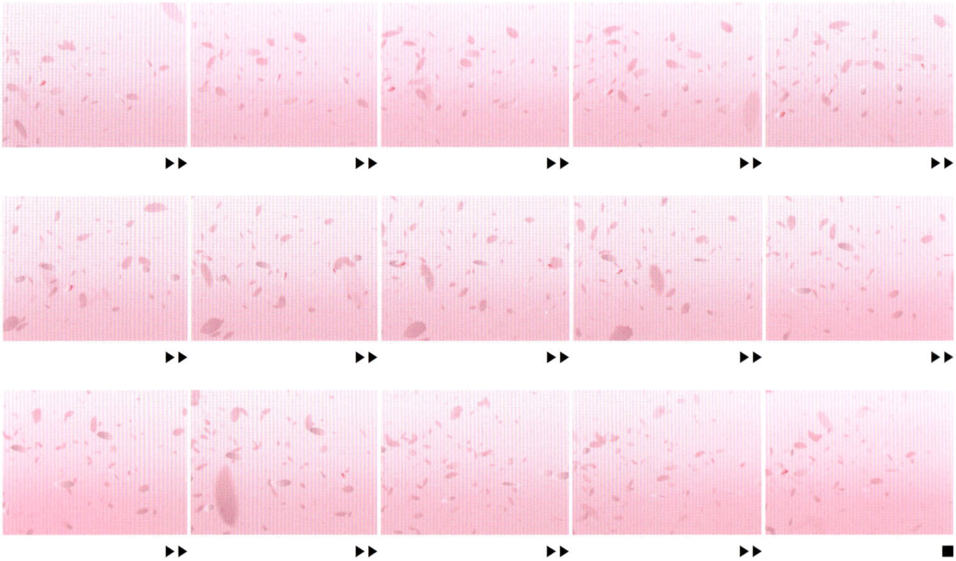

00:09.00 FLOATING SPRING 2 067

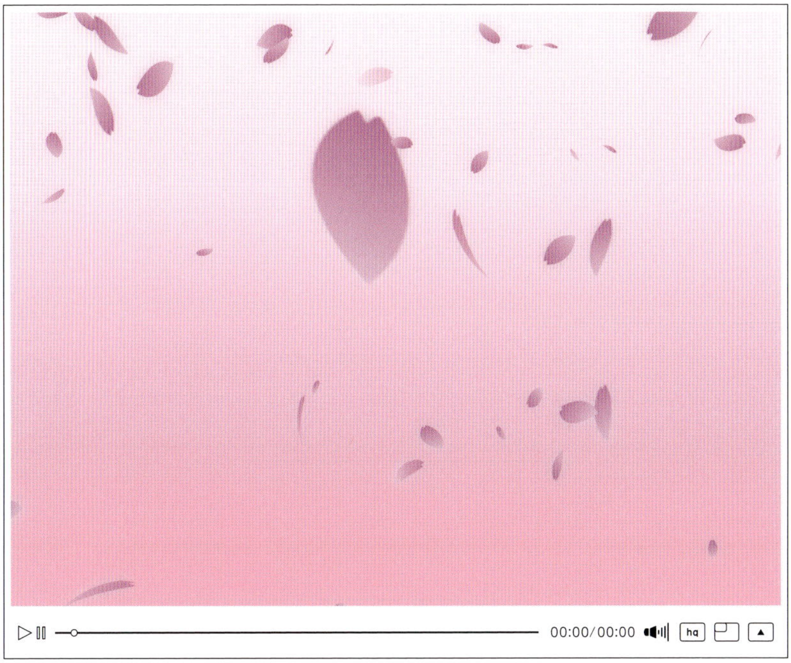

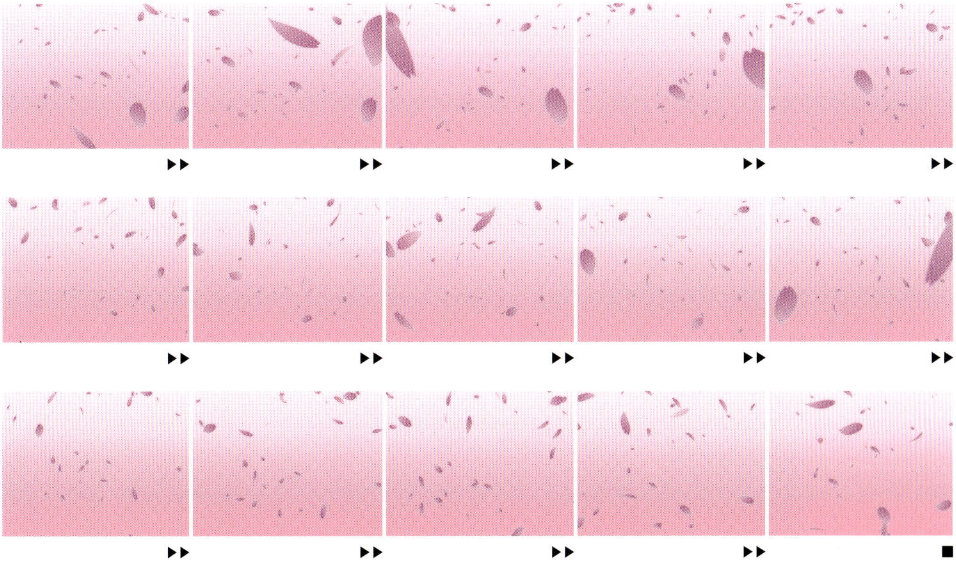

068

SAKURA 1 00:24.93

00:24.93

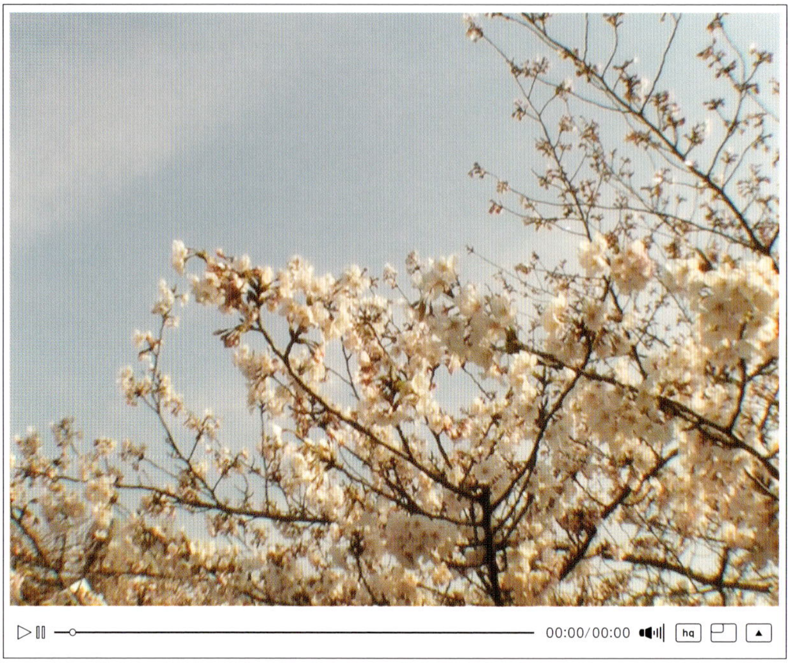

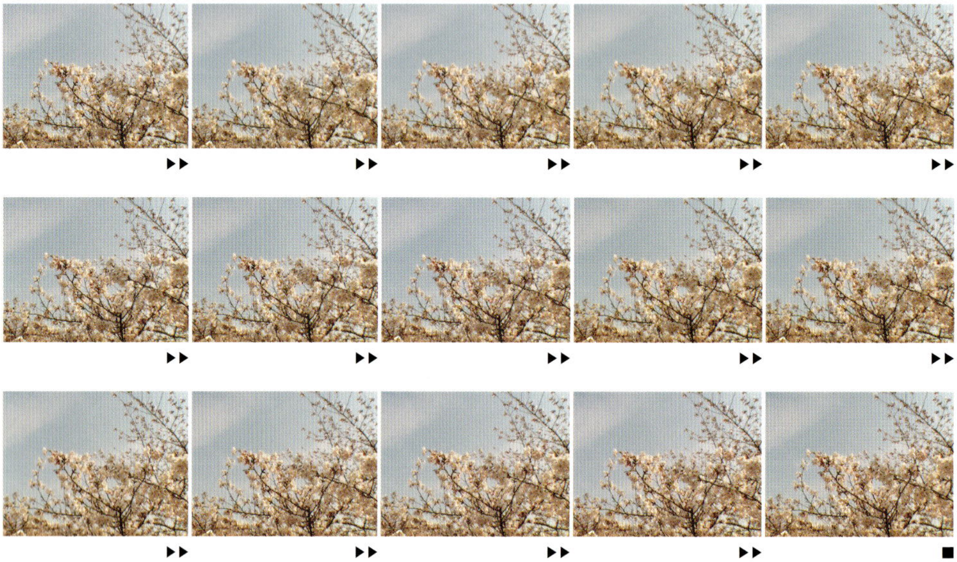

069

00:21.10 SAKURA 2

00:21.10

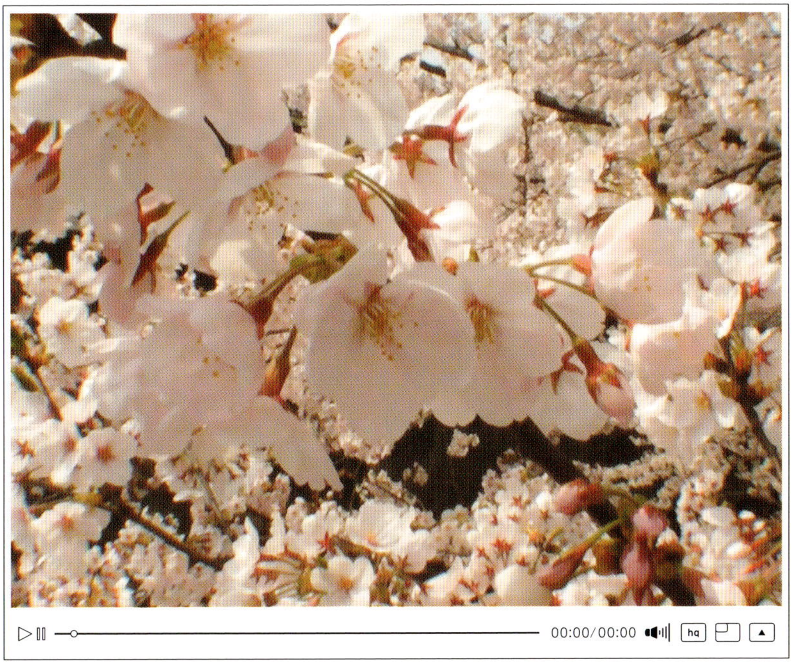

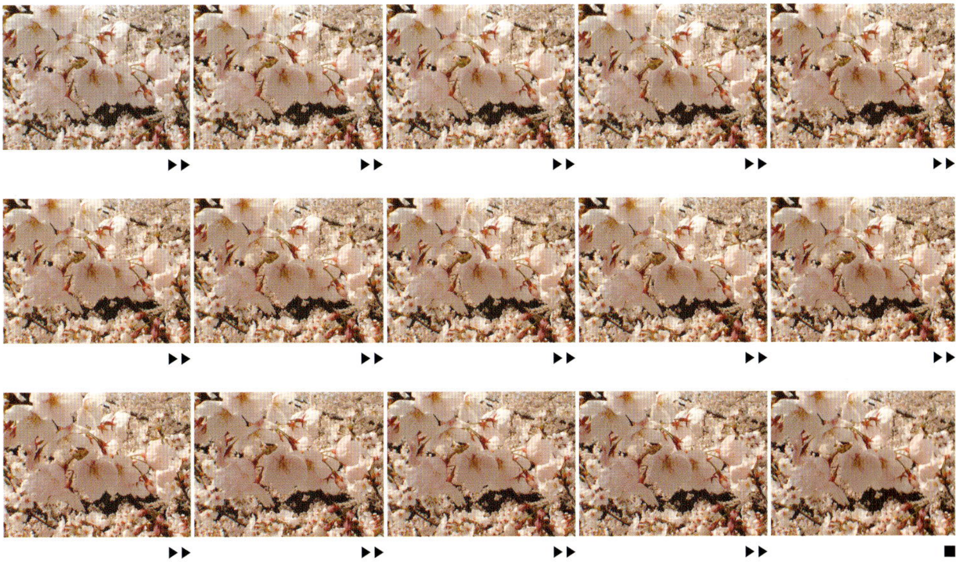

070

SAKURA 3

00:24.76

00:24.76

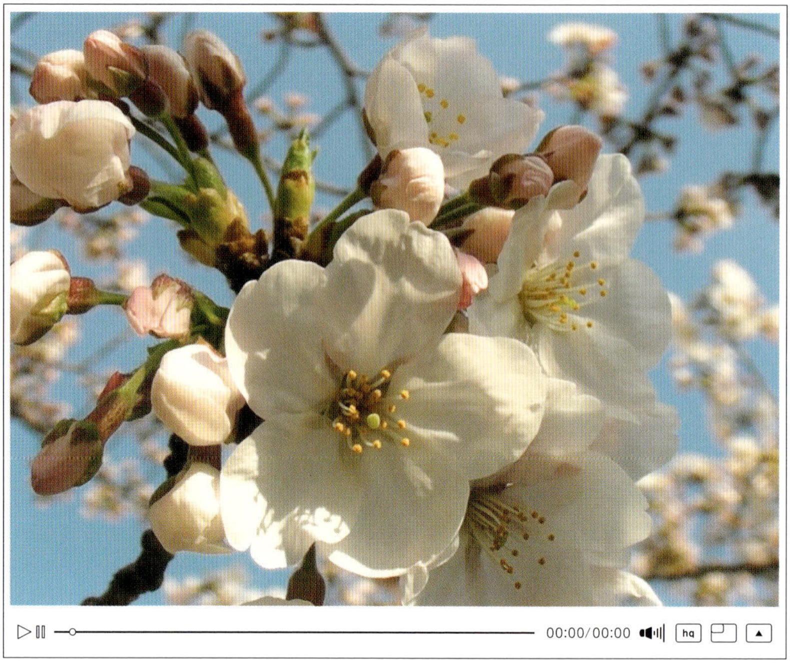

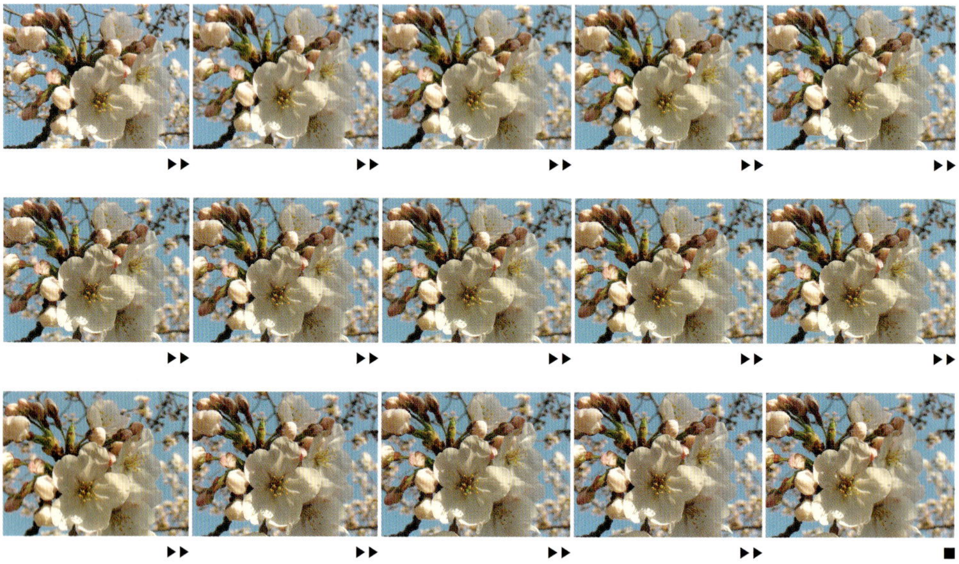

00:32.80 SAKURA 4

071

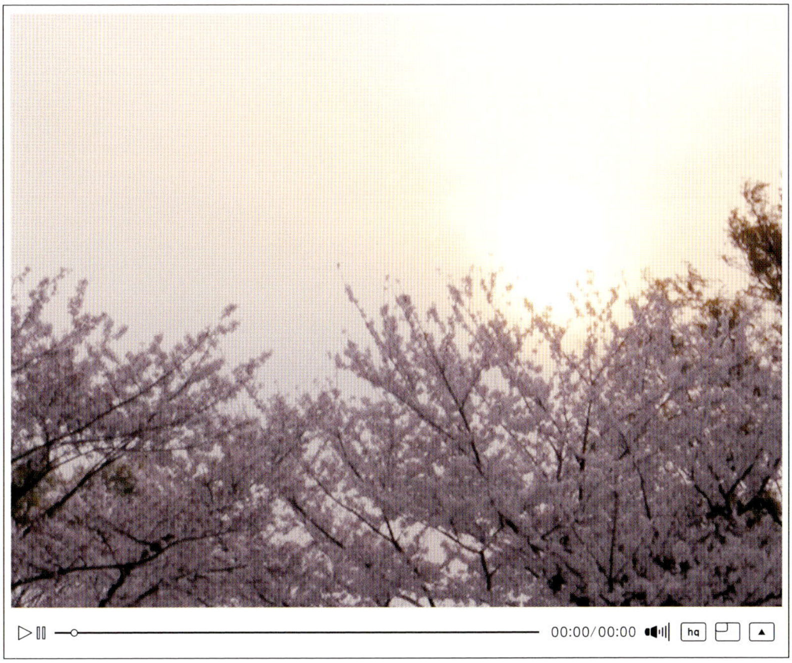

00:32.80

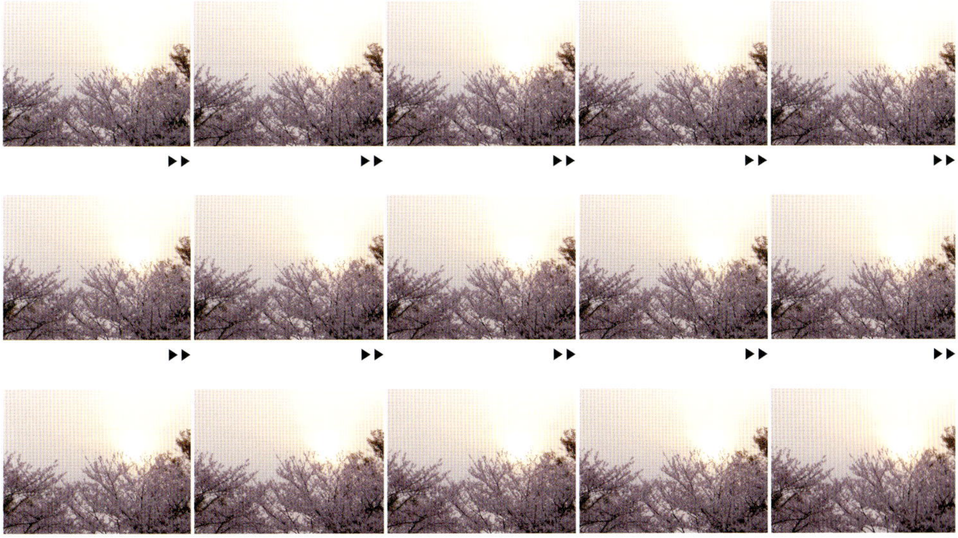

072 HANABI1 00:20.00

00:20.00

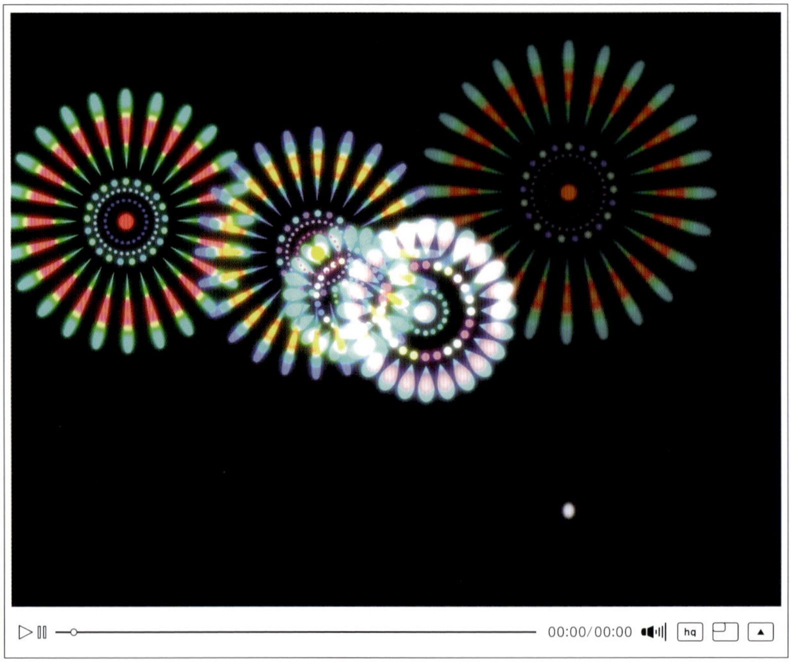

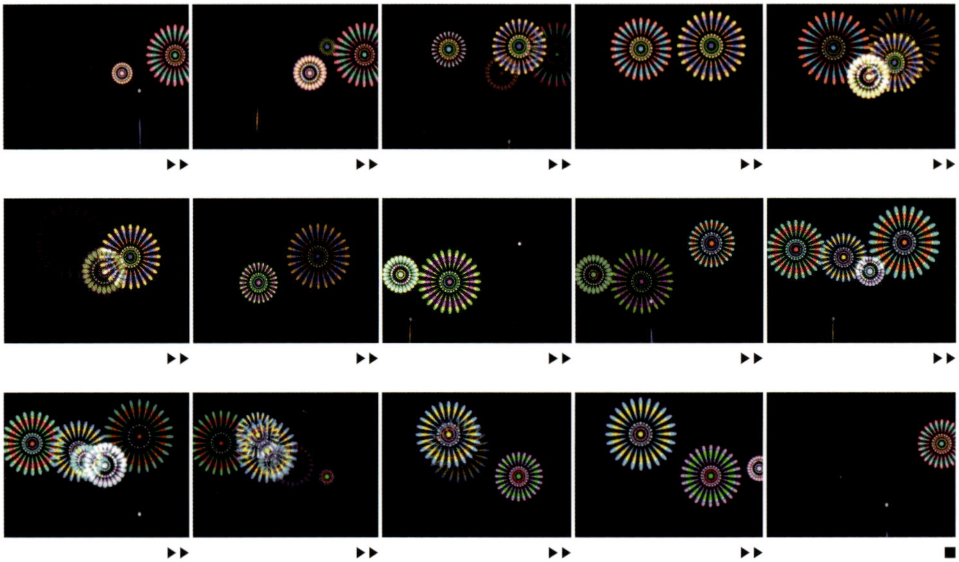

073

00:11.63 HANABI 2

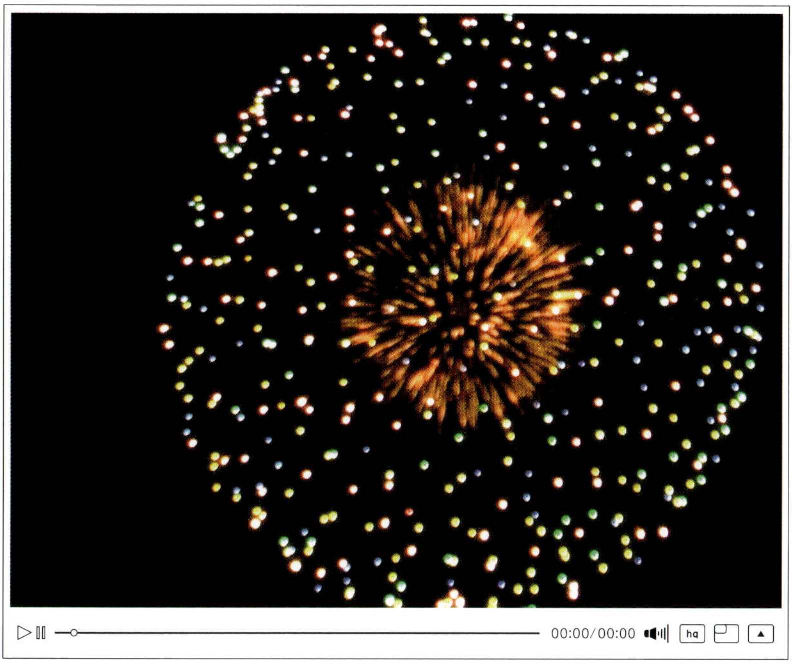

00:11.63

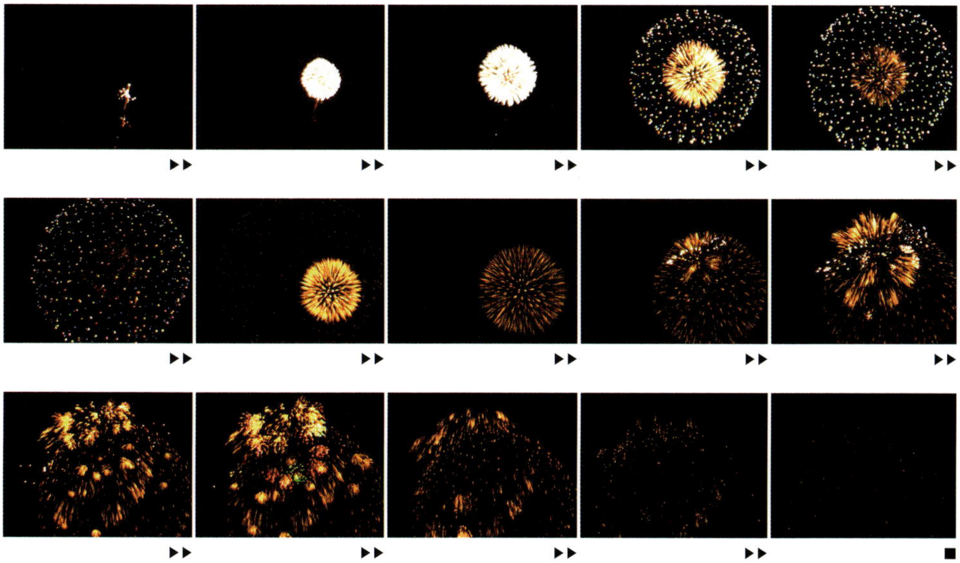

074

HANABI 3 00:06.23

00:06.23

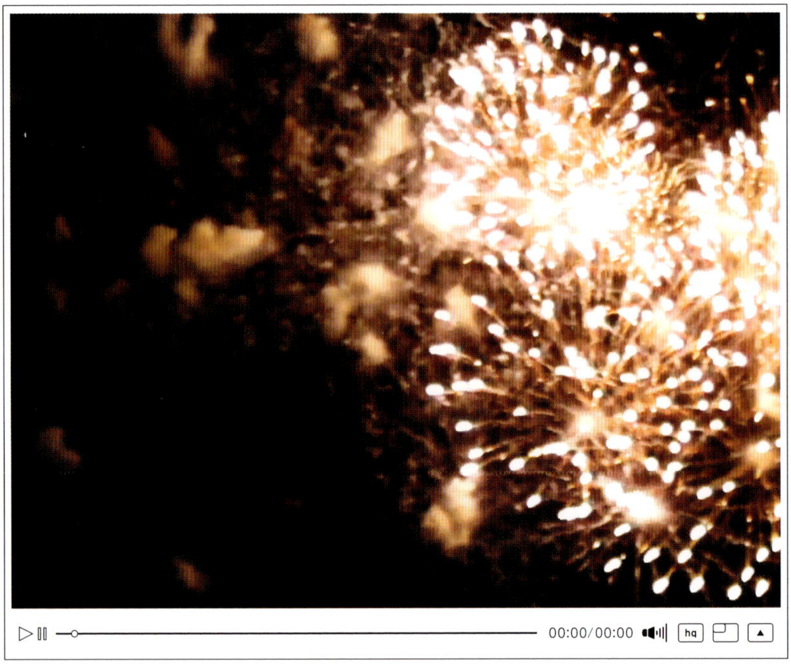

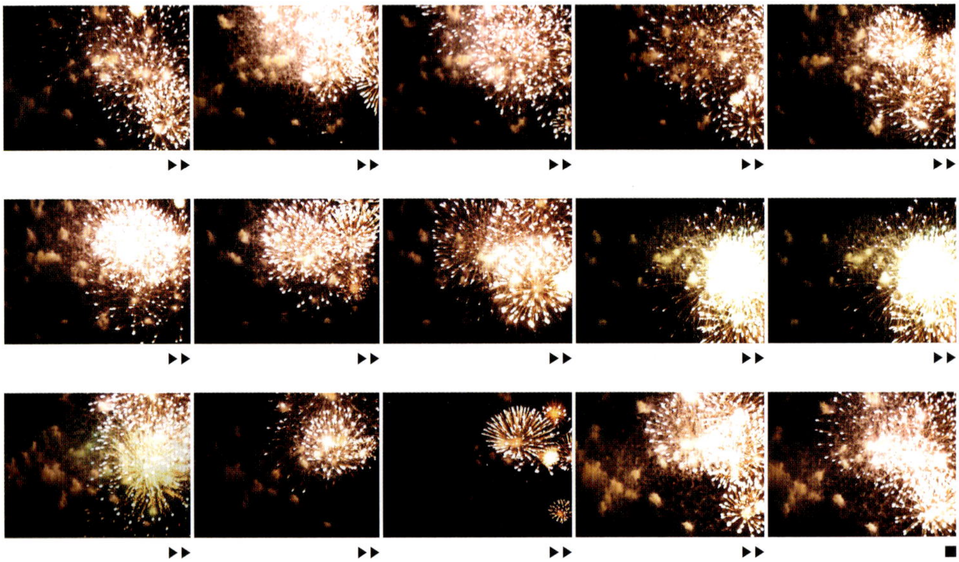

00:05.00 HANABI 4 075

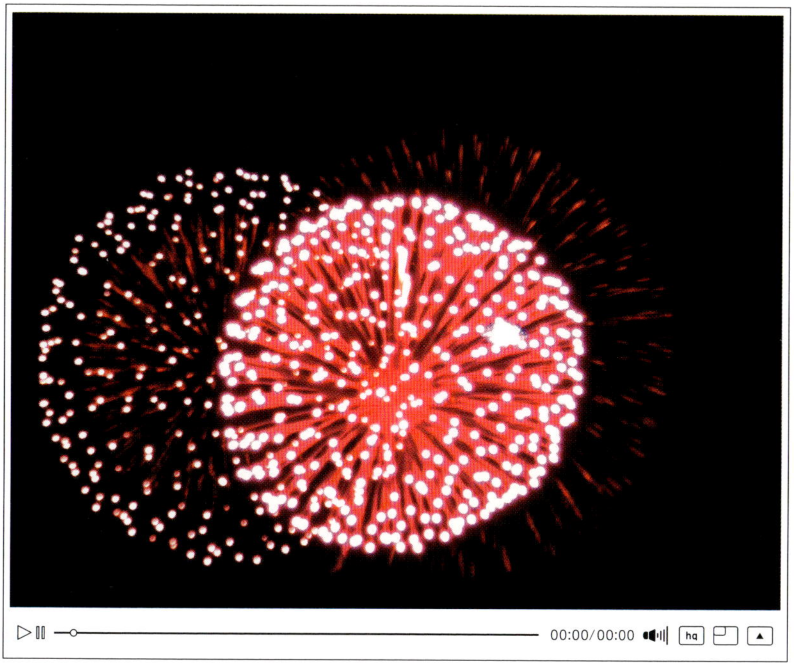

00:05.00

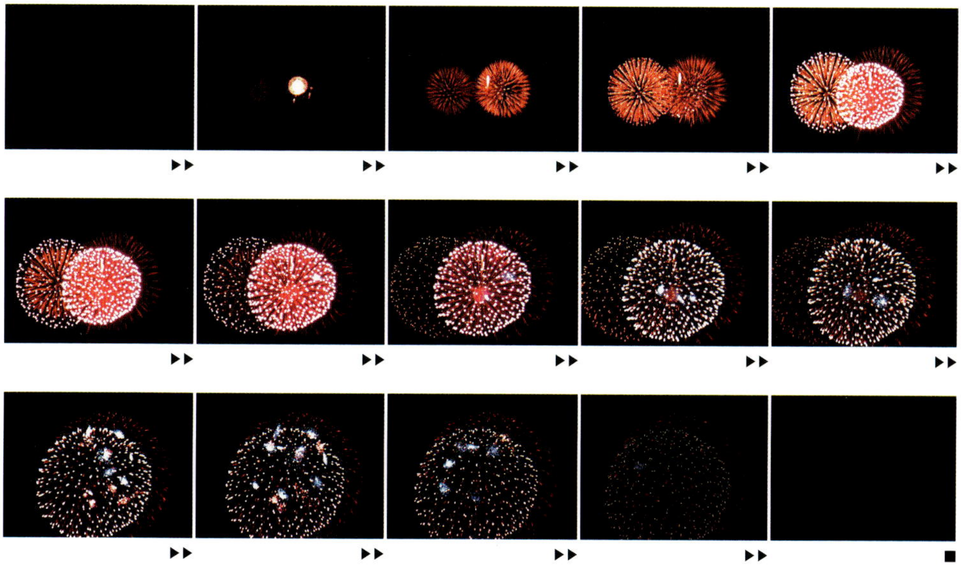

076

AUTUMN 1

00:26.96

00:26.96

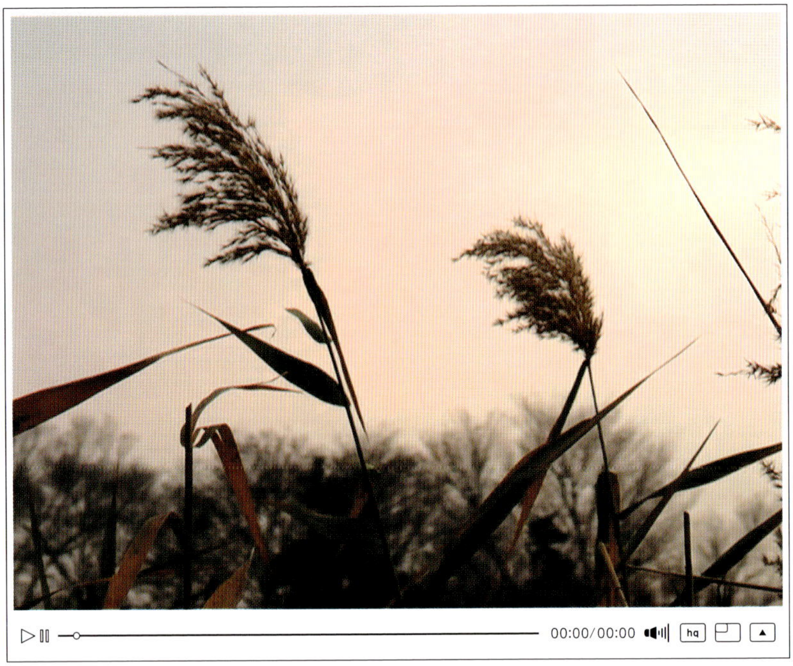

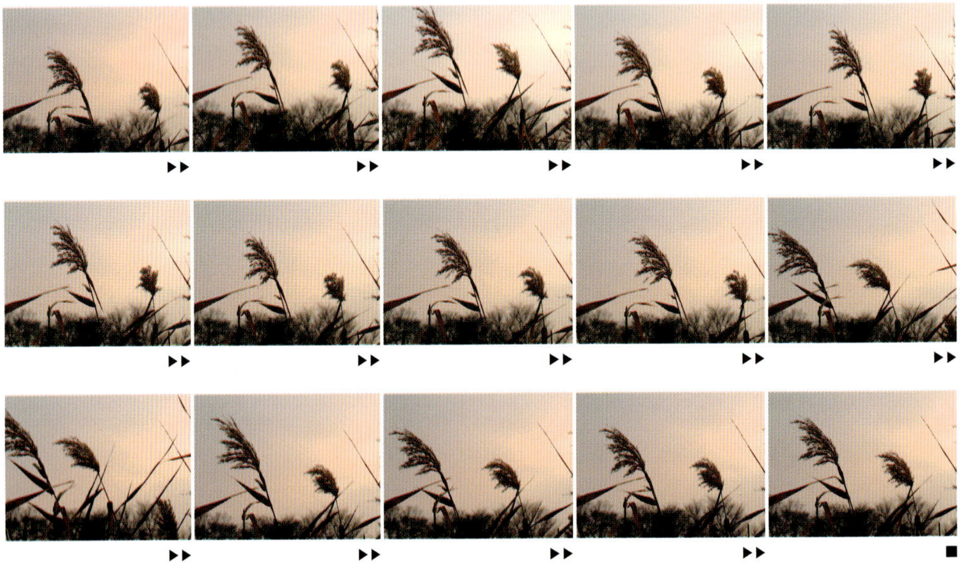

077

00:16.06 AUTUMN 2

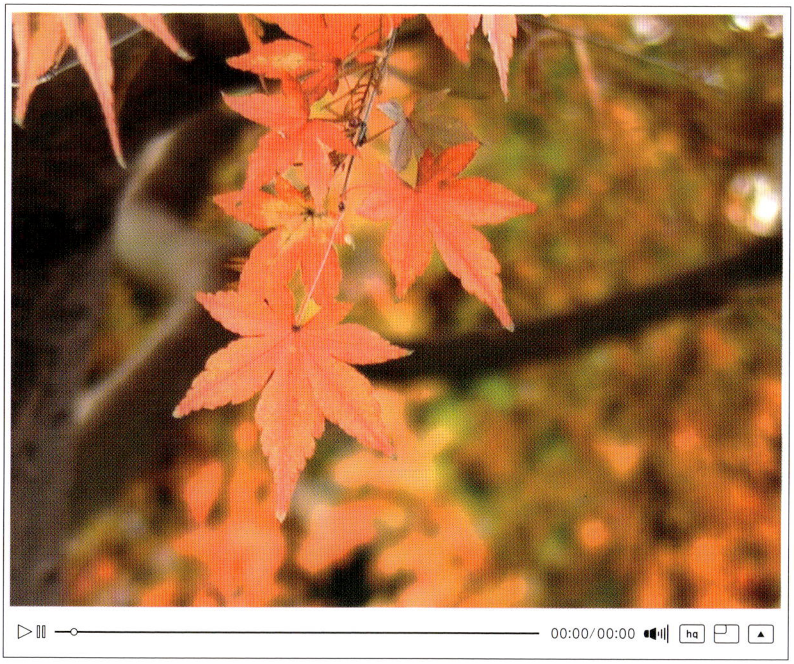

00:16.06

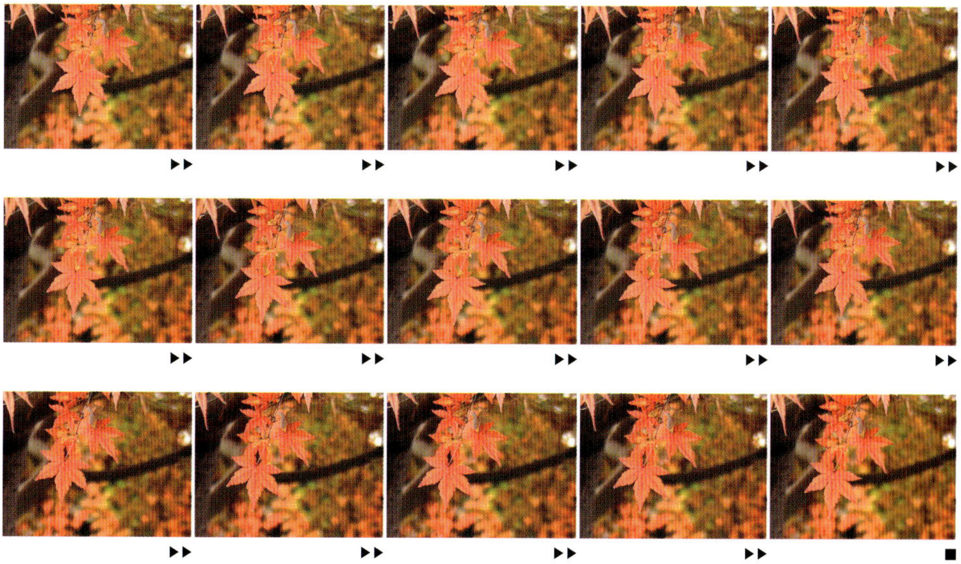

078

AUTUMN RED

00:14.03

00:14.03

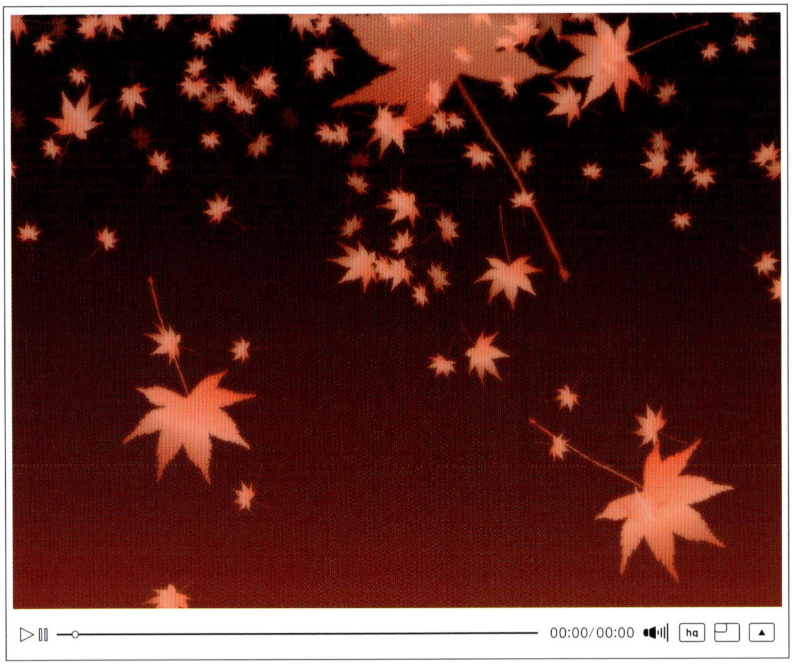

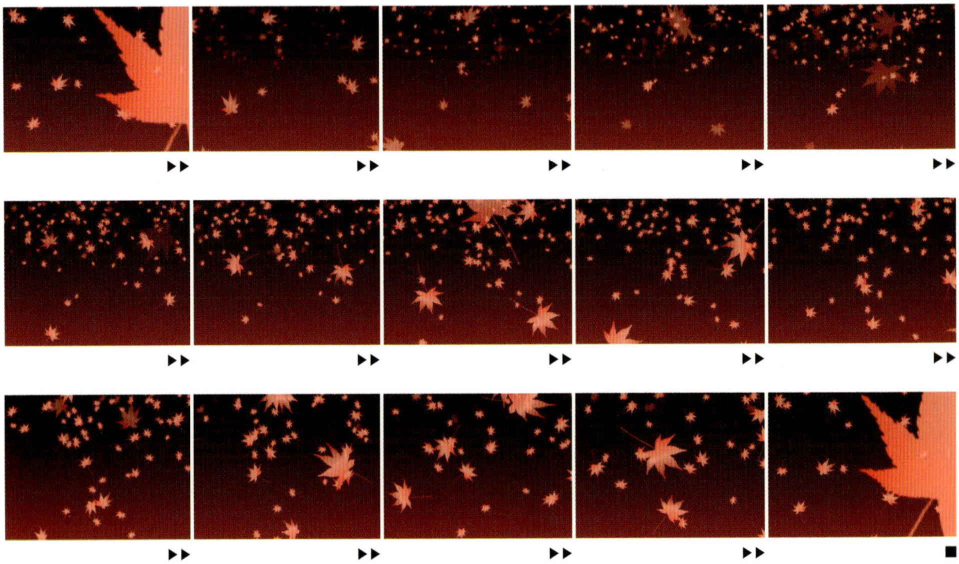

079

00:14.03 AUTUMN YELLOW

00:14.03

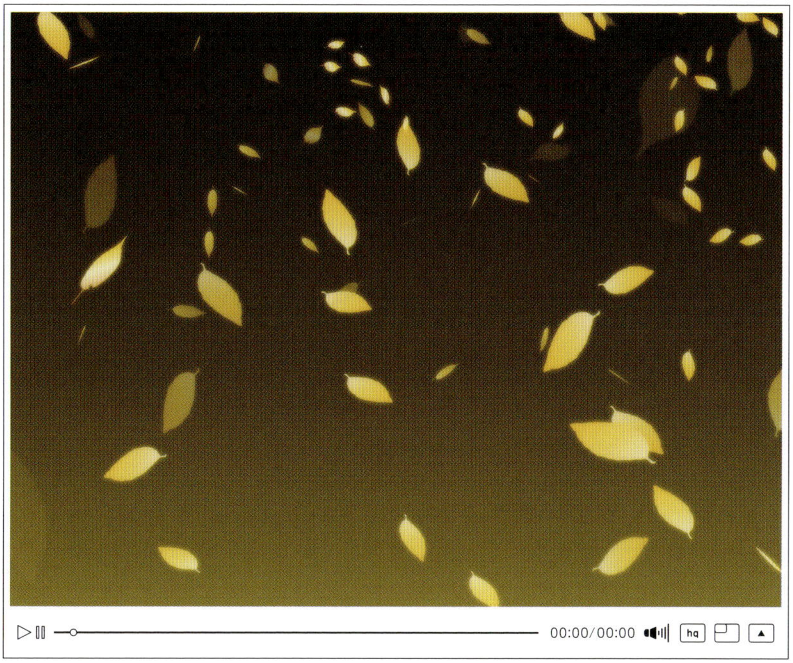

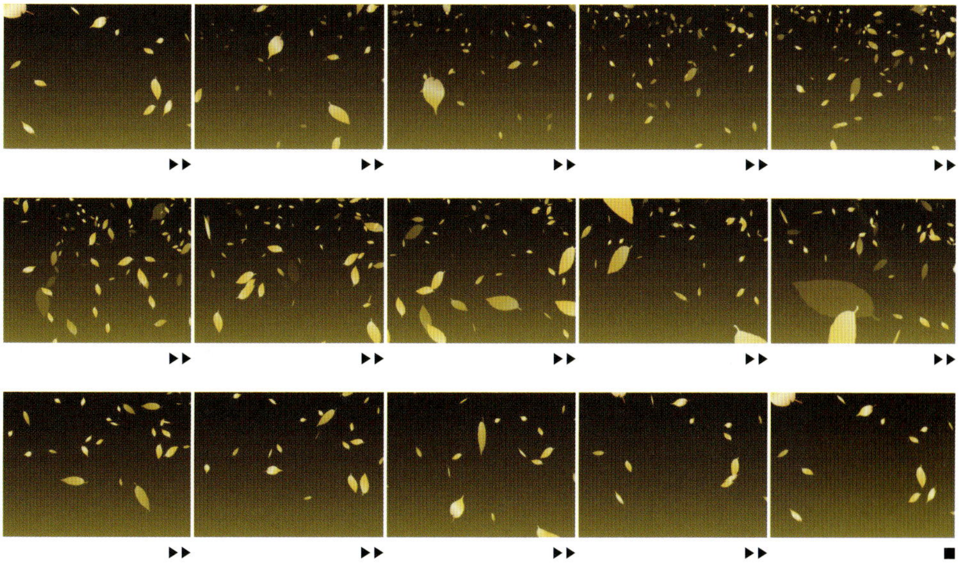

080

SNOW WHITE

00:40.00

00:40.00

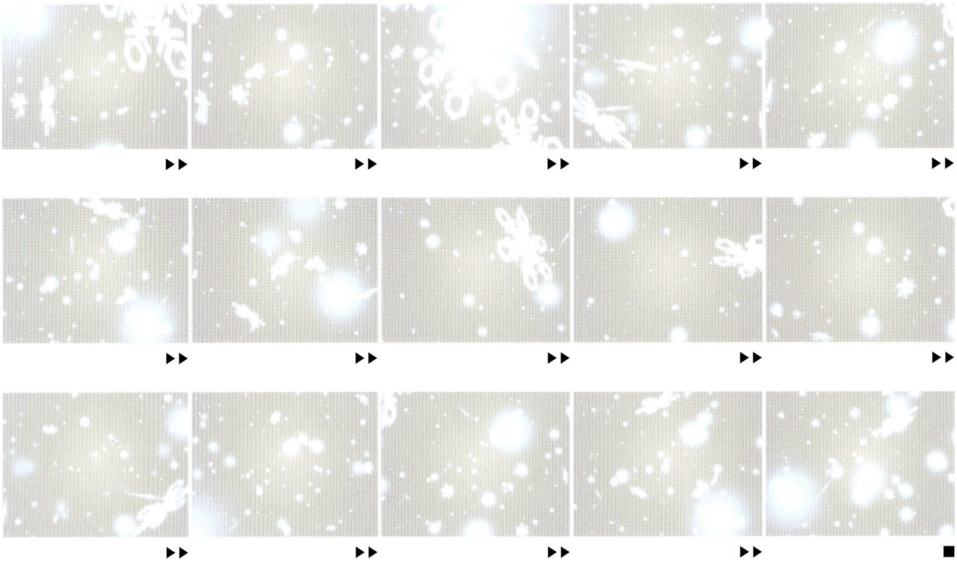

081

00:25.00 SNOW BLUE

00:25.00

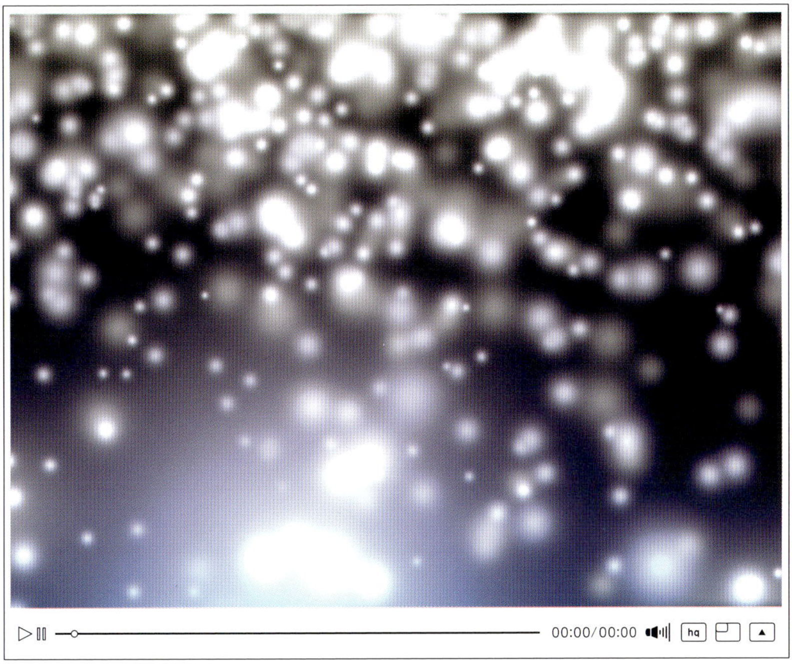

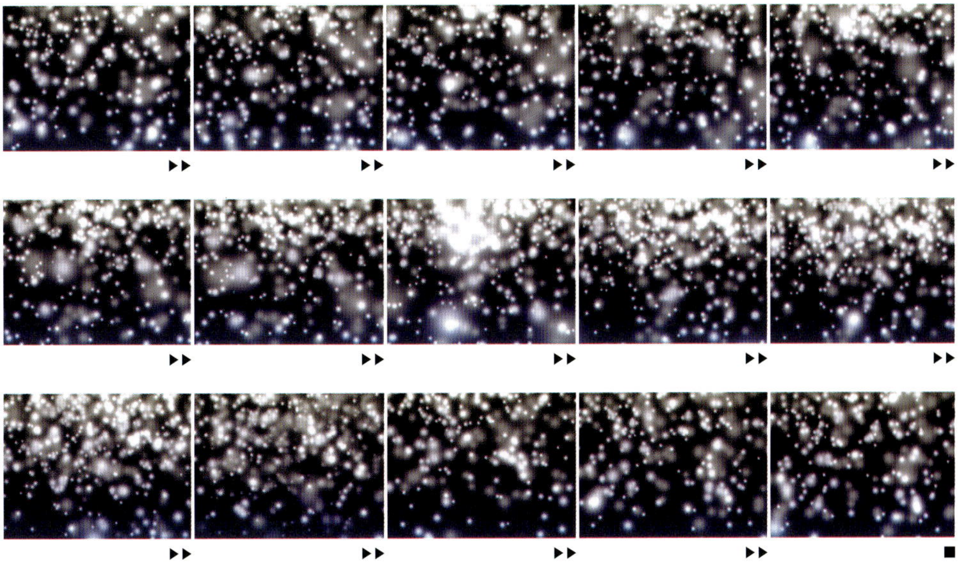

082 SONWFLAKE 00:20.06

00:20.06

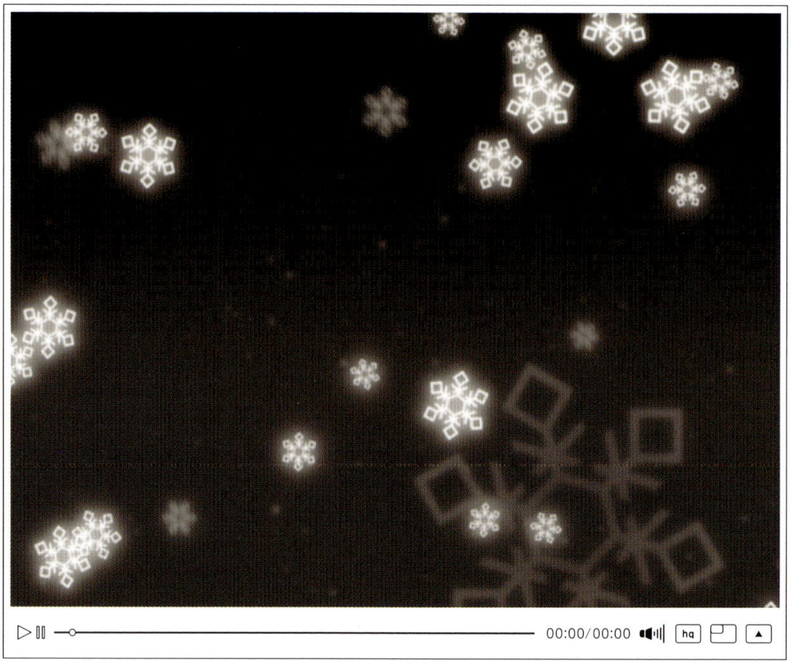

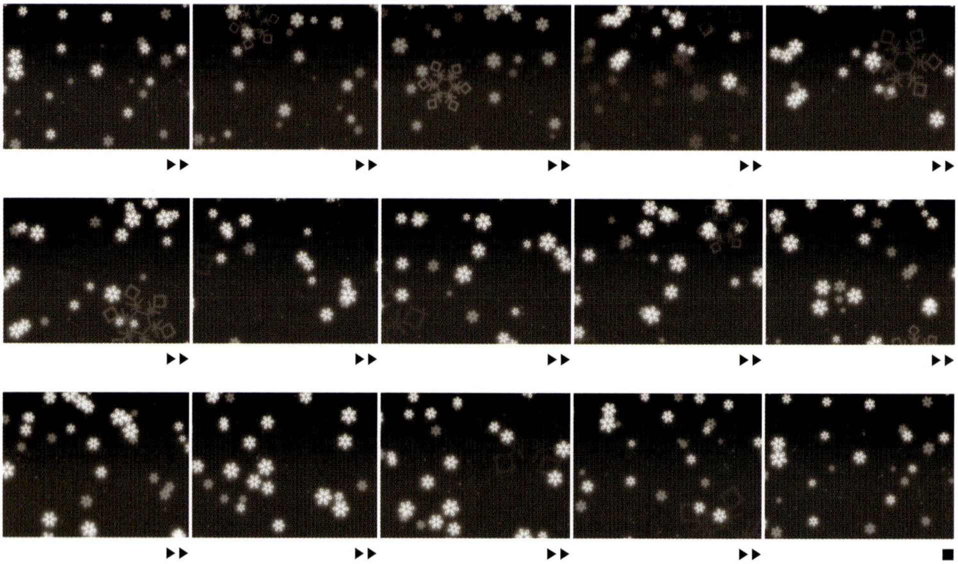

＼さらさら✖自然／

083 LANDSCAPE 00:10.00

00:10.00

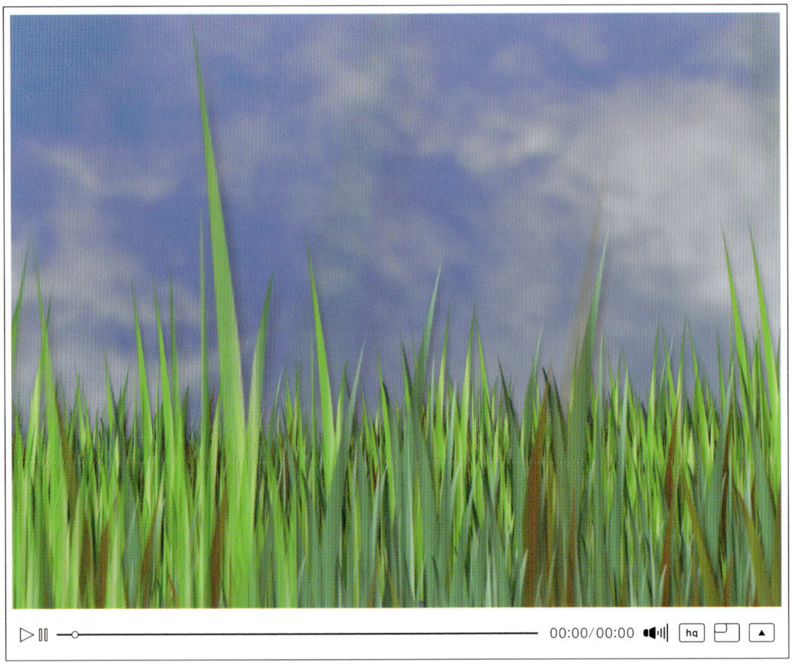

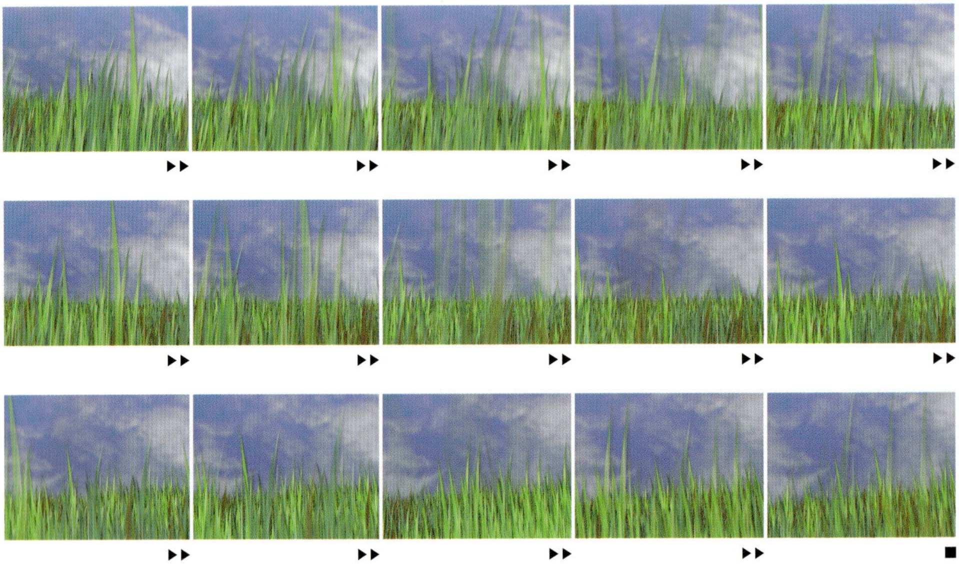

00:14.00 GRASSLAND

084

00:14.00

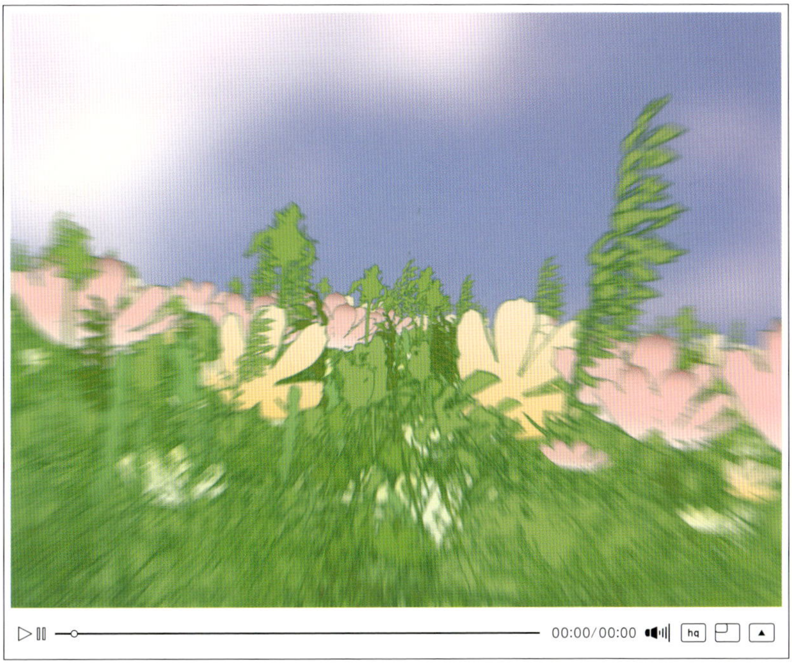

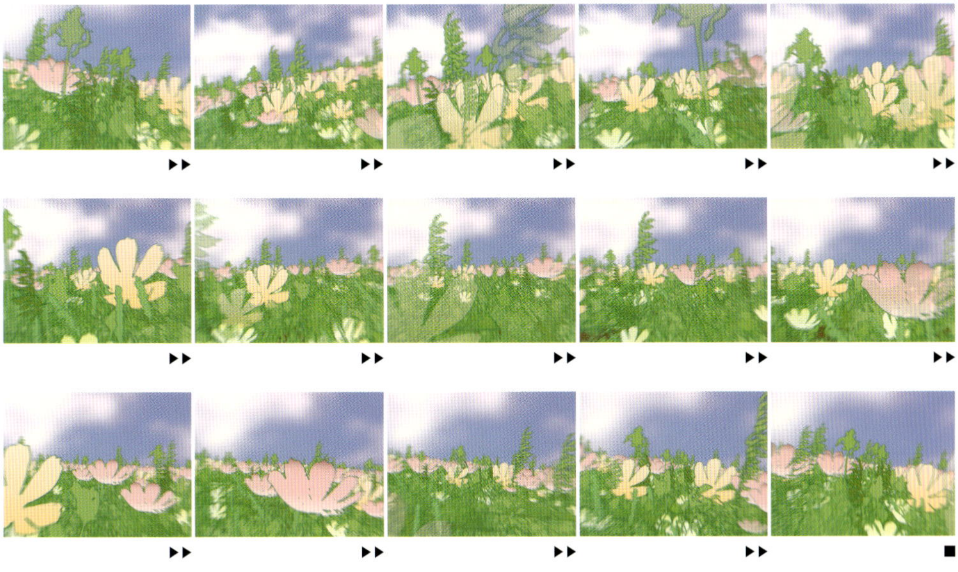

085

GARDEN

00:14.00

00:14.00

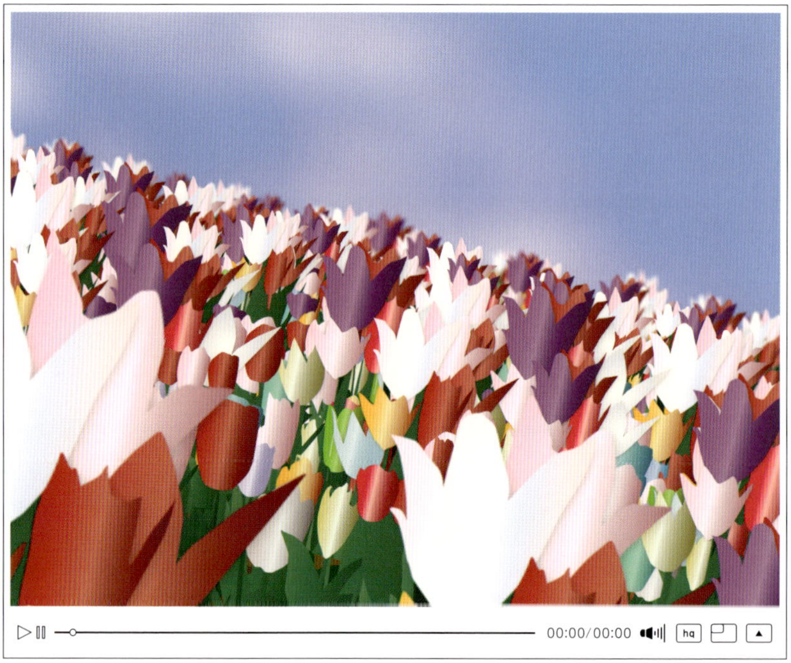

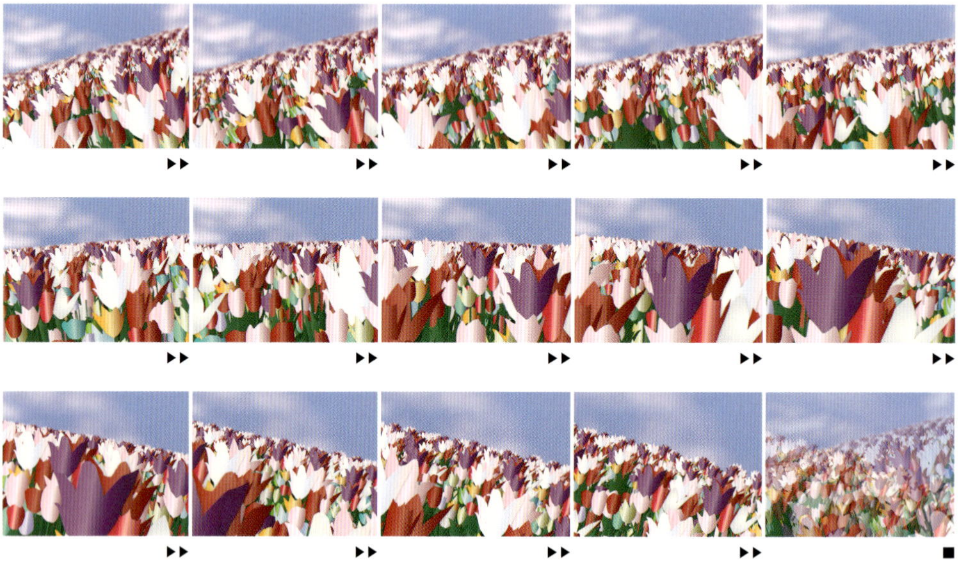

086

00:08.00 BUTTERFLY WHITE

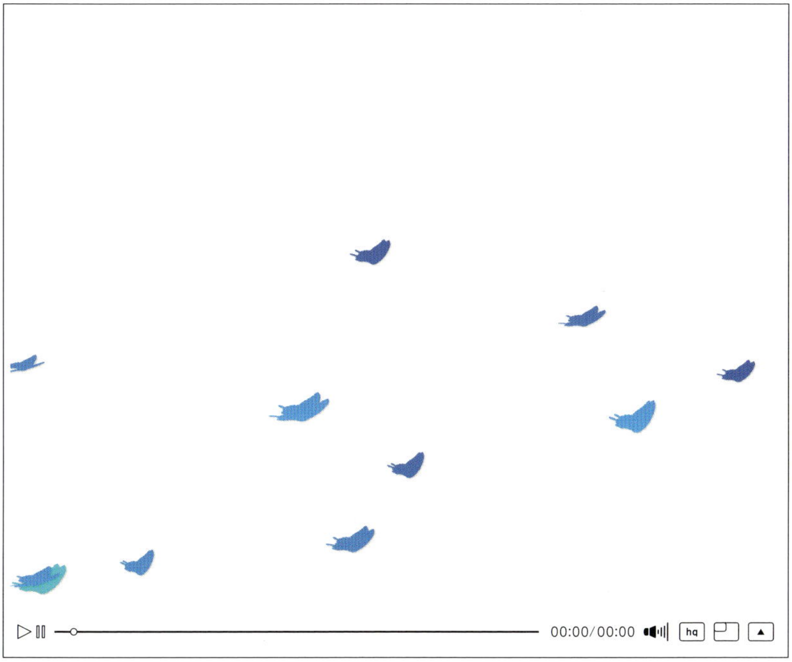

00:08.00

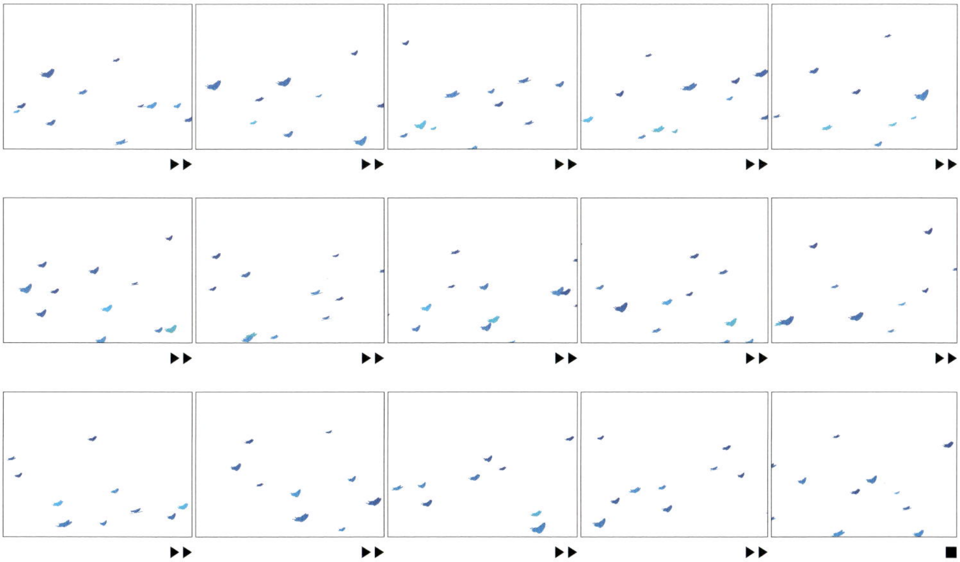

087

BUTTERFLY BLUE1 00:10.00

00:10.00

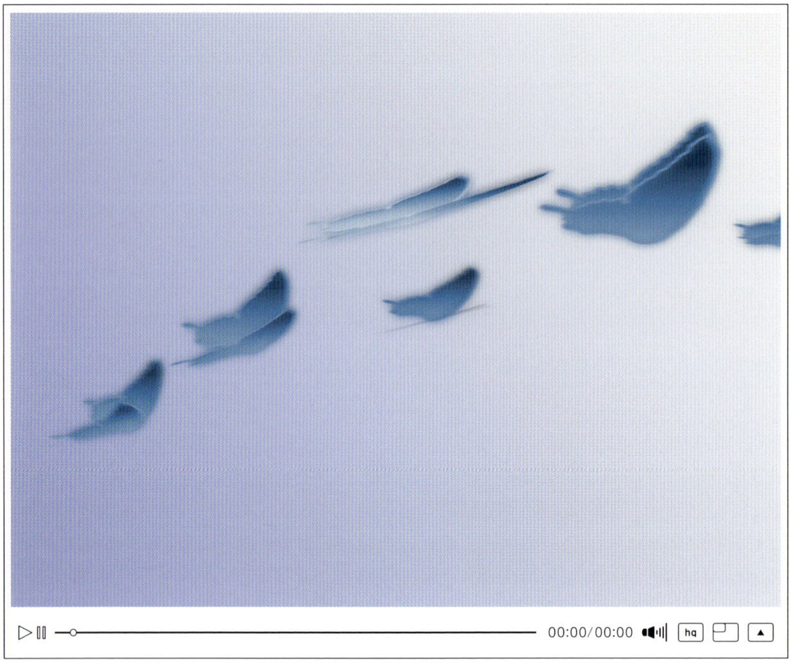

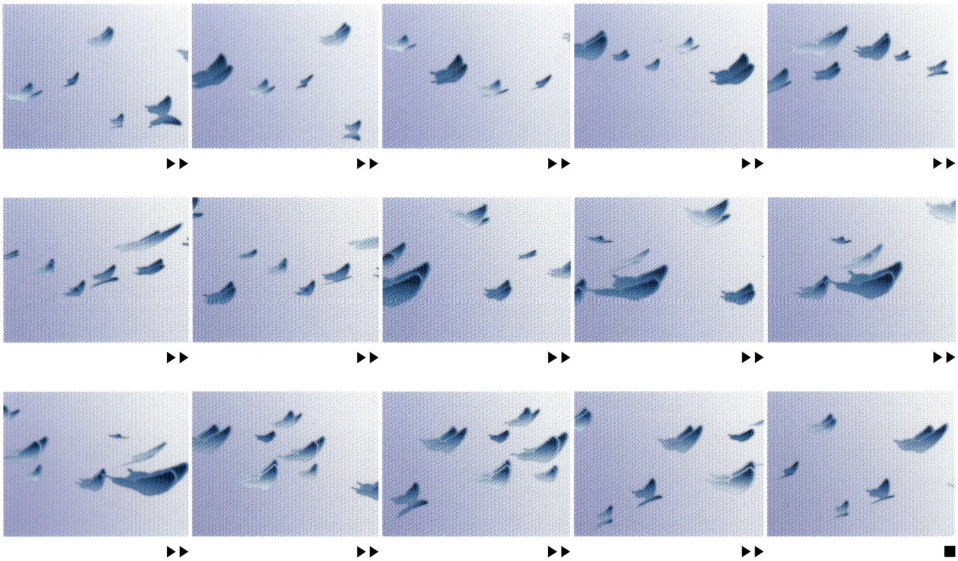

088

00:10.00 BUTTERFLY BLUE2

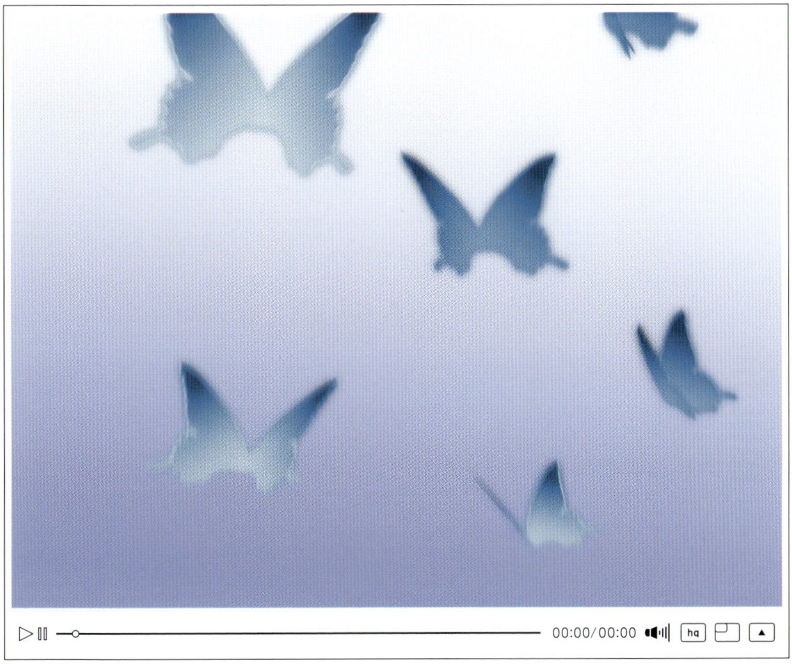

00:10.00

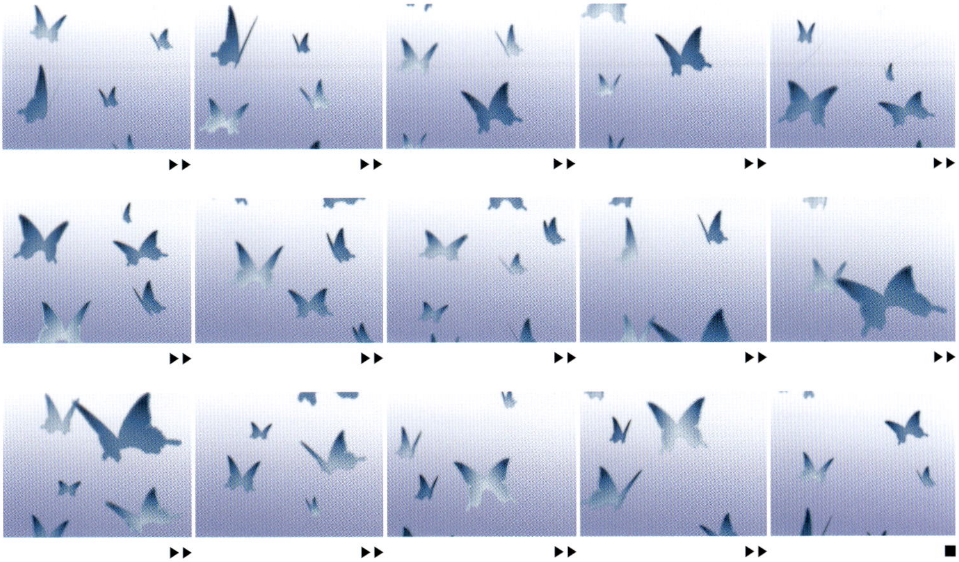

089 BUTTERFLY COLOR 00:12.50

00:12.50

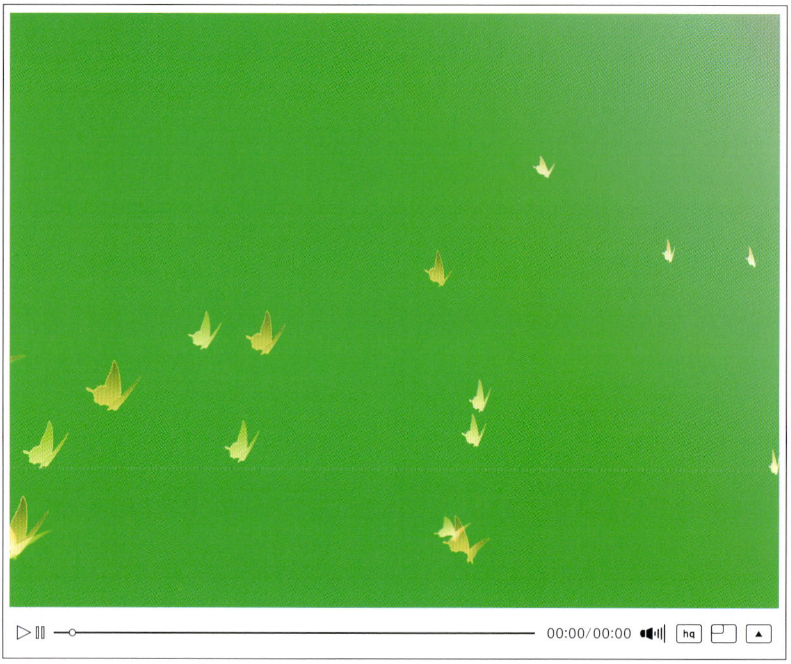

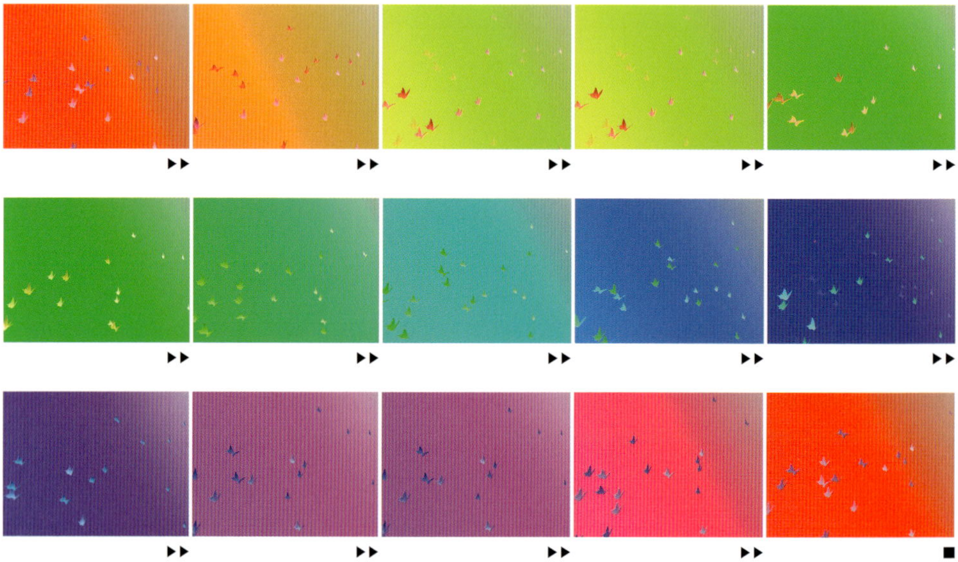

00:12.00 BIRD IN THE SKY 1

090

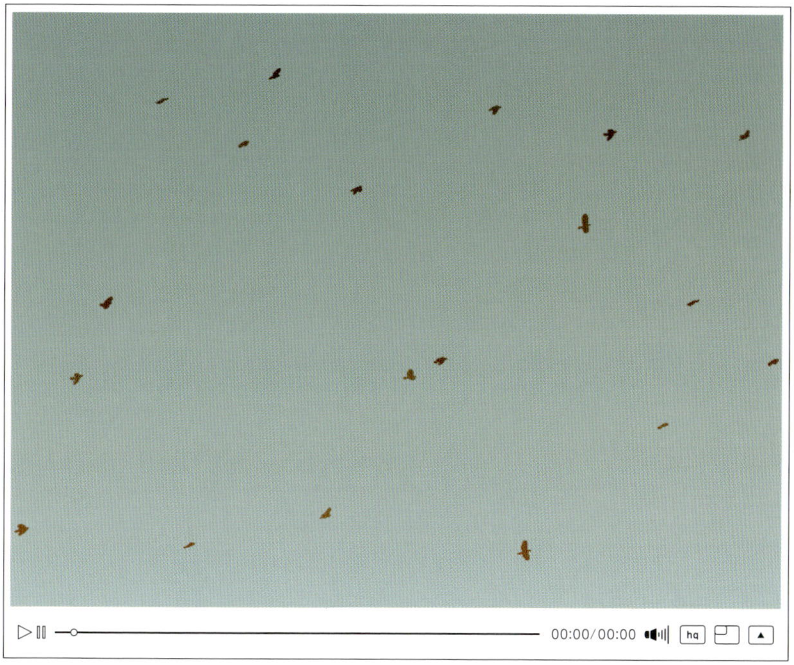

00:12.00

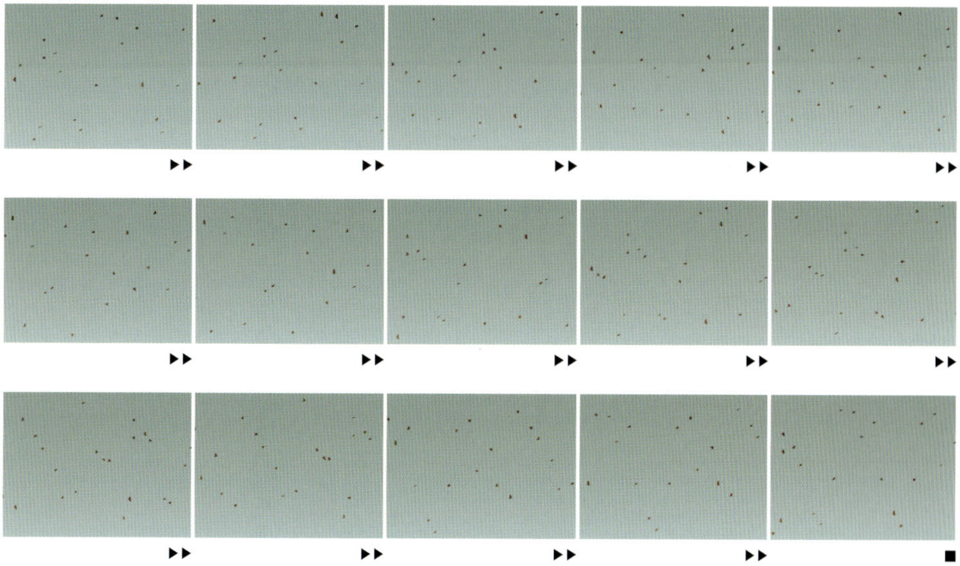

091

BIRD IN THE SKY 2

00:03.73

00:03.73

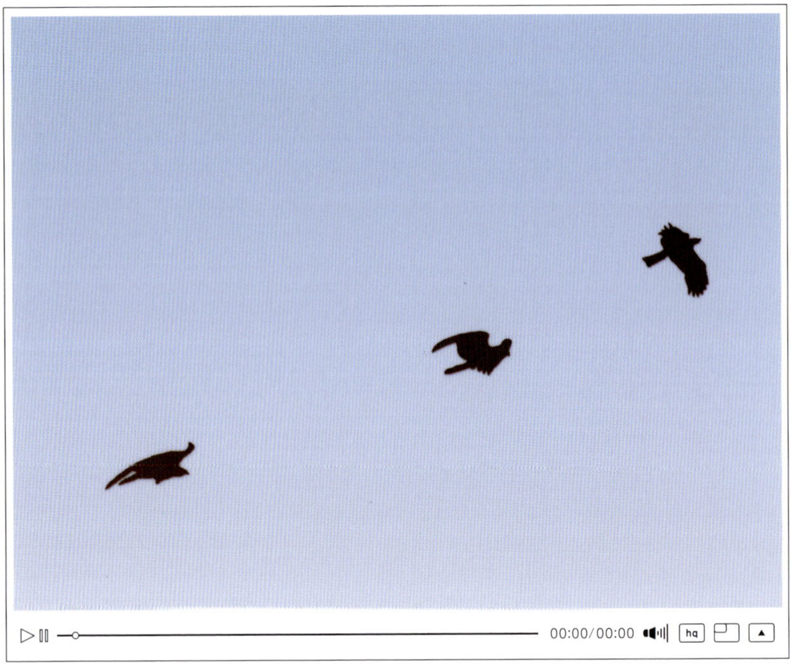

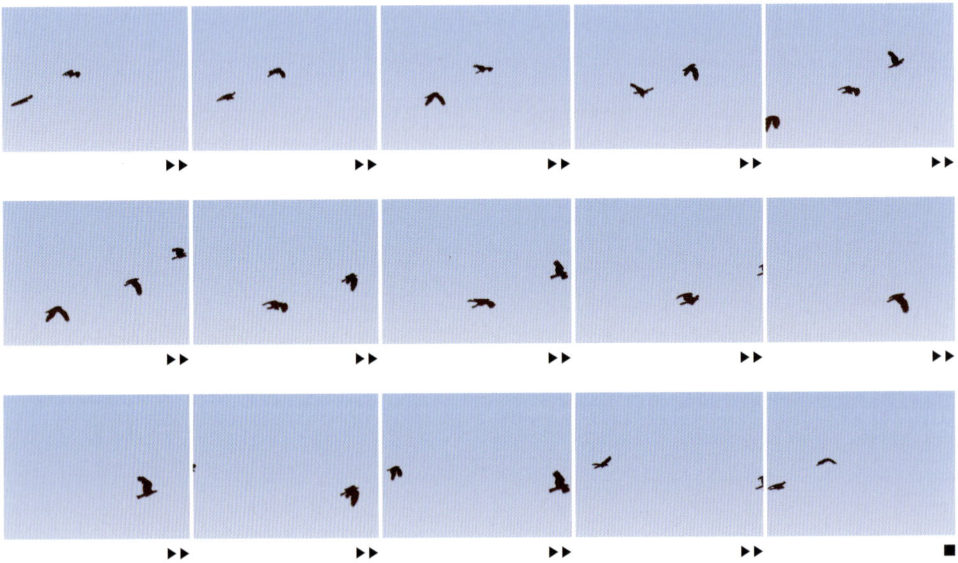

00:10.13 DRAGONFLY 092

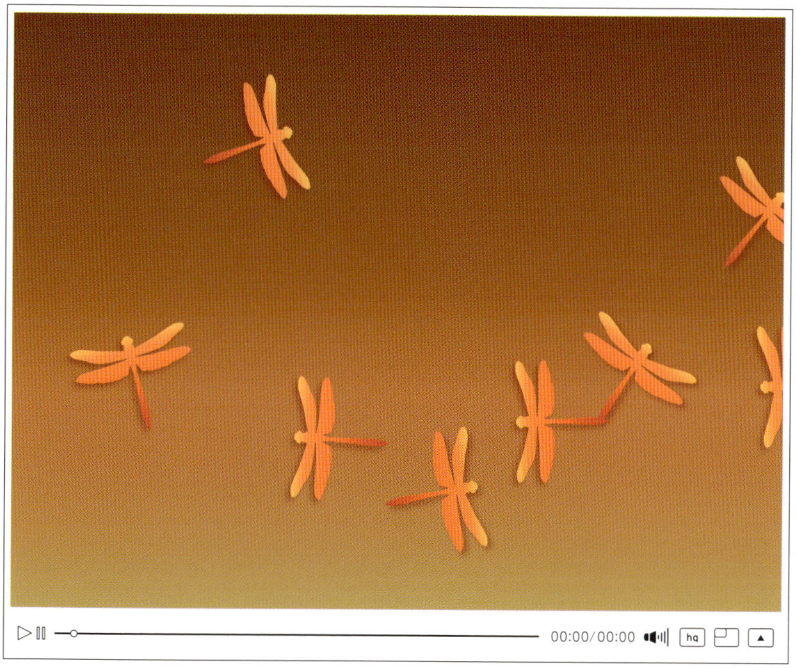

00:10.13

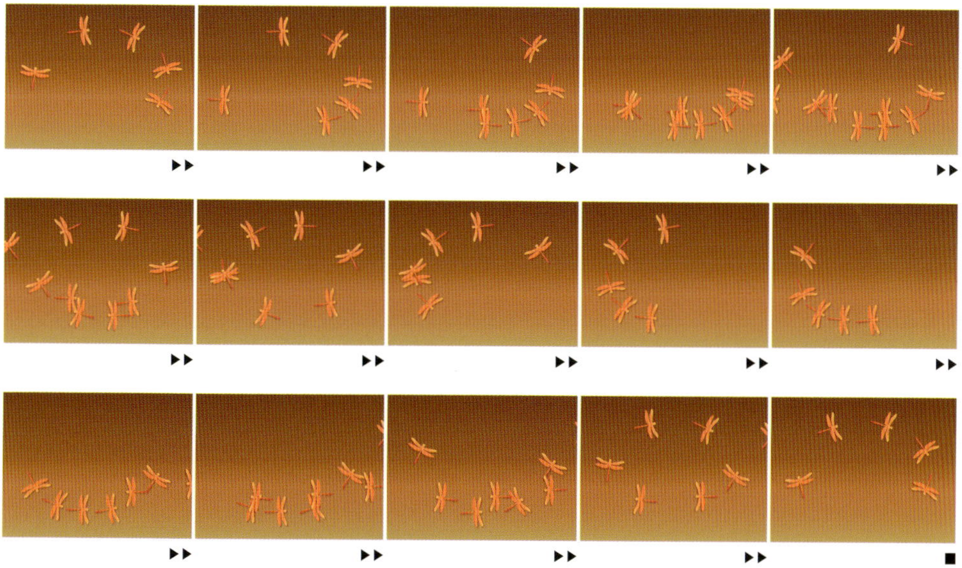

093

HOURSE 00:11.00

00:11.00

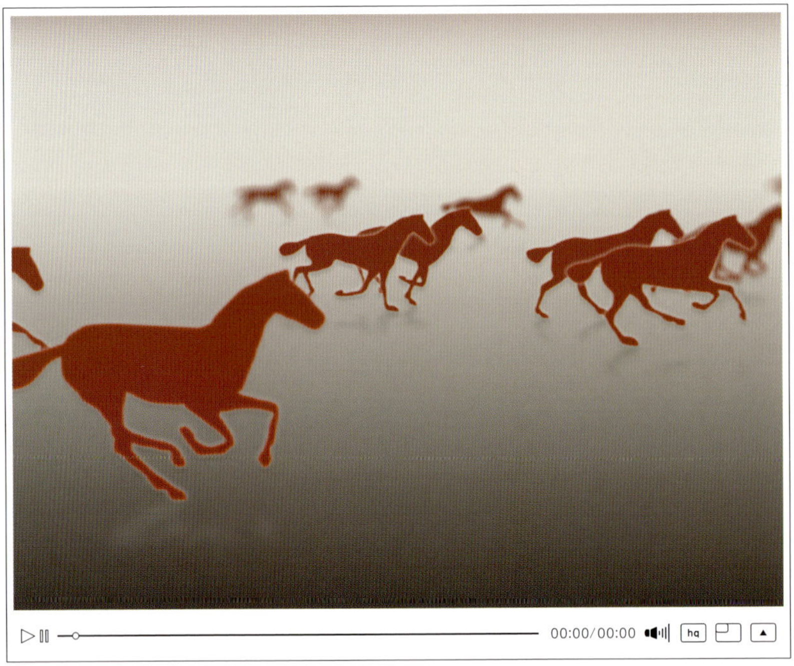

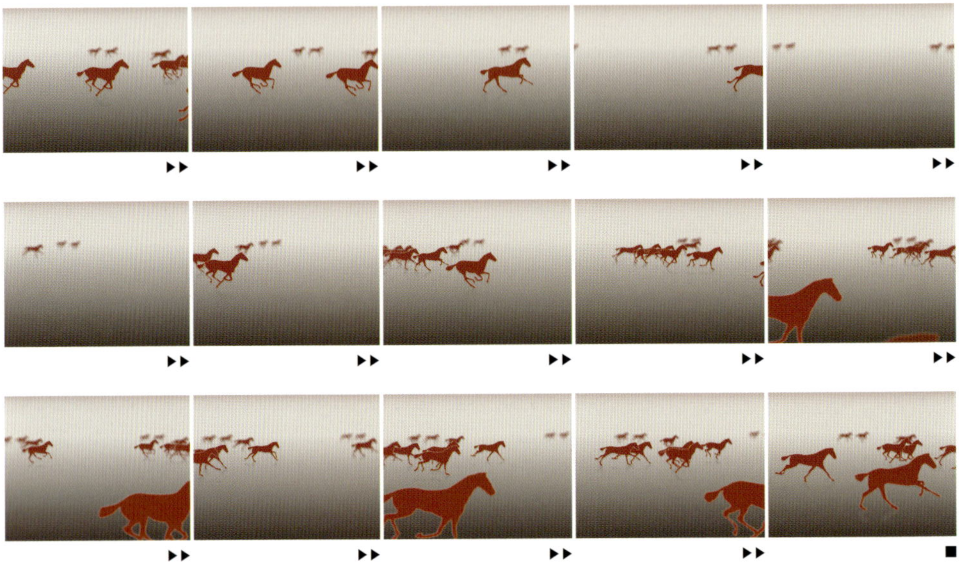

＼もくもく☁空／

094

WINDY SKY 1 00:15.00

00:15.00

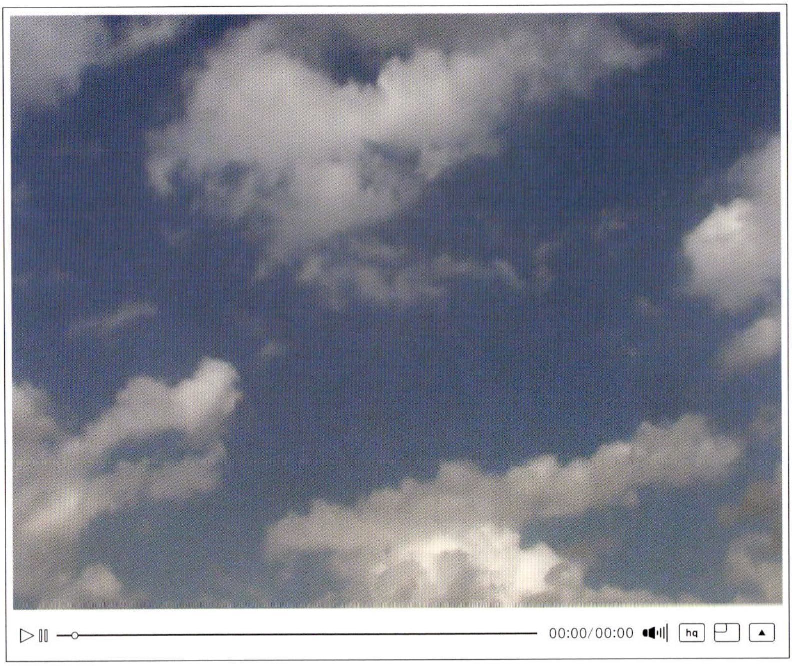

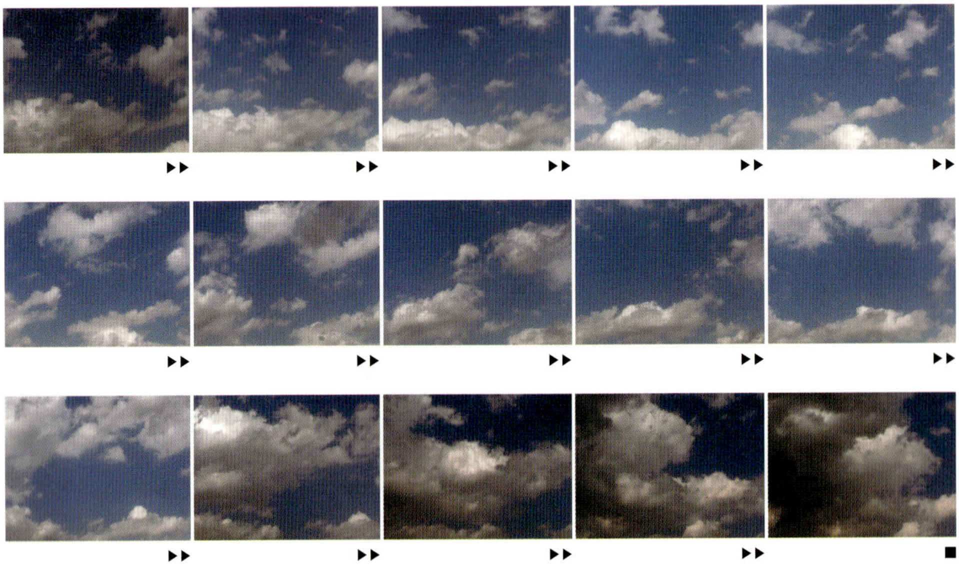

095

00:10.00 WINDY SKY 2

00:10.00

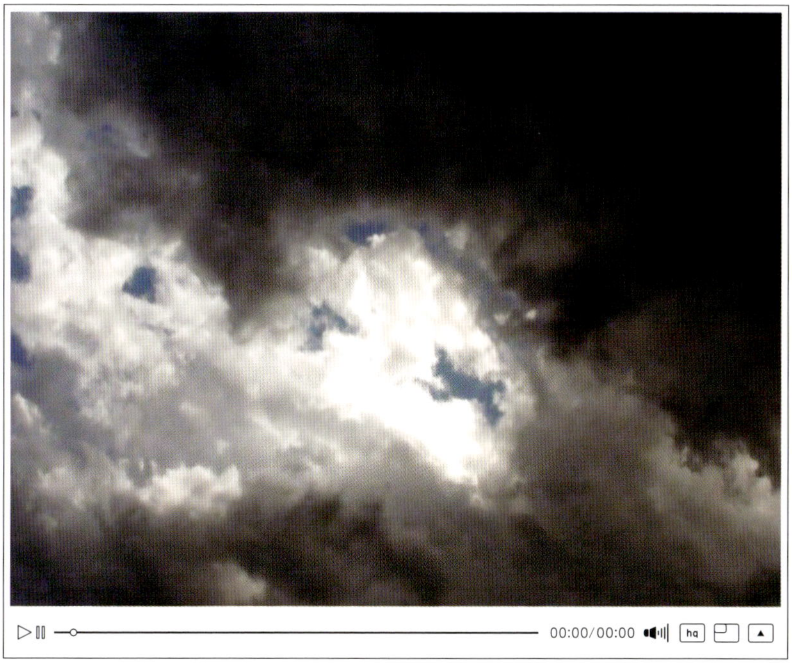

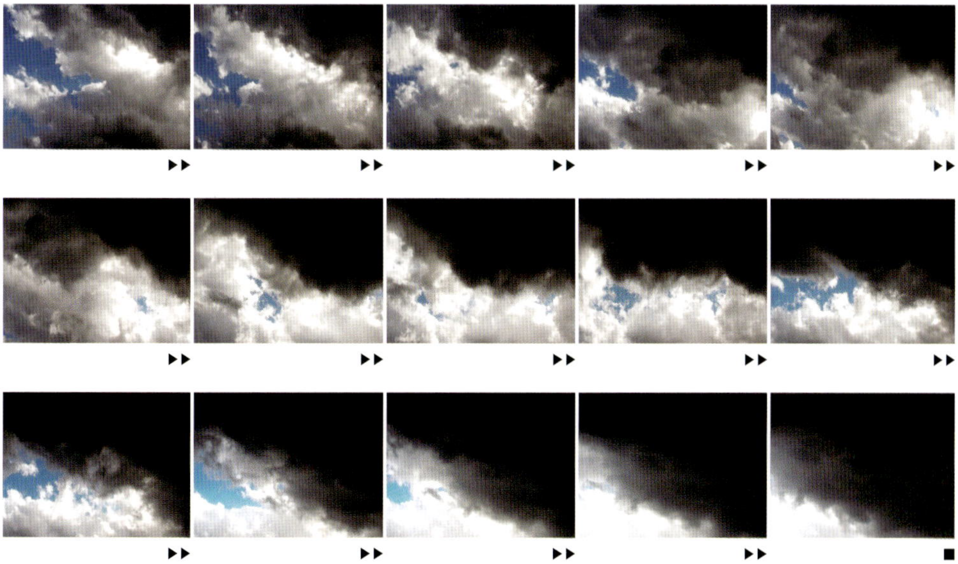

096 INTO THE CLOUDS 00:36.06

00:36.06

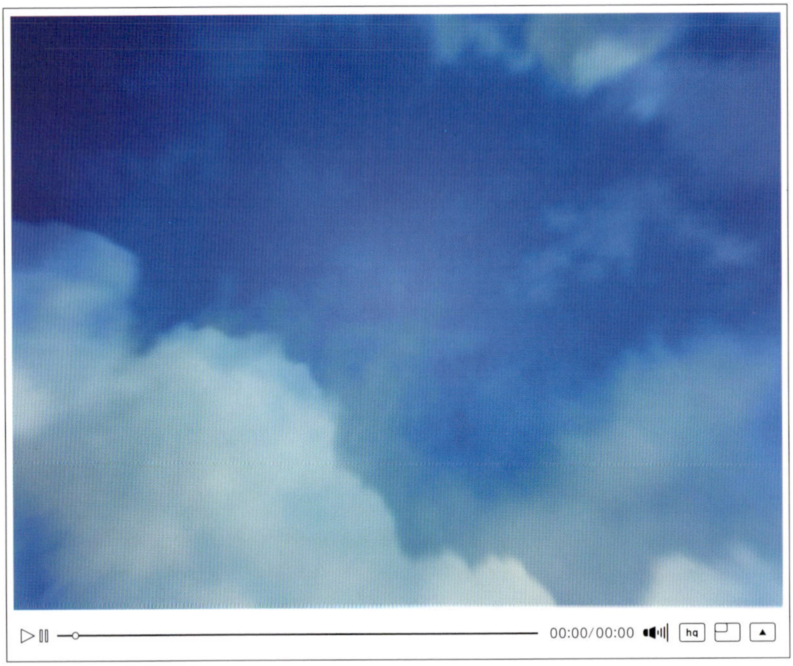

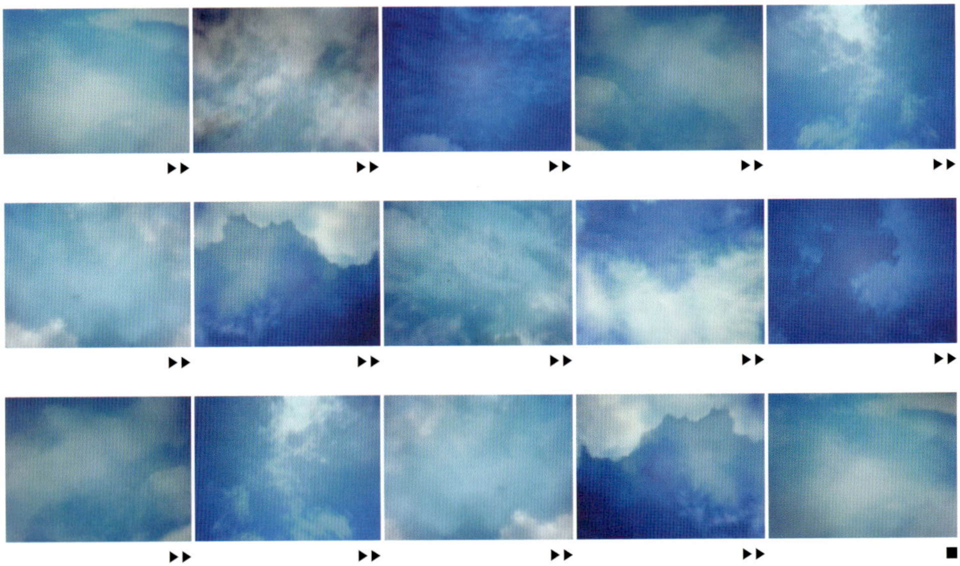

097

00:10.00 WITH A BREEZE

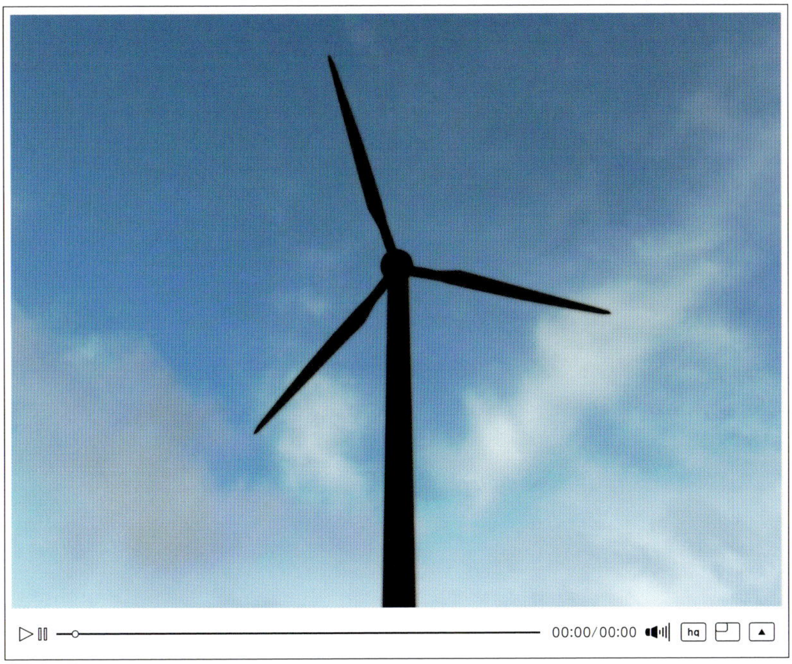

00:10.00

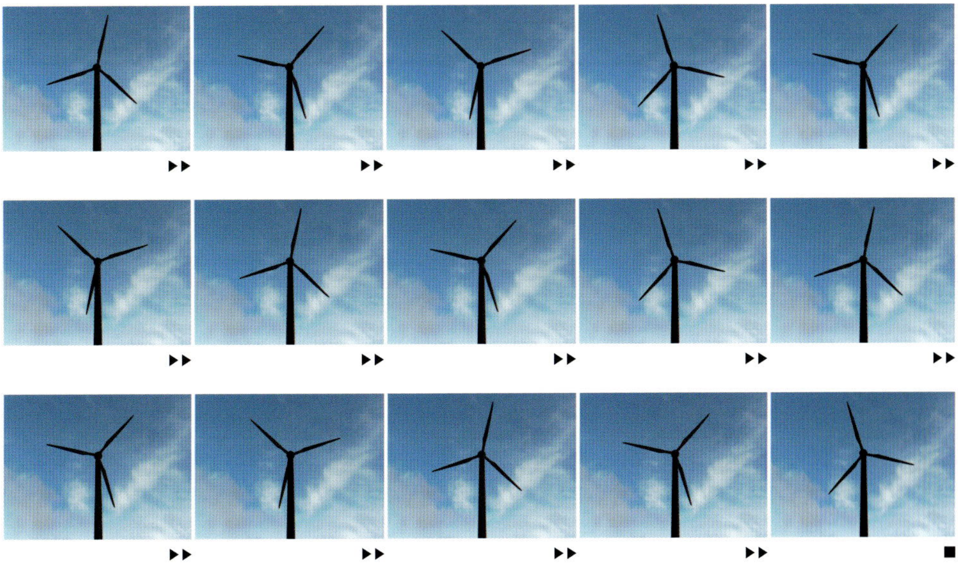

098 BEHIND CLOUDS 1 00:13.36

00:13.36

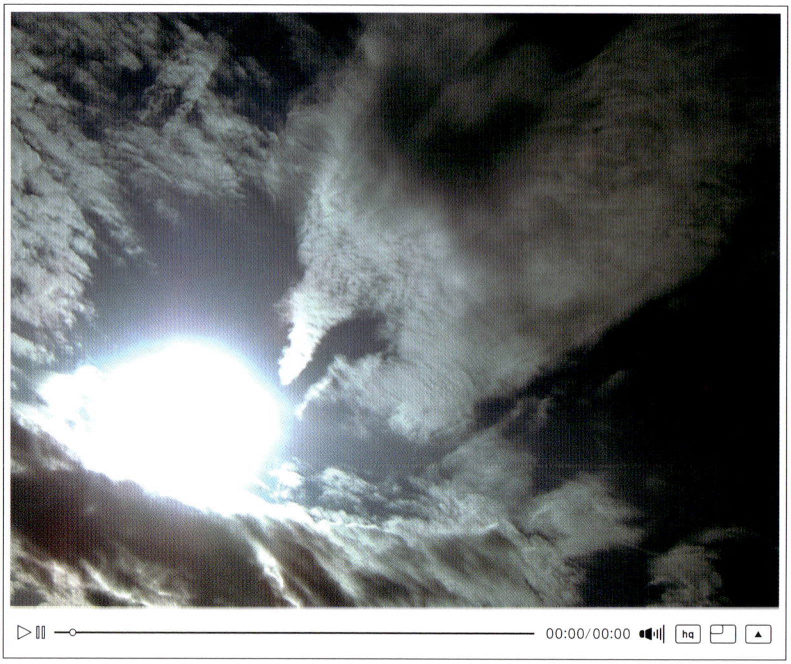

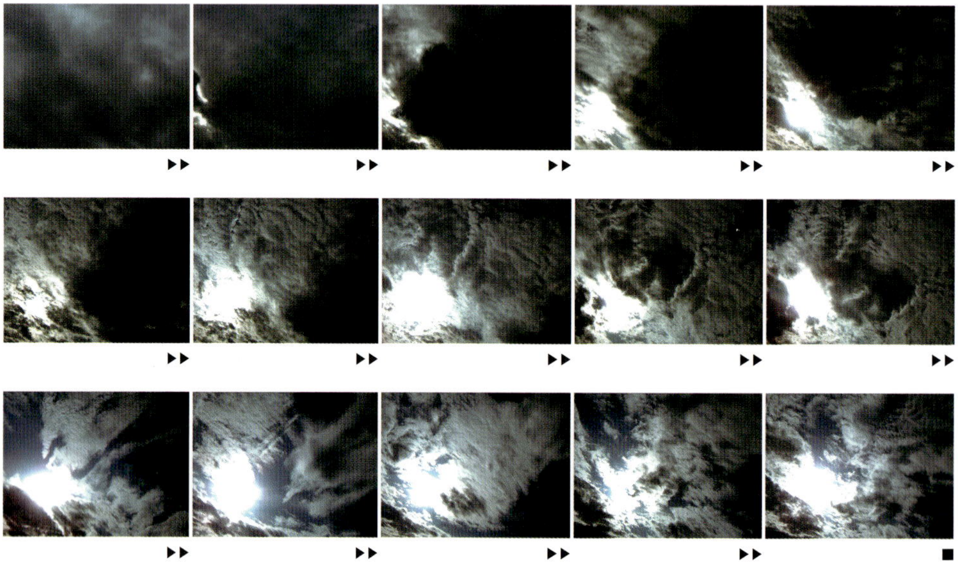

00:09.26 BEHIND CLOUDS 2 099

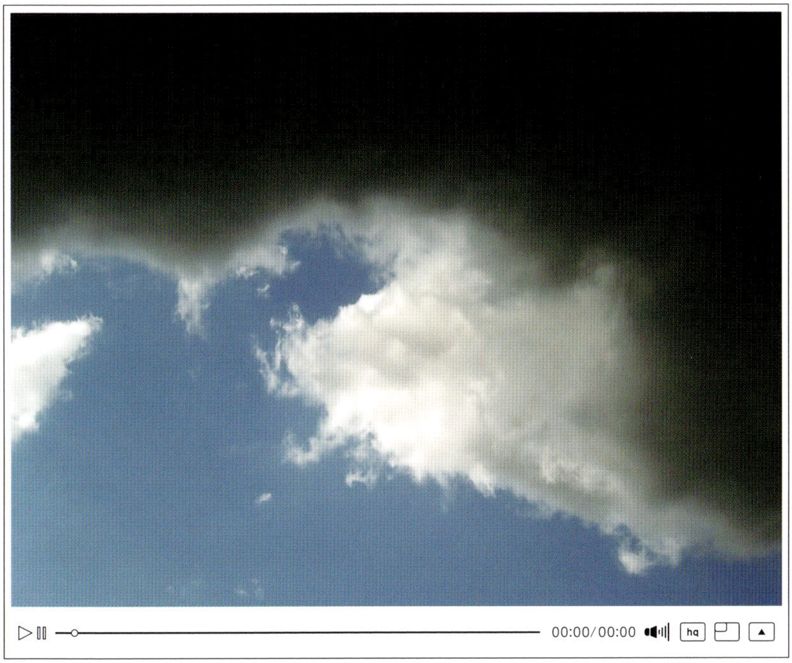

00:09.26

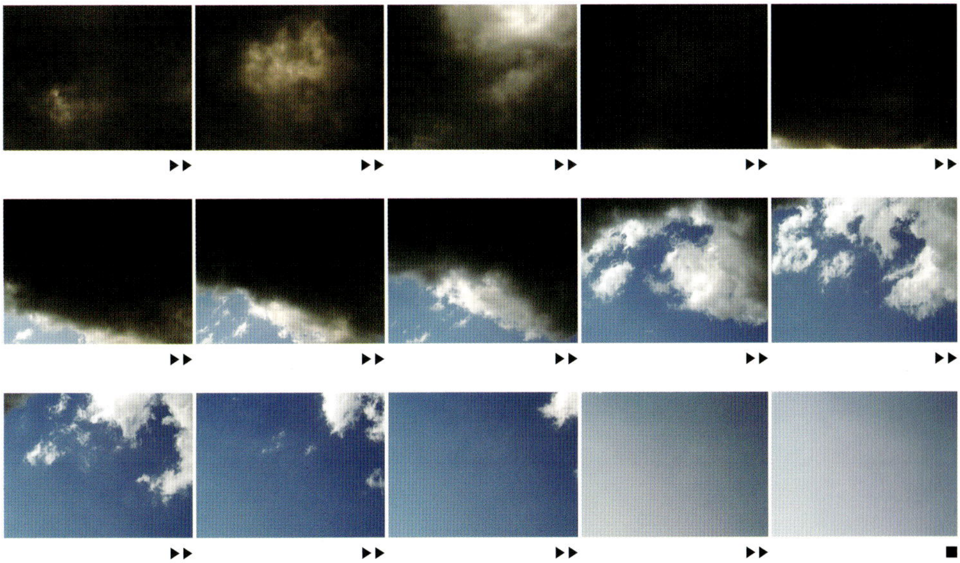

100 SUNSET SKY 00:28.76

00:28.76

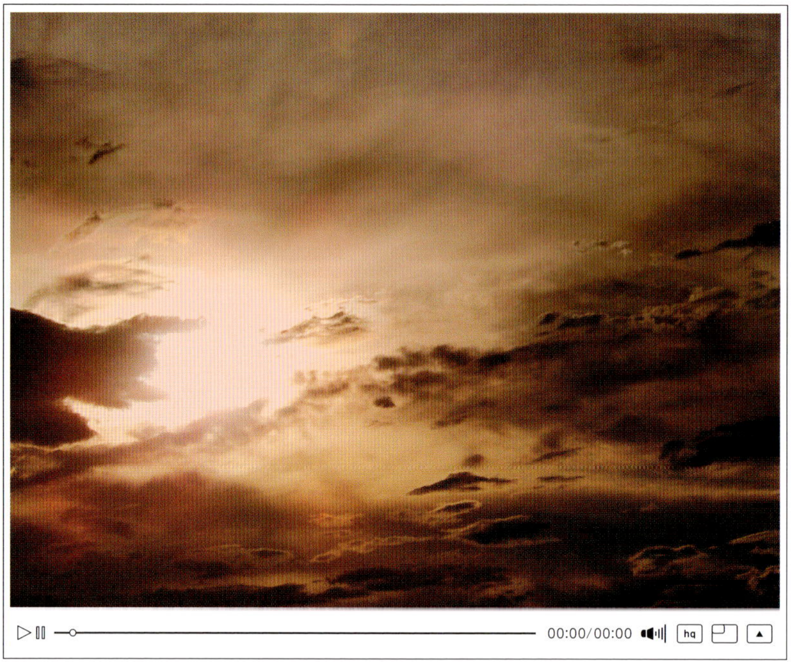

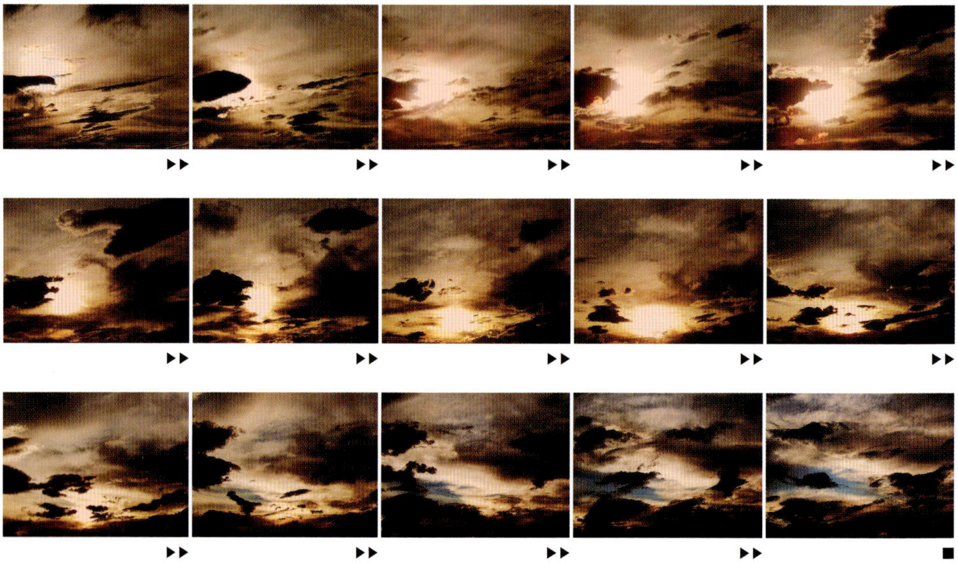

101

00:13.33 RED SKY

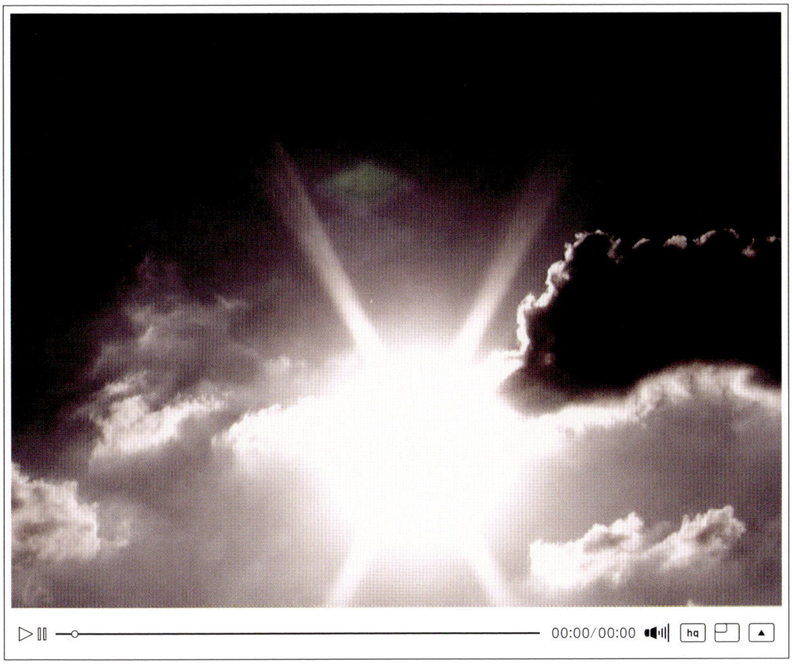

00:13.33

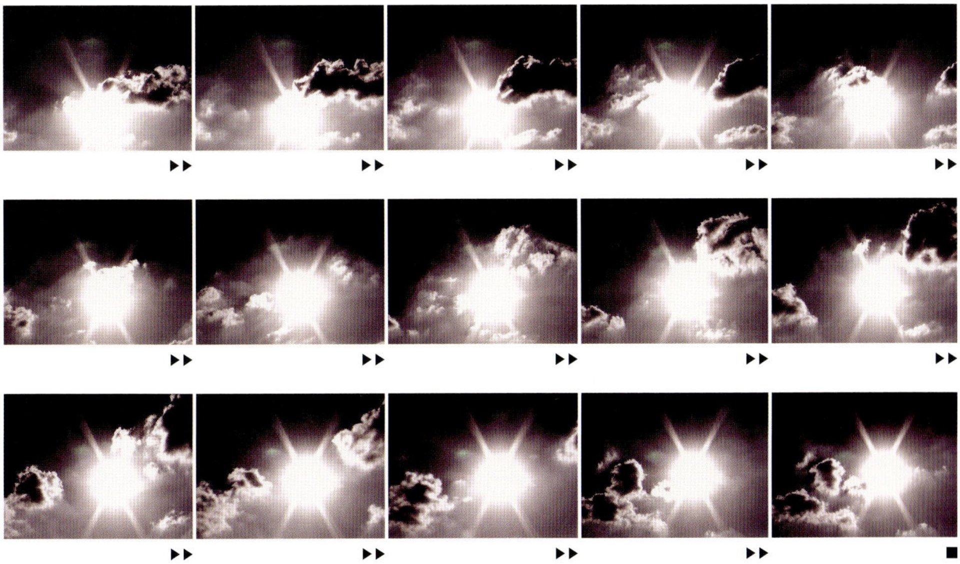

102

CLOUDED MOON 01 00:25.60

00:25.60

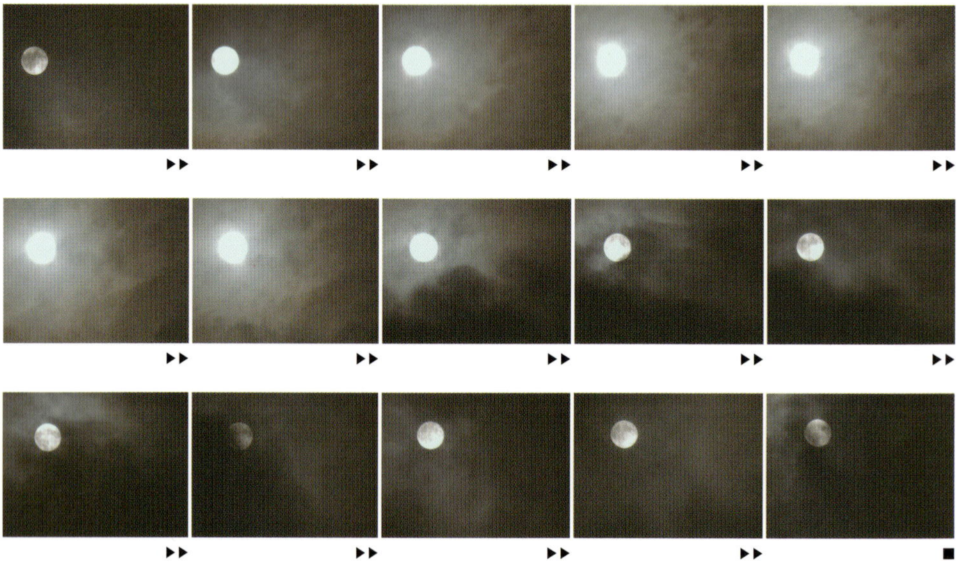

00:06.80 CLOUDED MOON 02

103

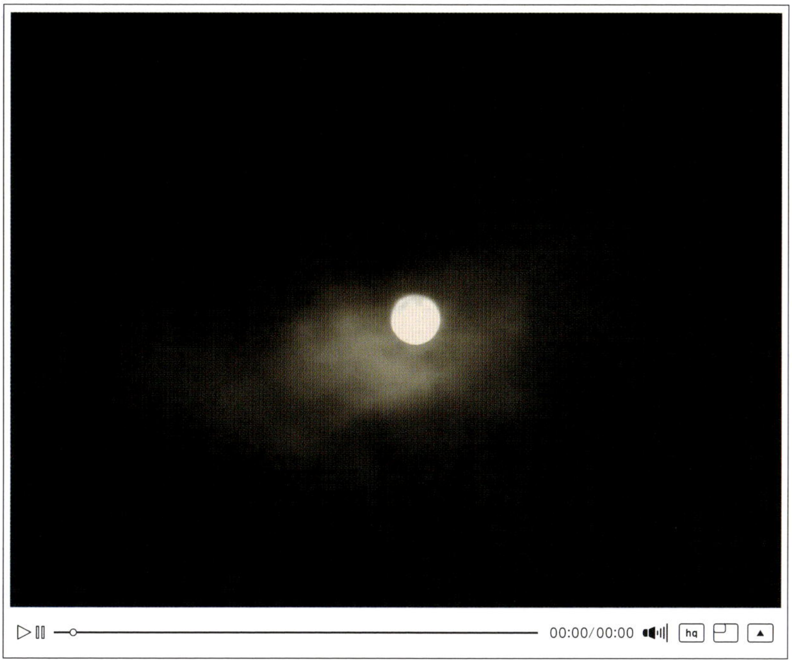

00:06.80

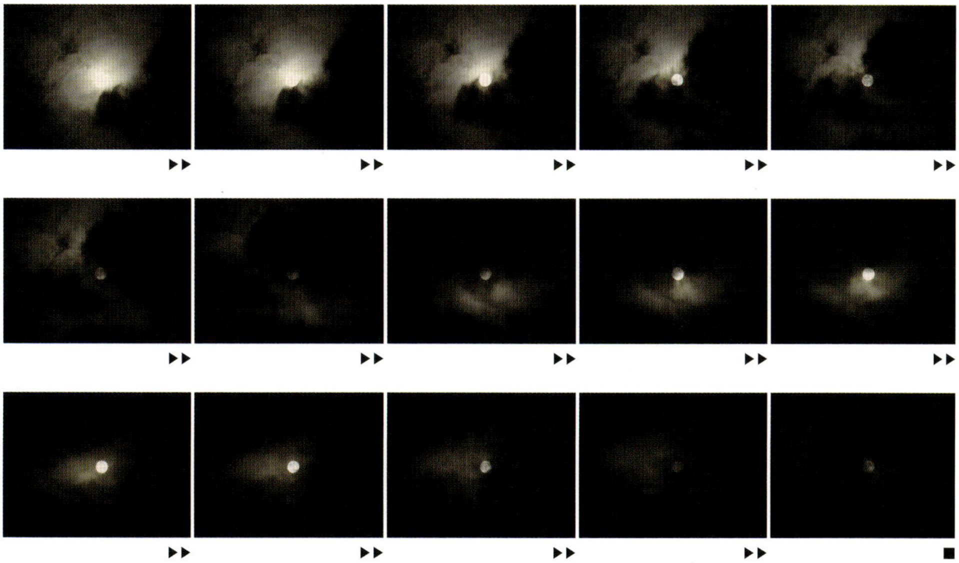

104 THUNDERBOLT 00:02.30

00:02.30

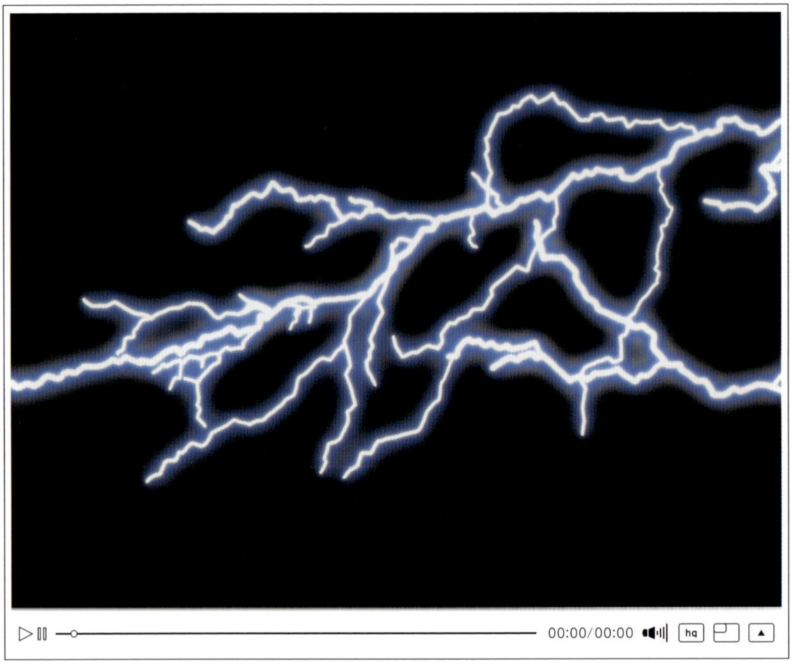

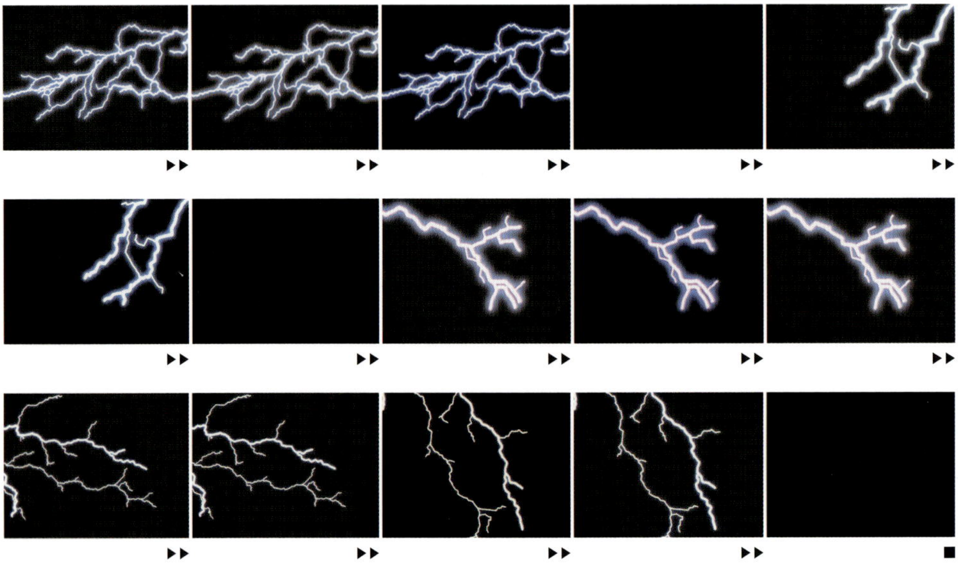

\ざわざわ都会 /

105 AT MORNING 00:08.96

00:08.96

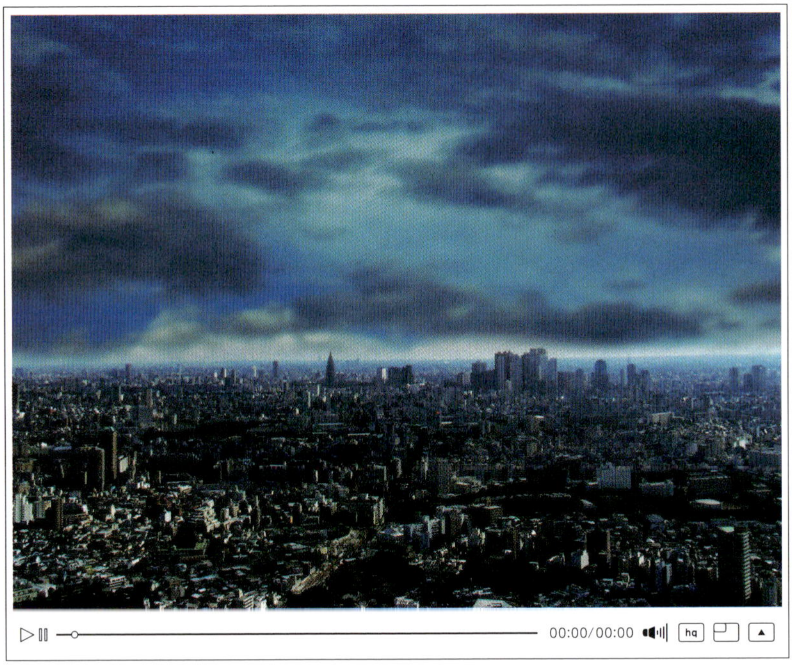

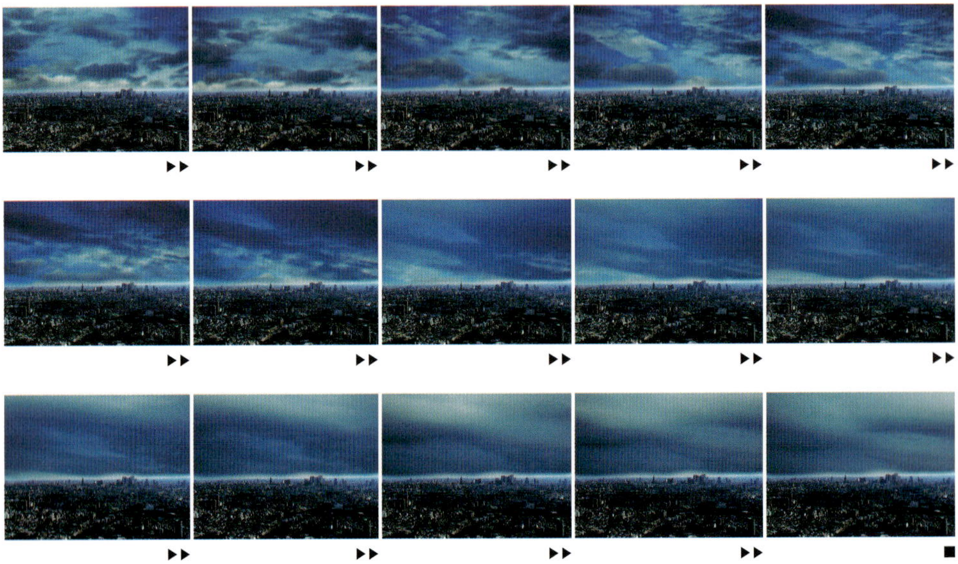

106

00:09.00 AT EVENING

00:09.00

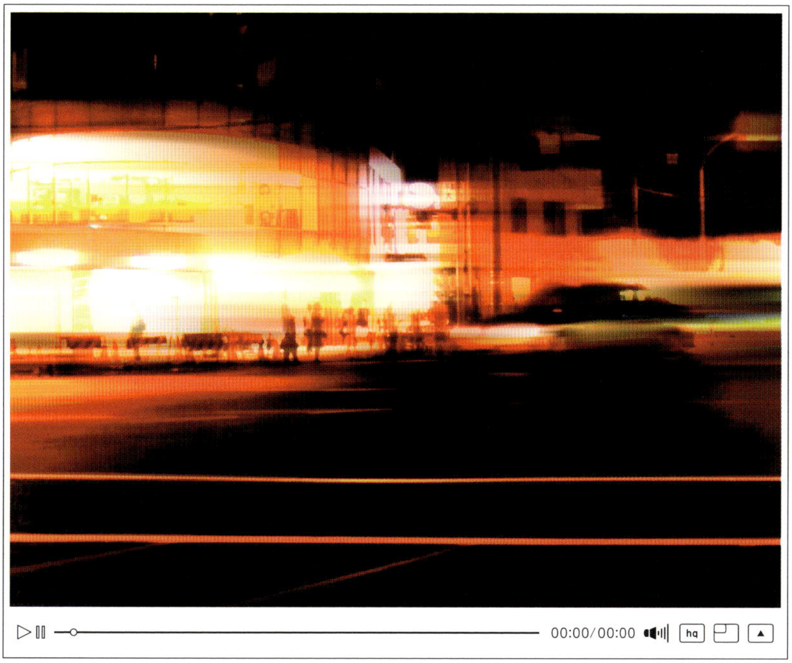

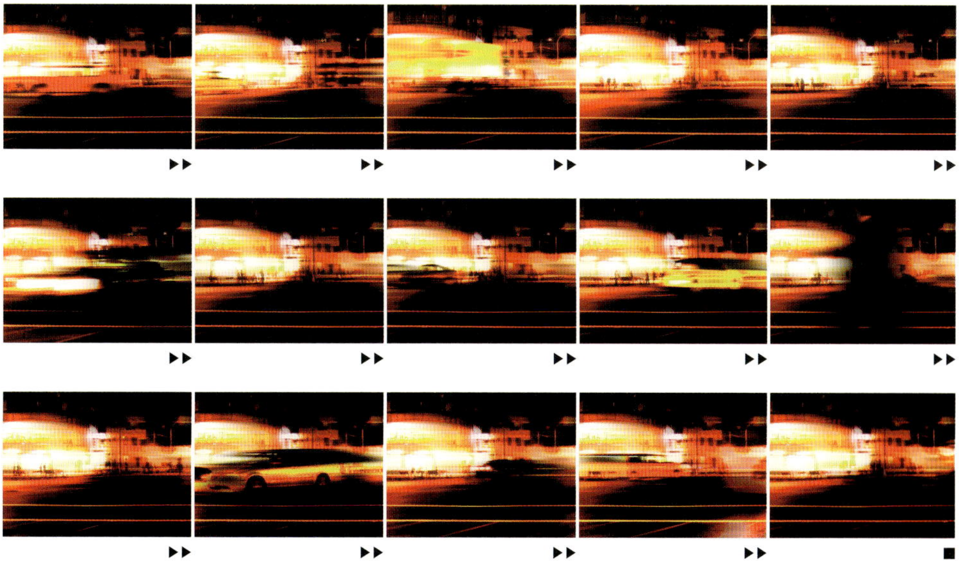

107

BUILDING 1 00:18.43

00:18.43

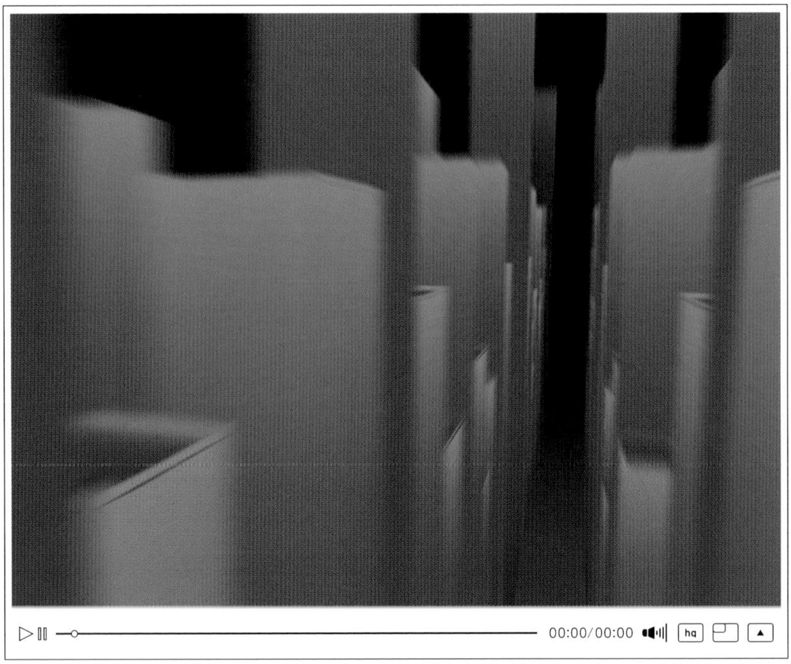

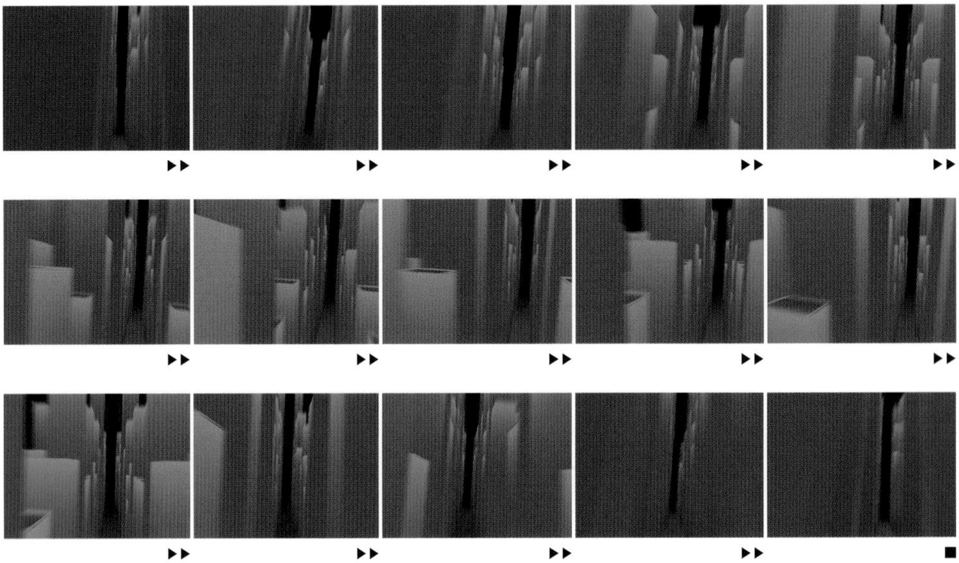

00:29.00 BUILDING 2 108

00:29.00

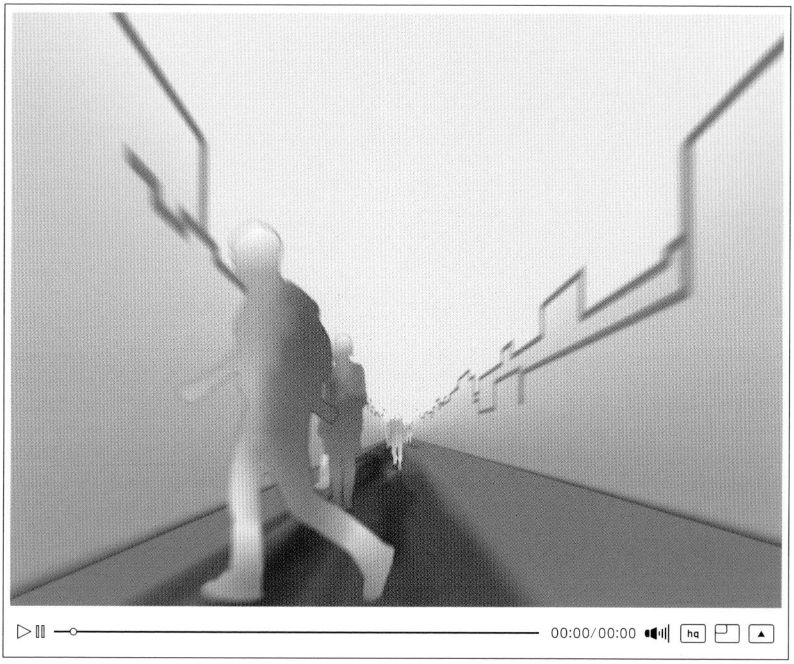

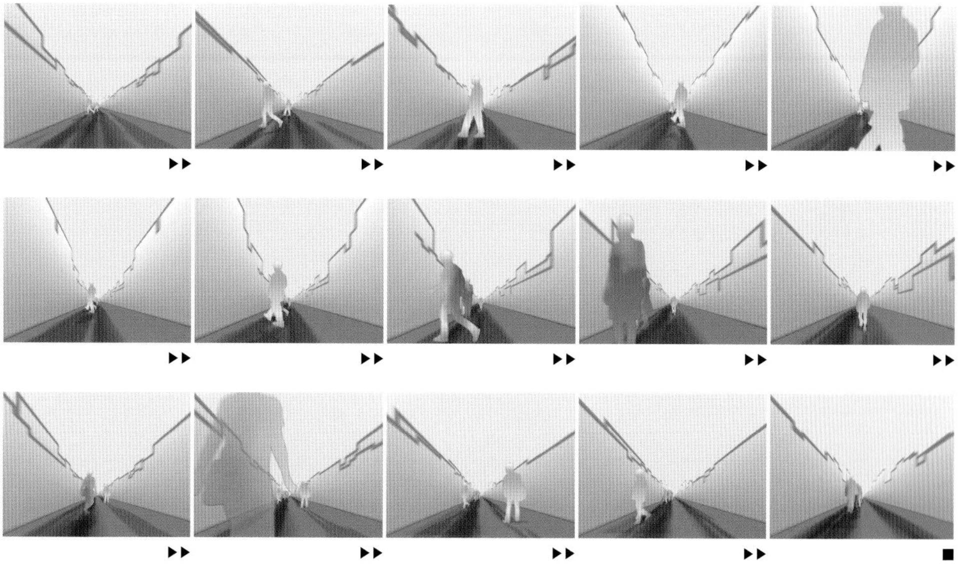

109 MILLING CROWD 1 00:02.56

00:02.56

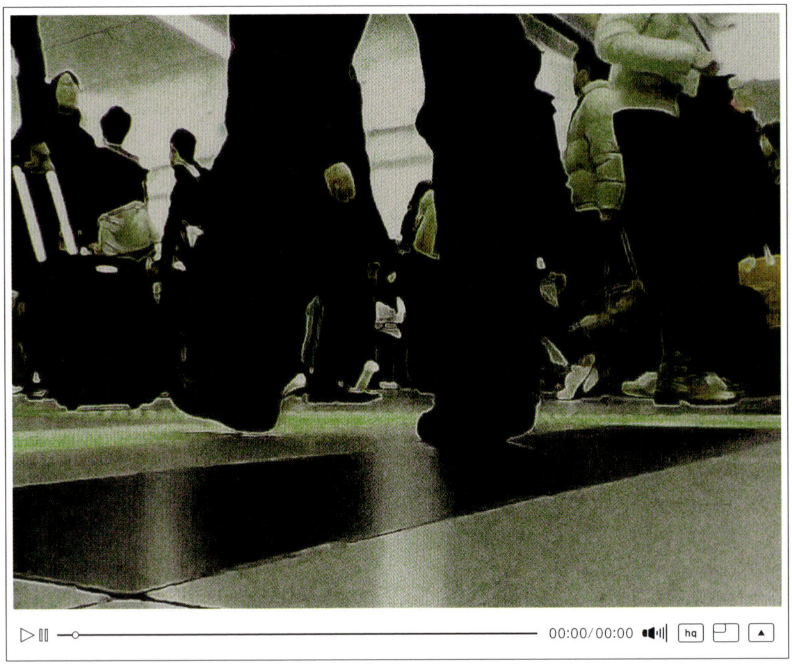

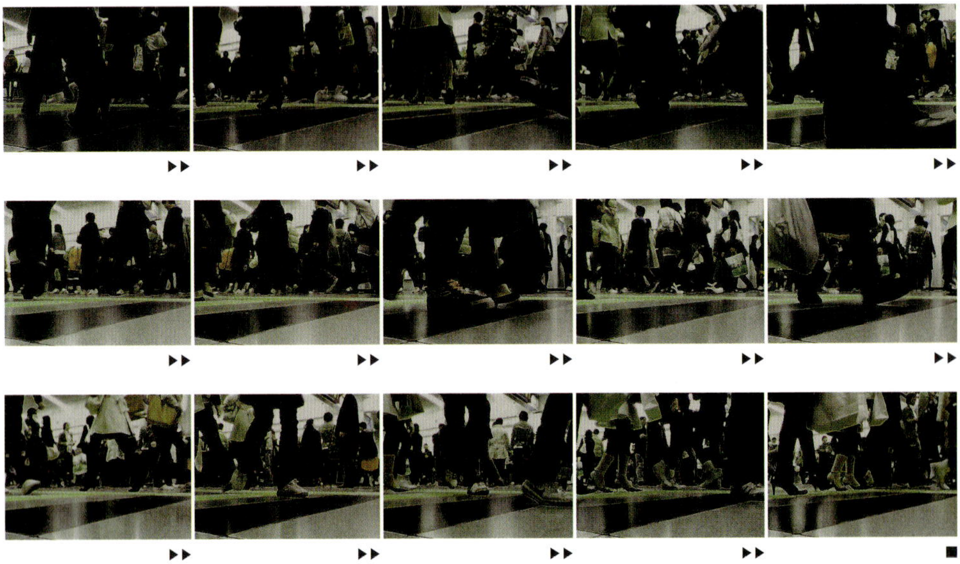

110

00:04.00 MILLING CROWD 2

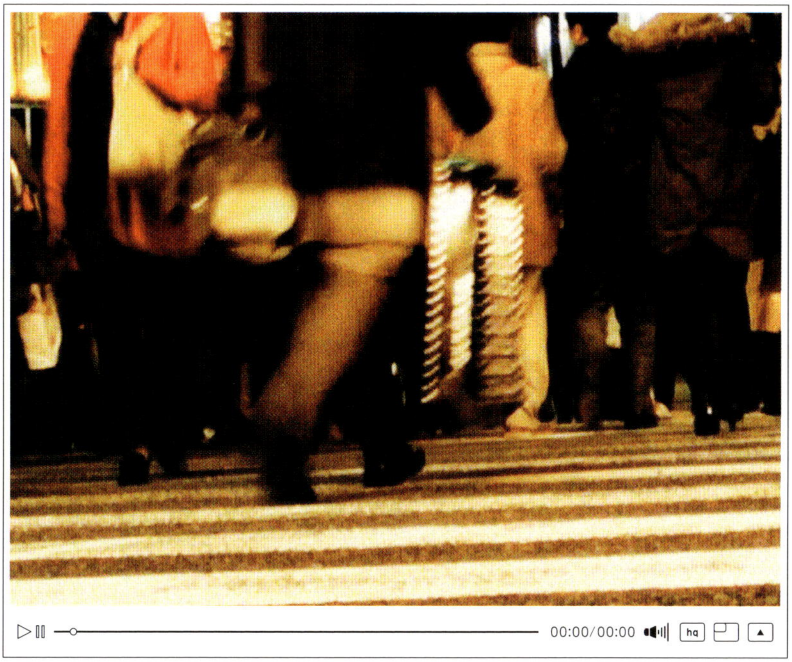

00:04.00

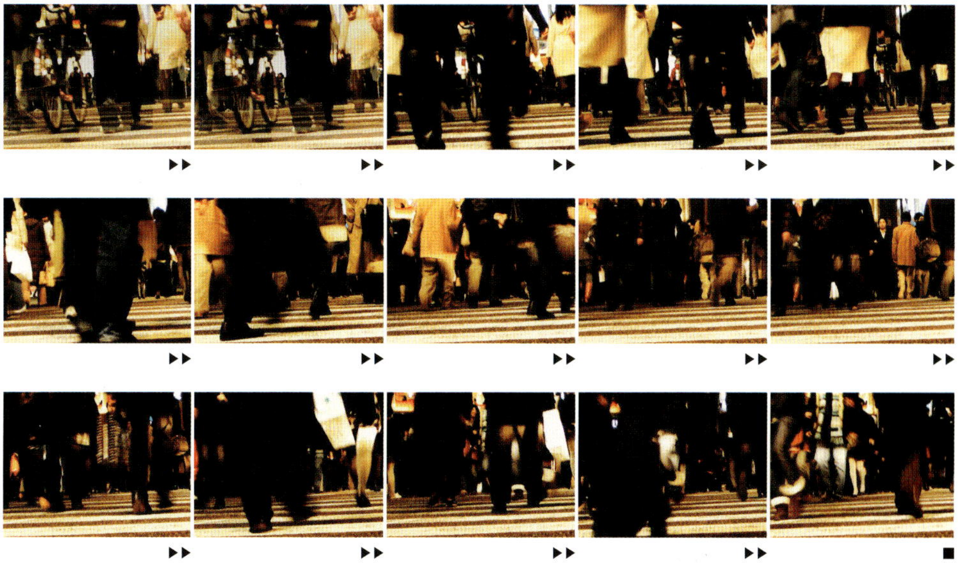

111 TAKE OFF 1 00:06.00

00:06.00

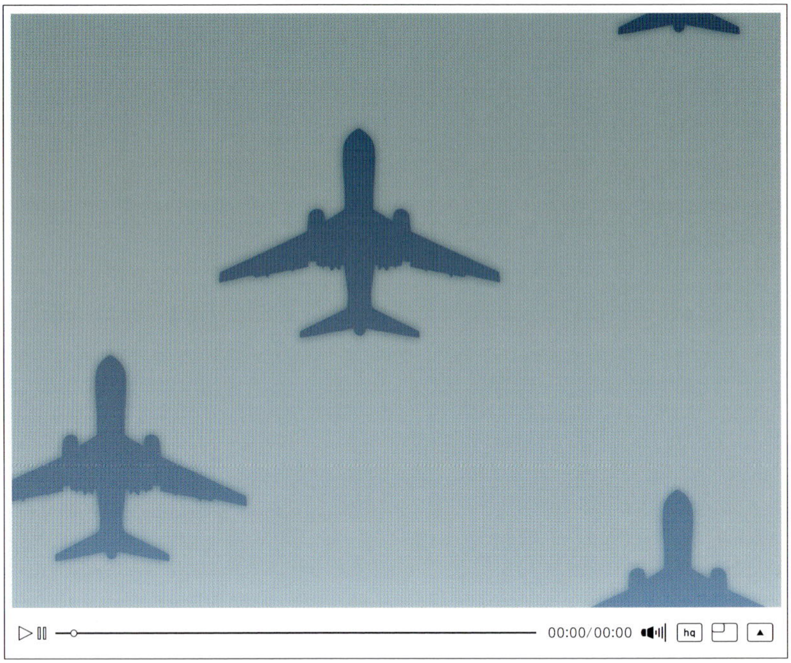

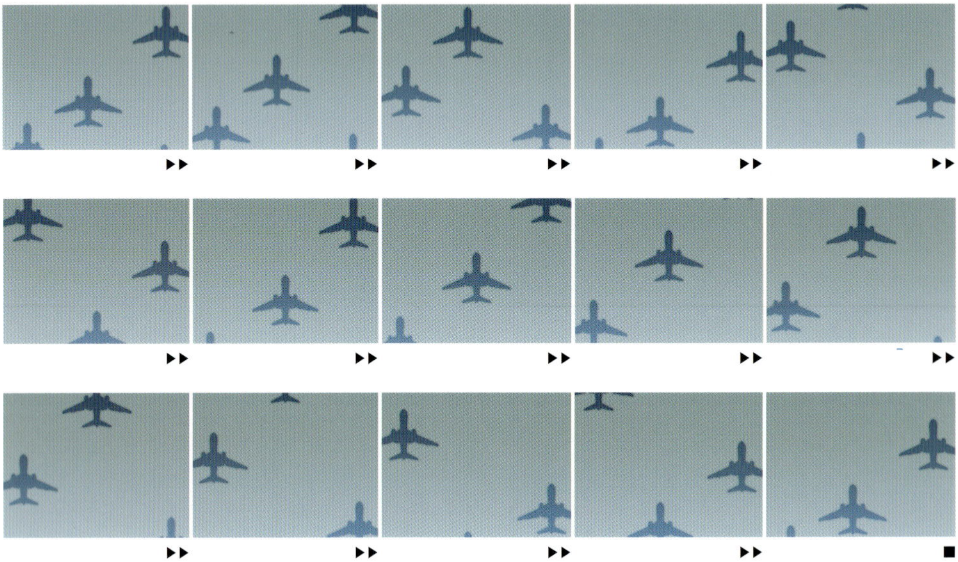

00:07.40 TAKE OFF 2

112

00:07.40

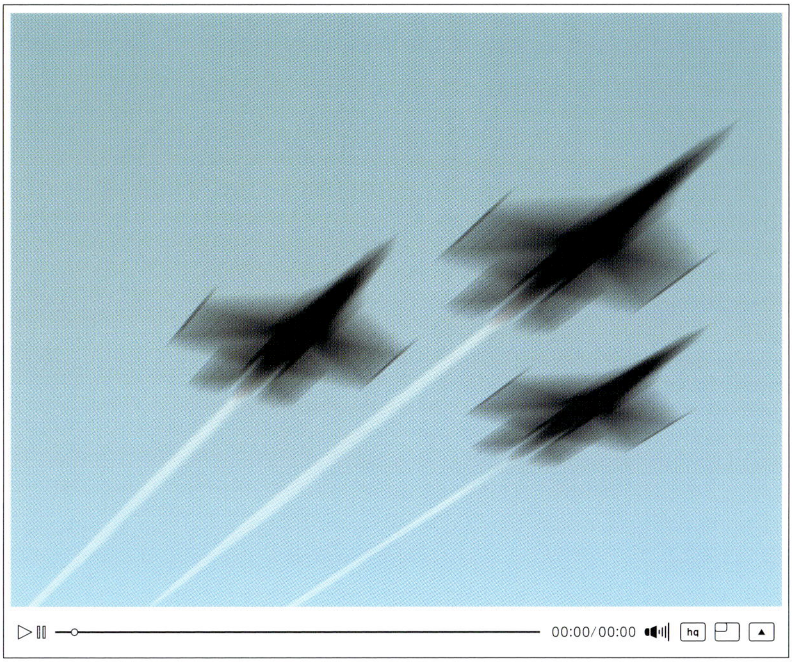

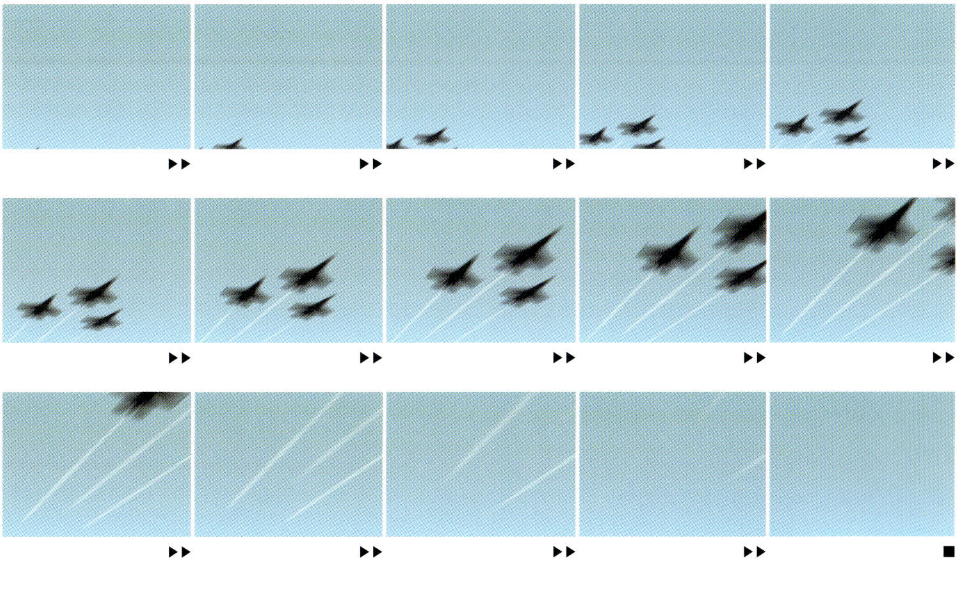

113 HIGHWAY 00:10.00

00:10.00

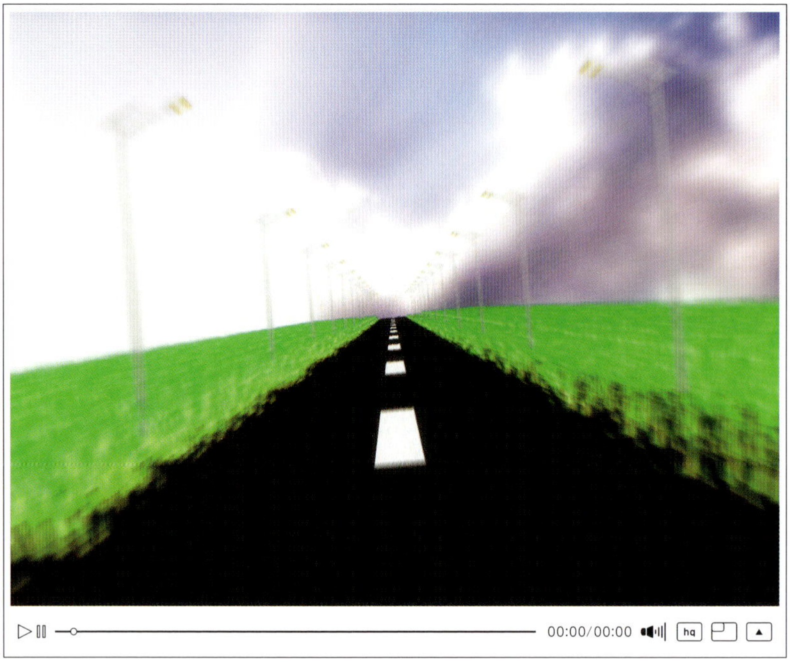

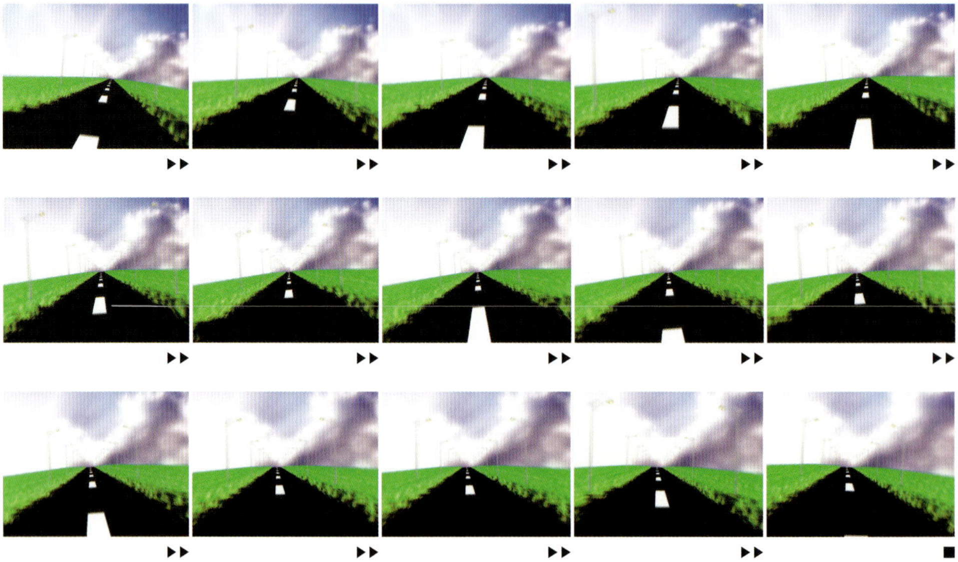

114

00:05.26 ZOOMING

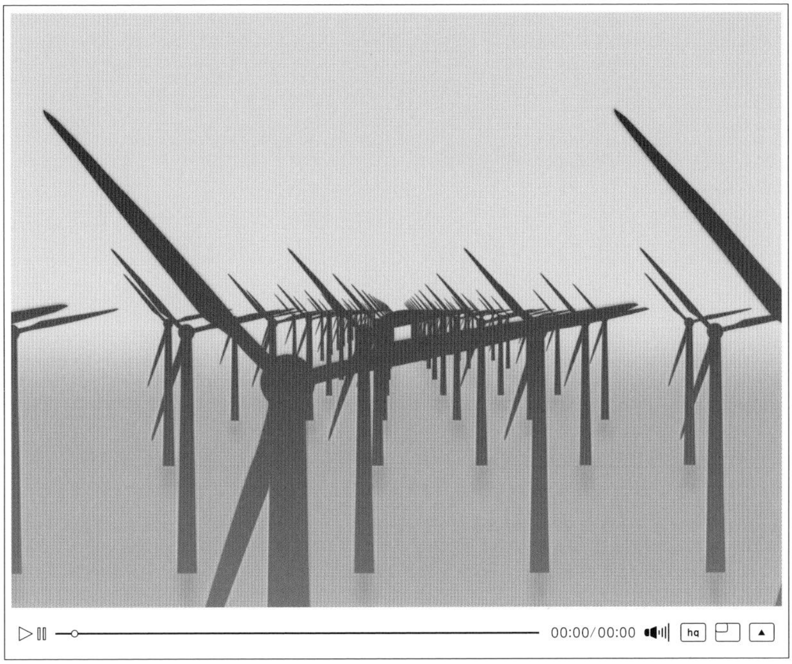

00:05.26

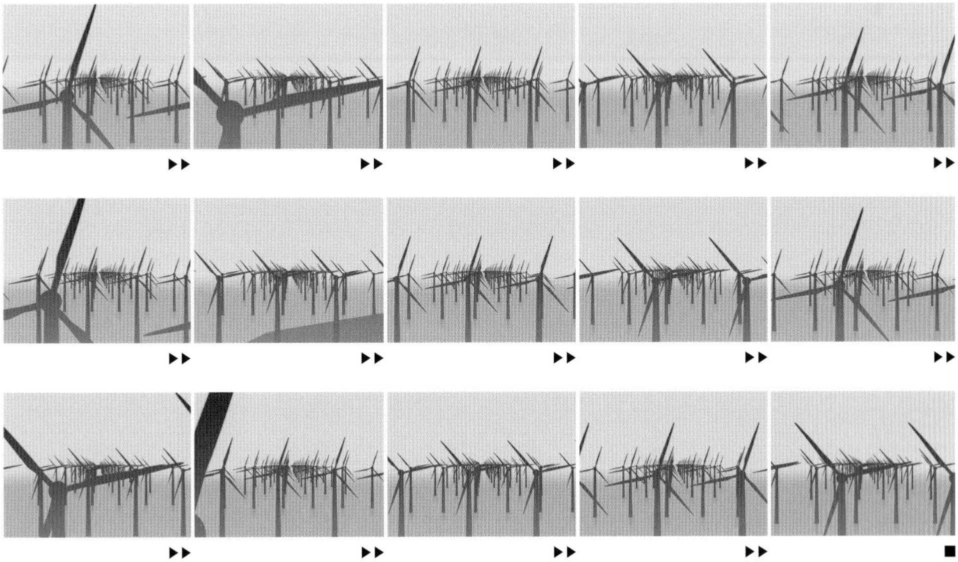

115 CHOPPER 00:10.00

00:10.00

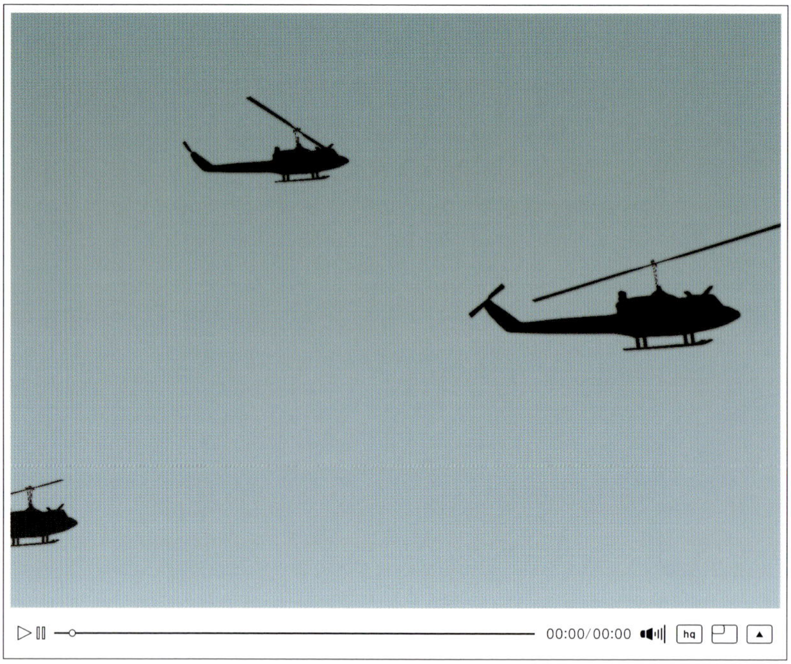

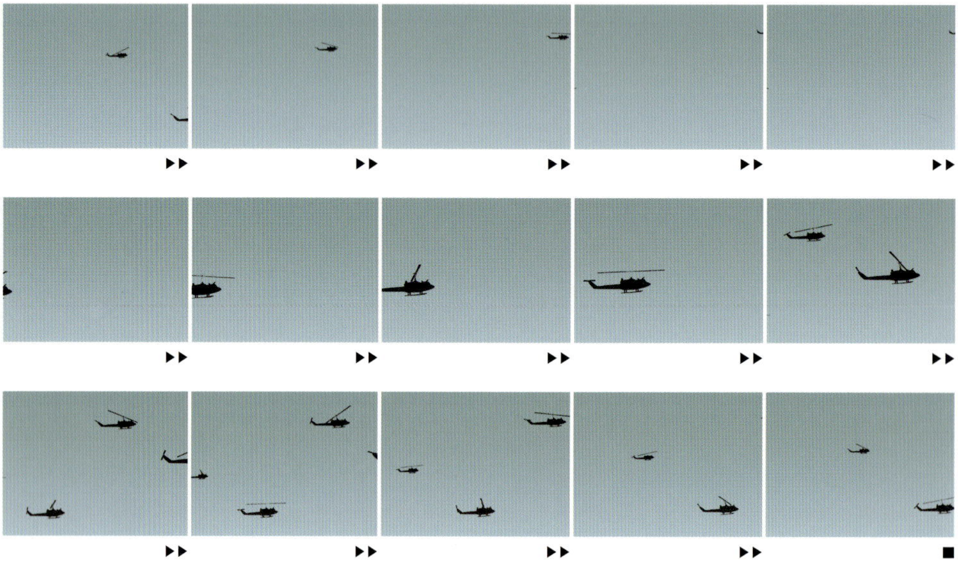

＼ざらざら／アナログ／

116

WASTEPAPER 1 00:03.[36]

00:03.[36]

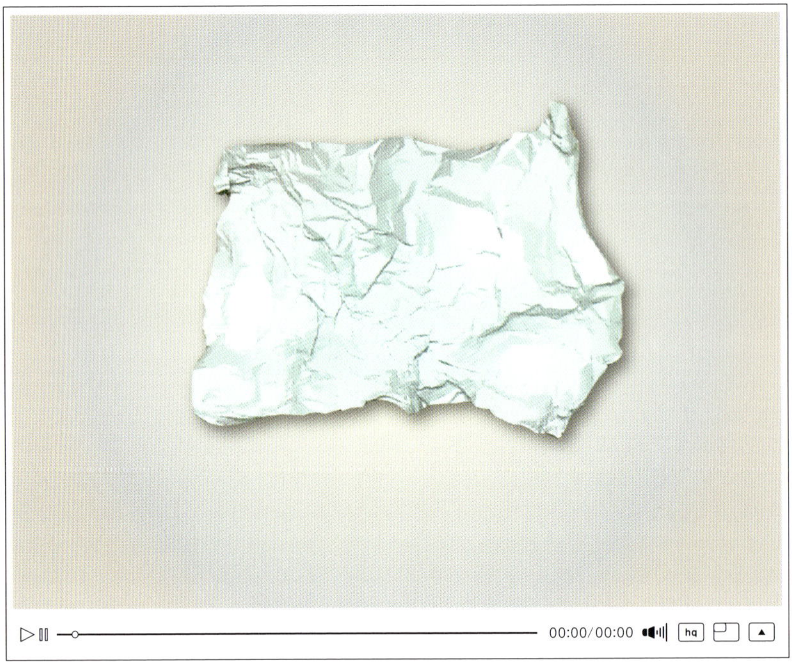

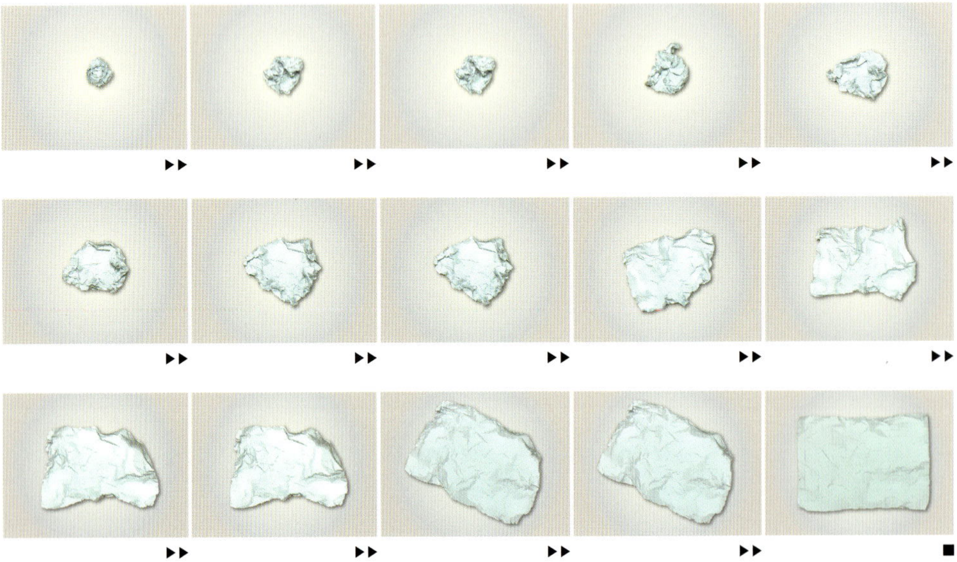

117

00:04.00 WASTEPAPER 2

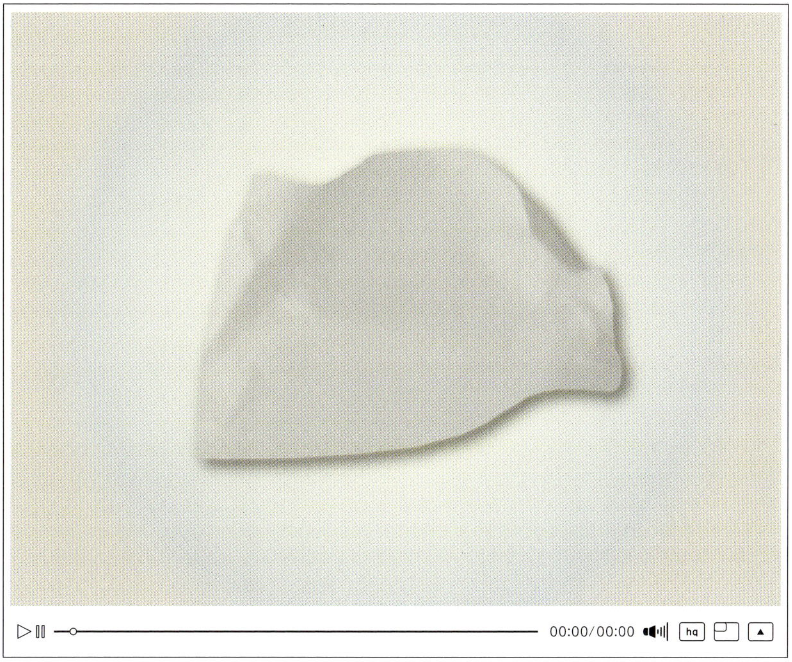

00:04.00

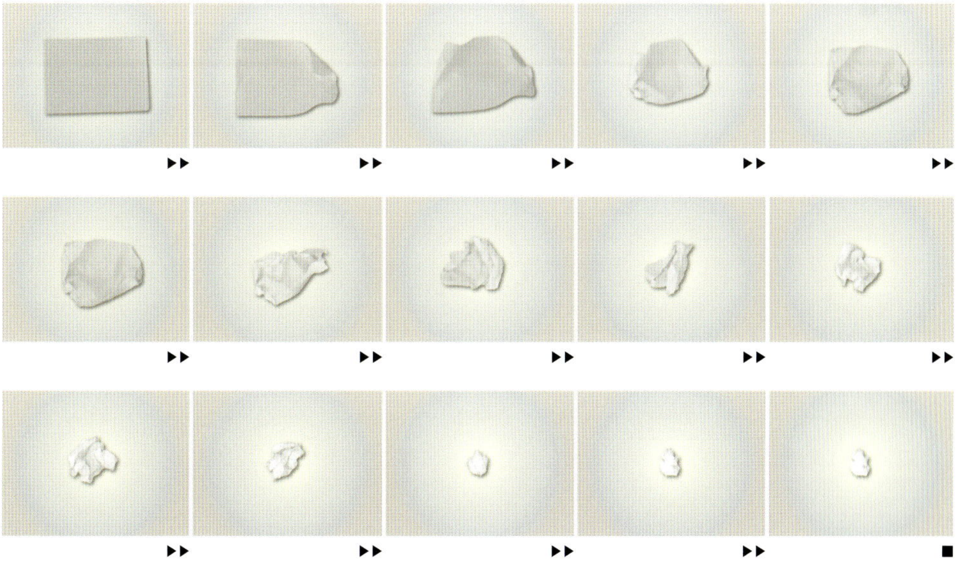

118

ROUGH SKETCH 1 00:30.00

00:30.00

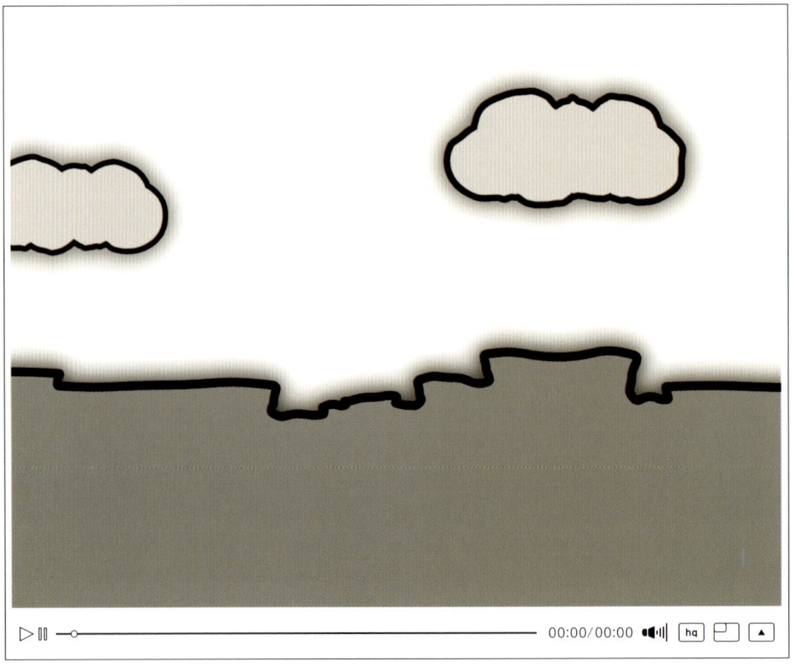

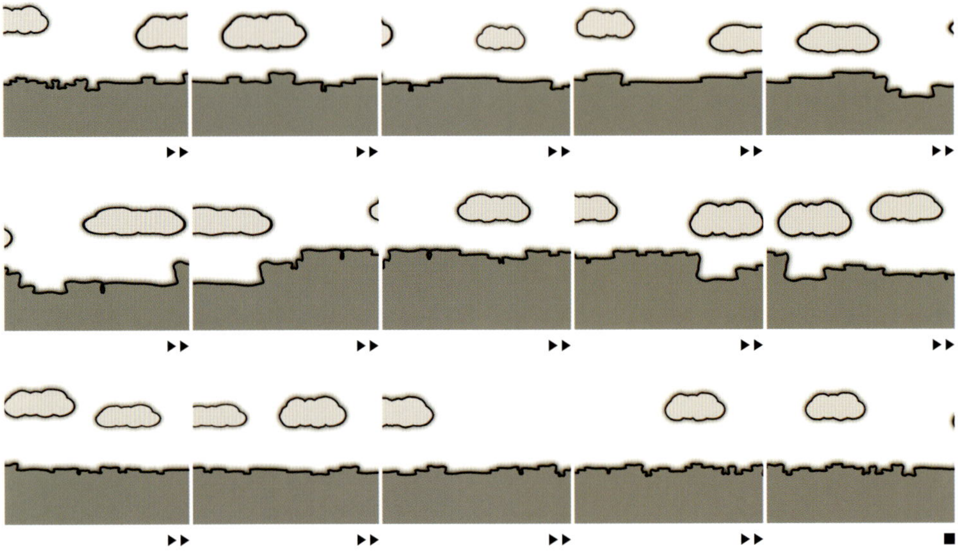

119

00:30.43 ROUGH SKETCH 2

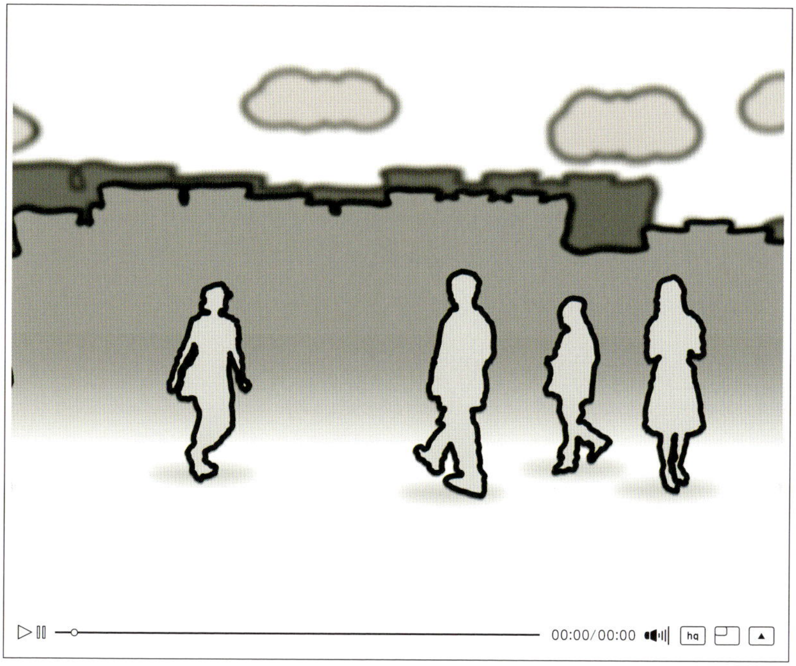

00:30.43

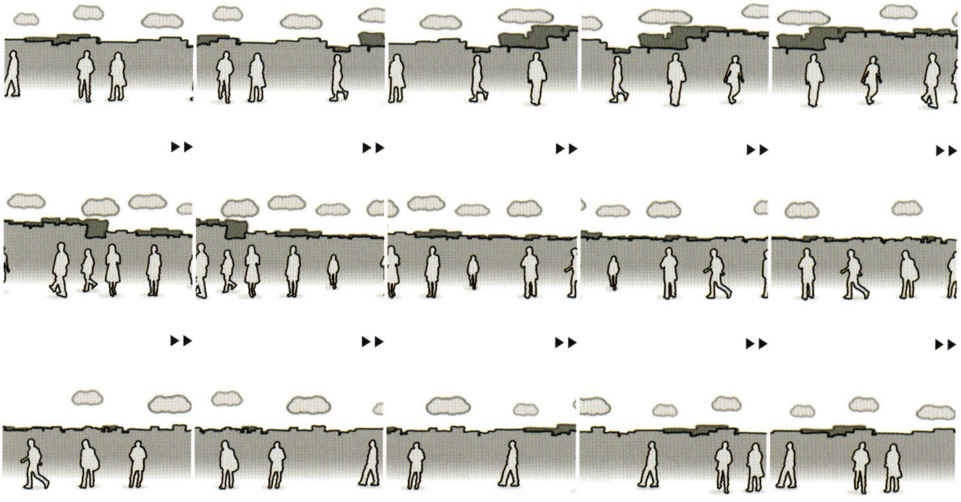

120 PAINT COLOR 1 00:04.00

00:04.00

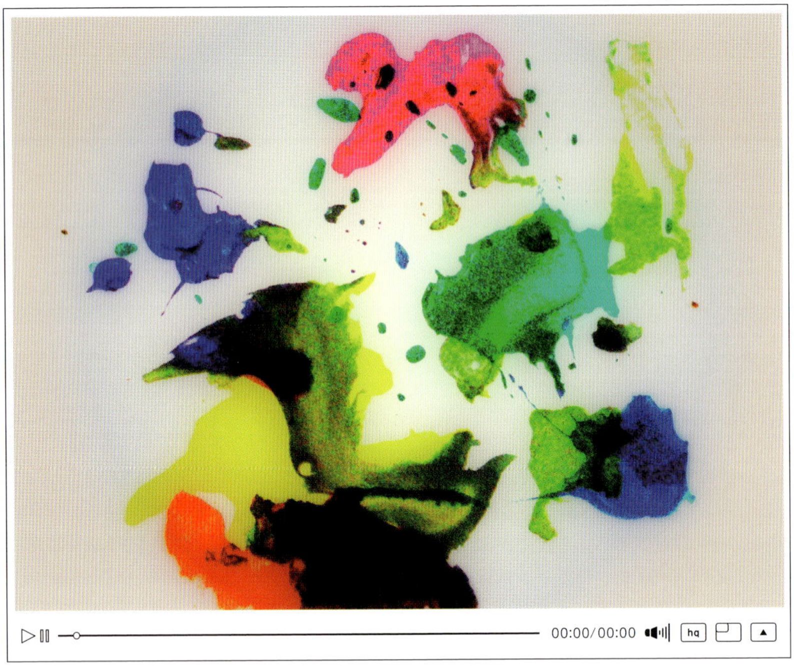

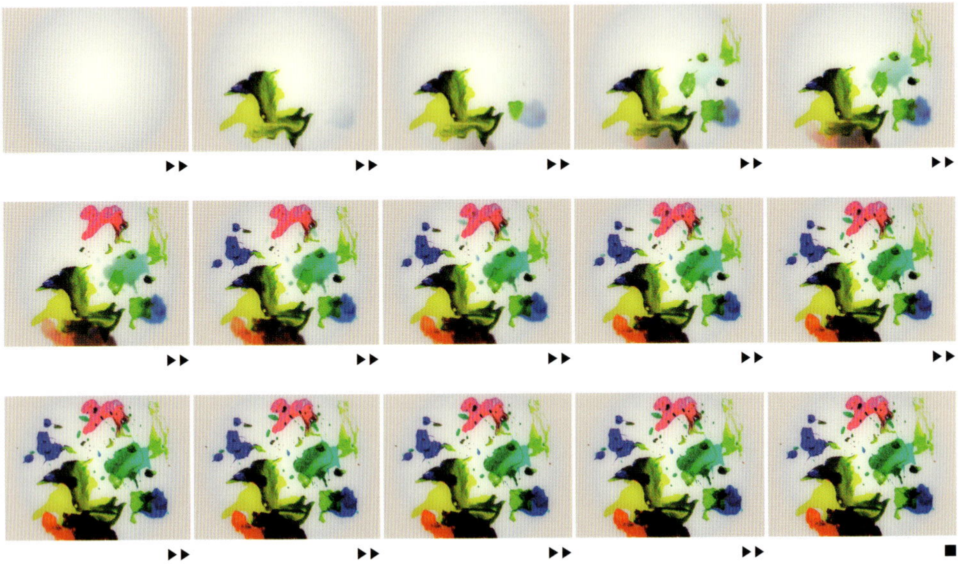

121

00:09.93 PAINT COLOR 2

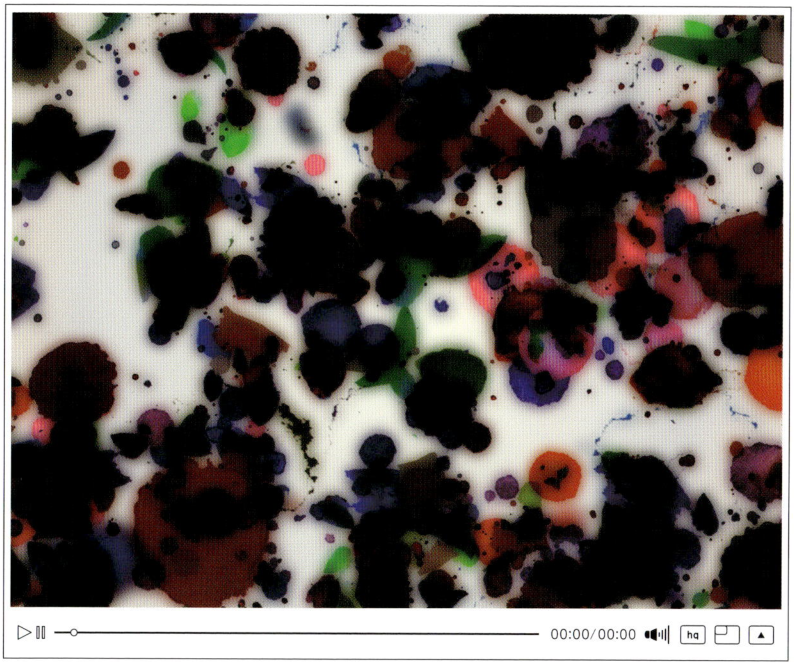

00:09.93

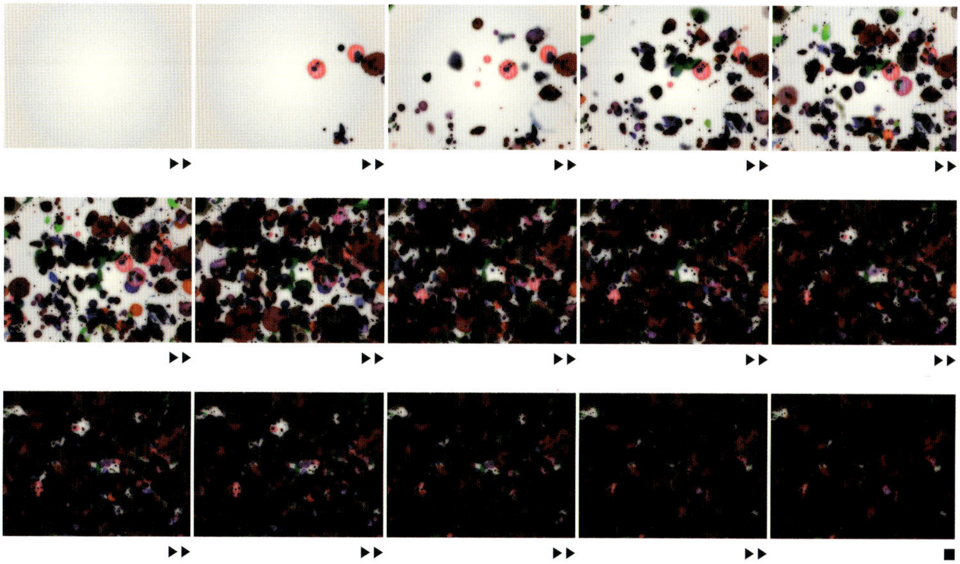

122 PAINT BLACK 00:04.00

00:04.00

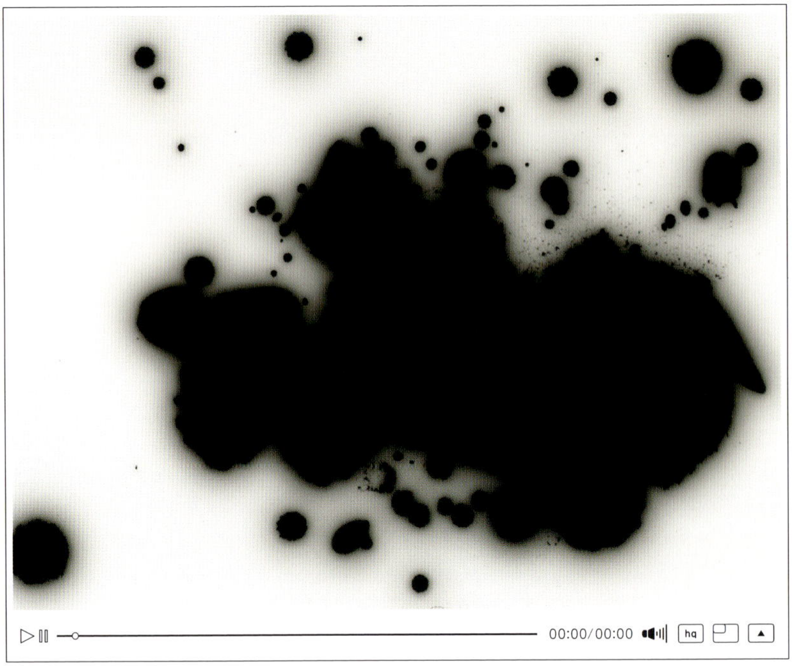

123

00:30.00 GOOD NIGHT

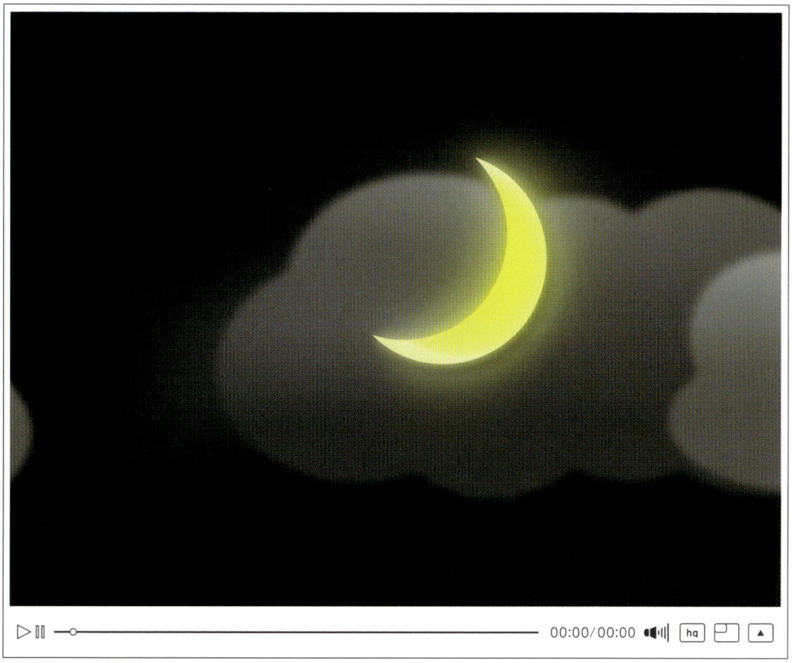

00:30.00

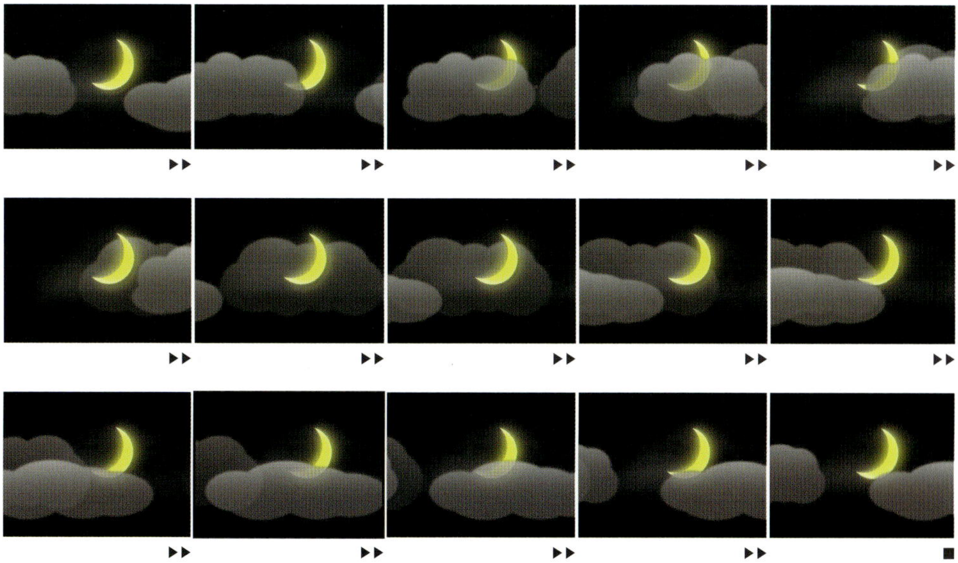

\ INDEX /

キラキラ★星

▶▶

001

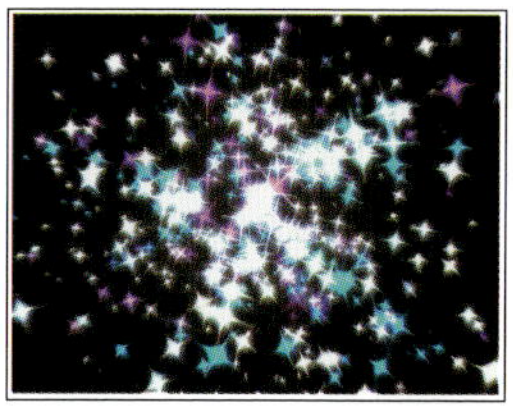

002

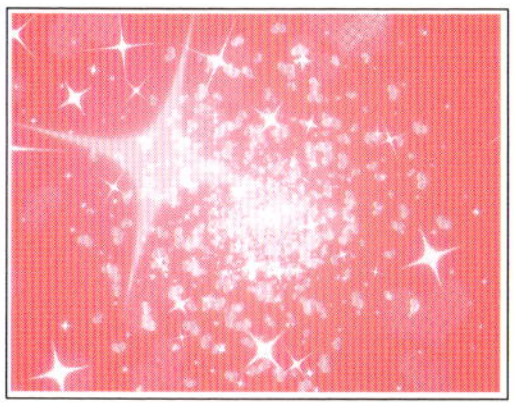

003

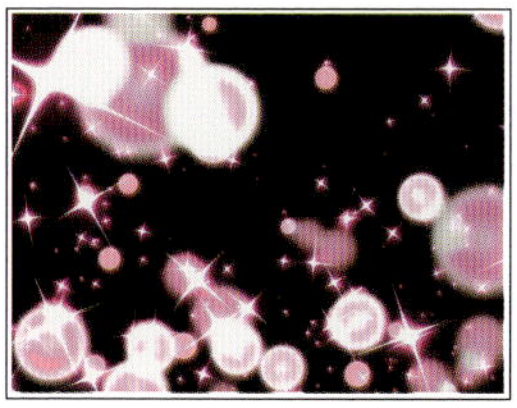

004

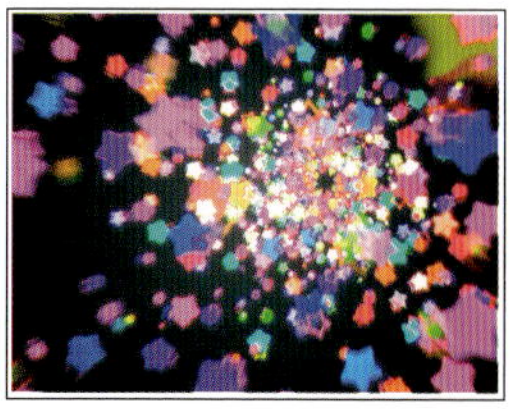

005

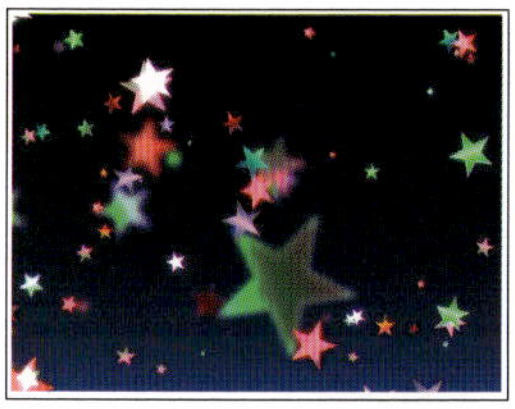

006

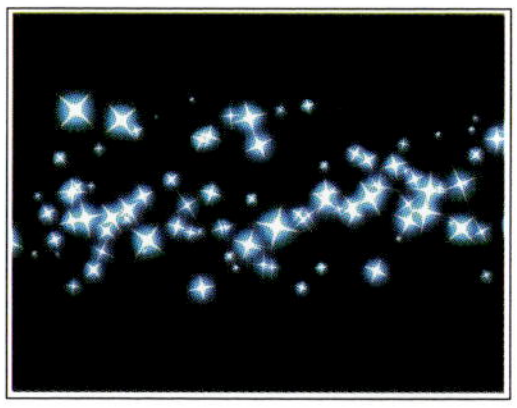

007

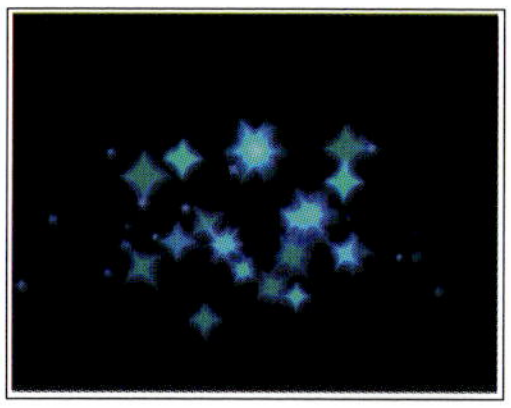

008

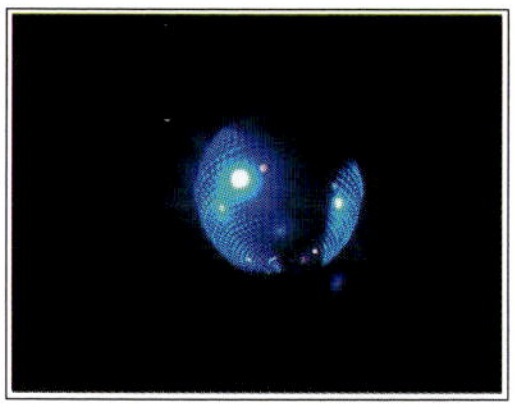

009

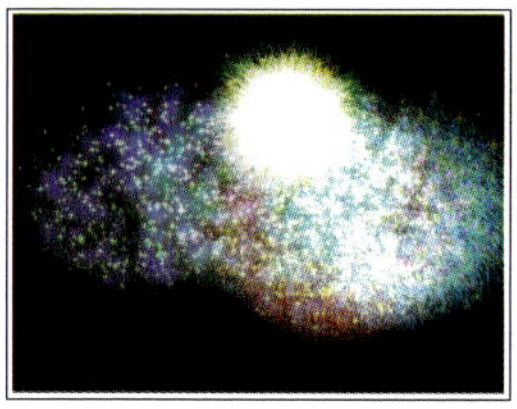

010

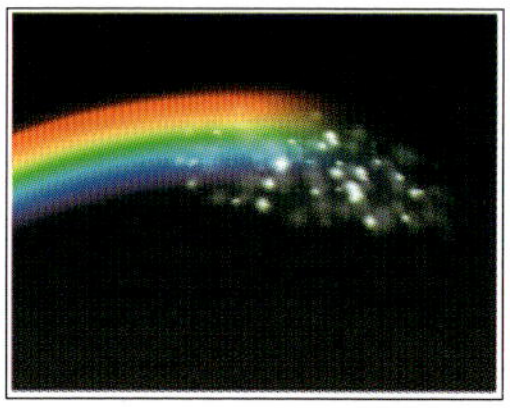

011

色いろ✿カラフル

▶▶

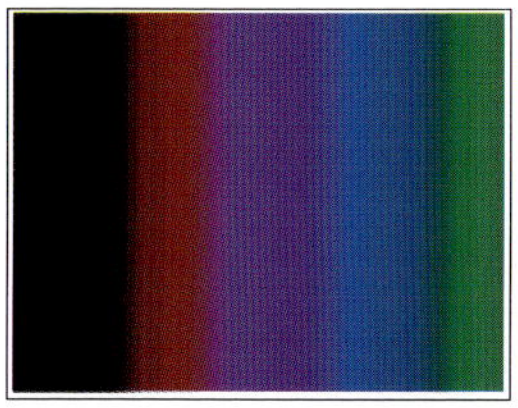

012

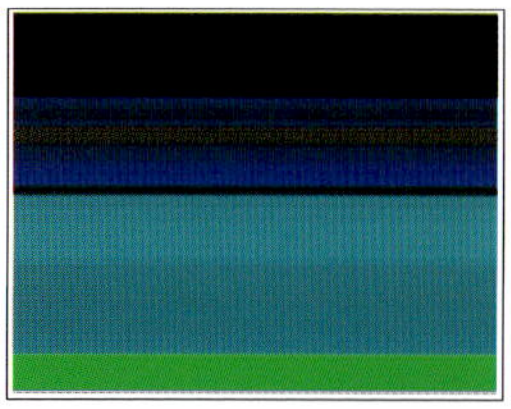

013

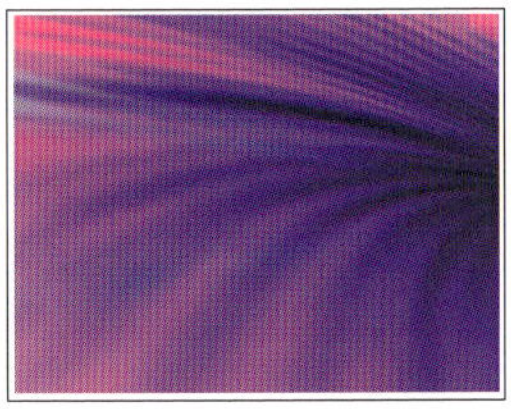
014

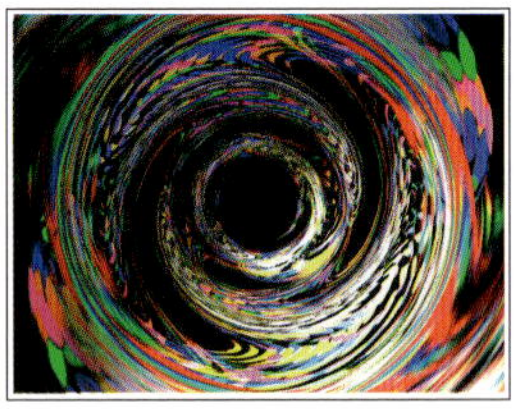
015

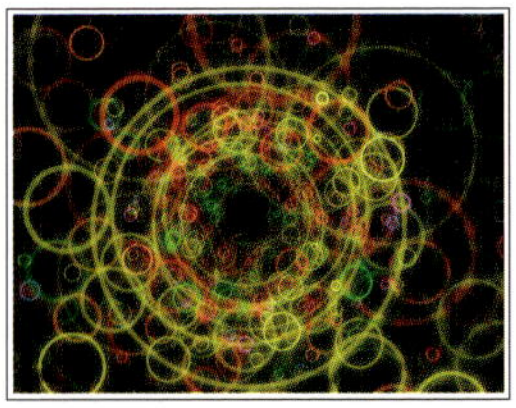
016

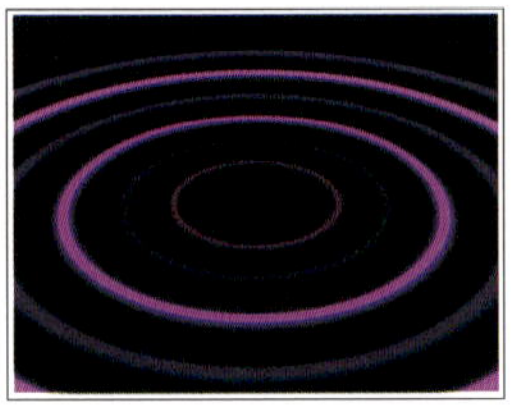
017

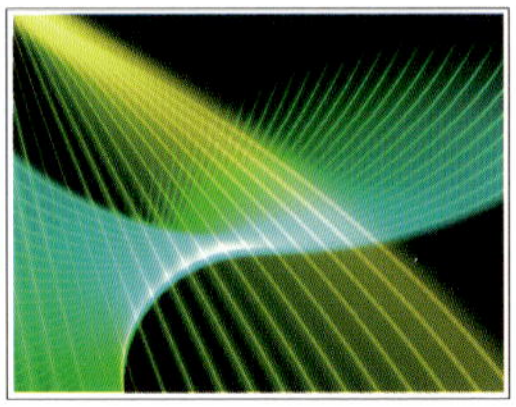
018

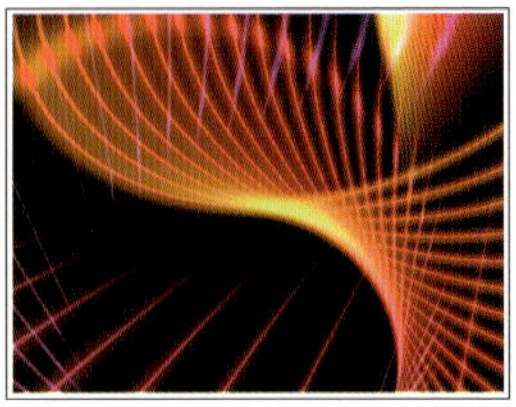
019

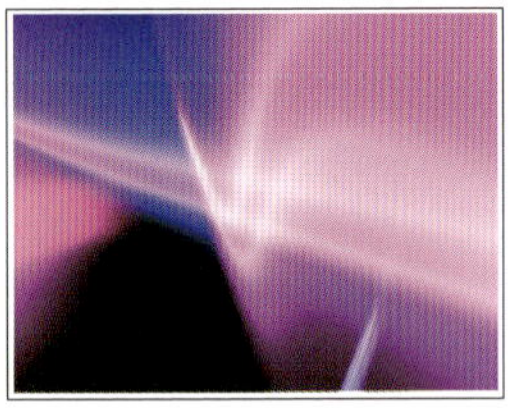
020

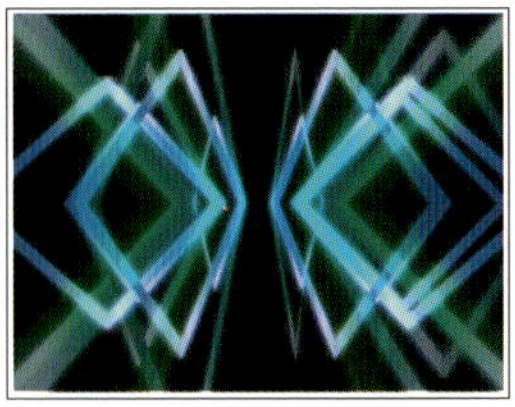
021

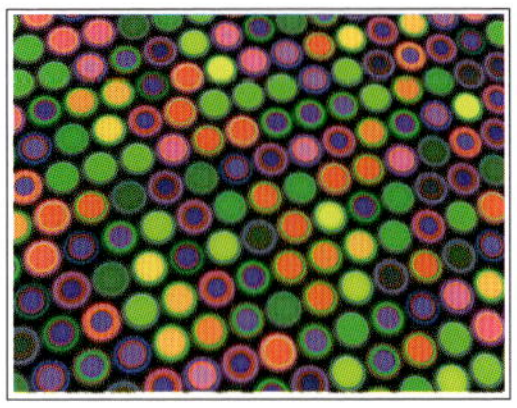
022

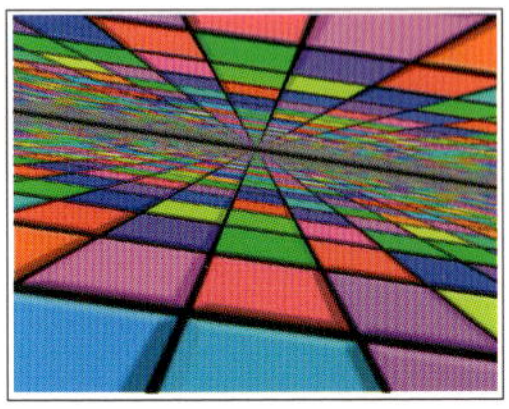
023

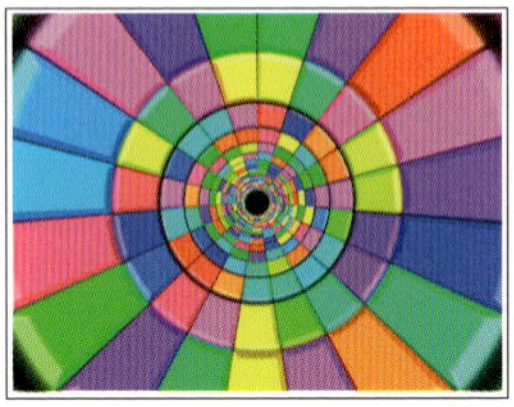
024

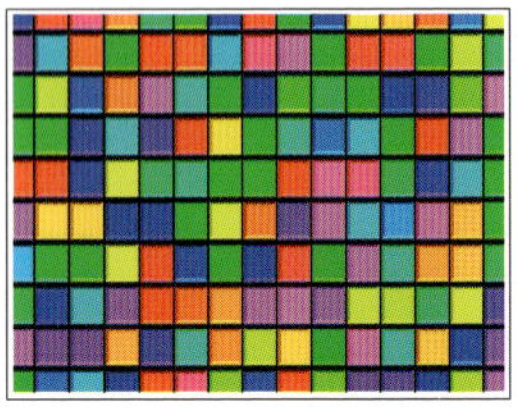
025

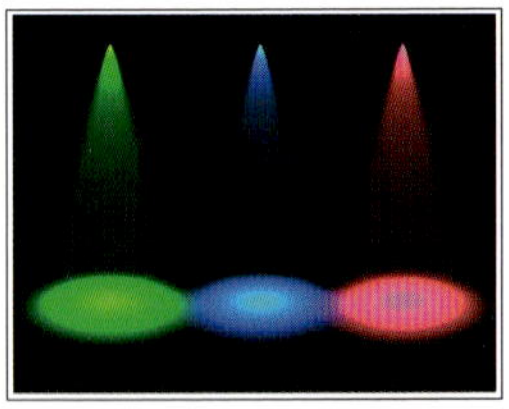
026

ギラギラ◆宇宙

▸▸

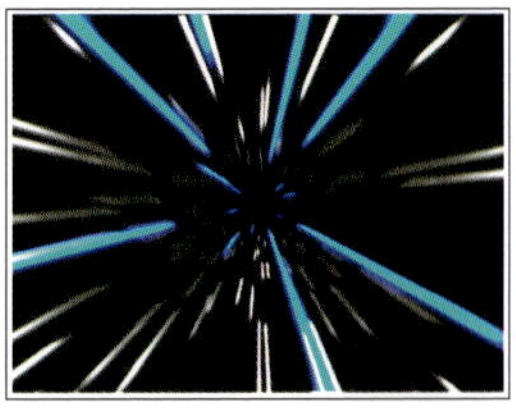
027

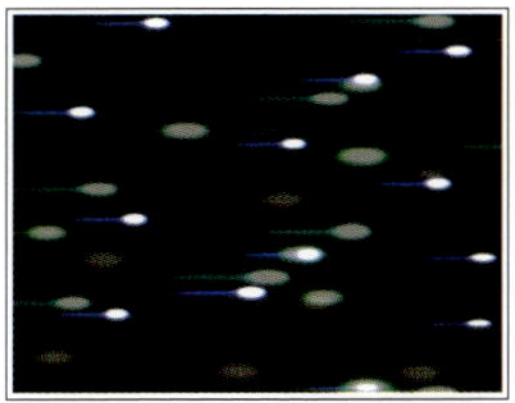
028

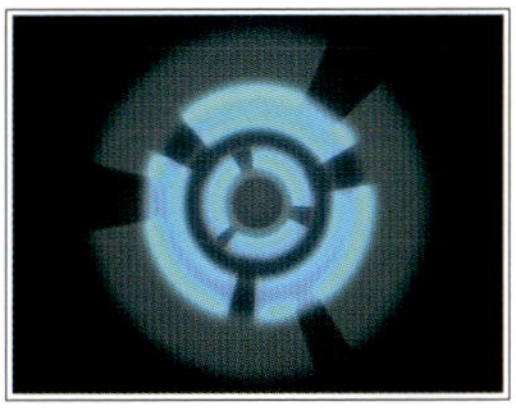
029

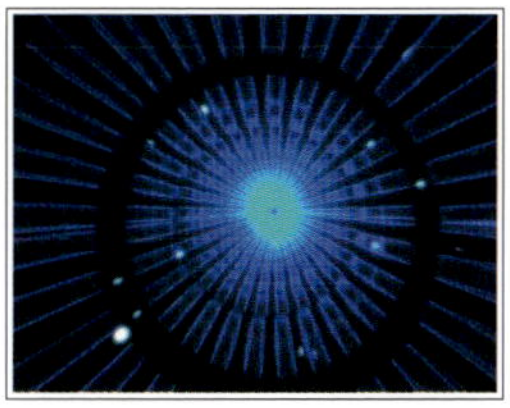
030

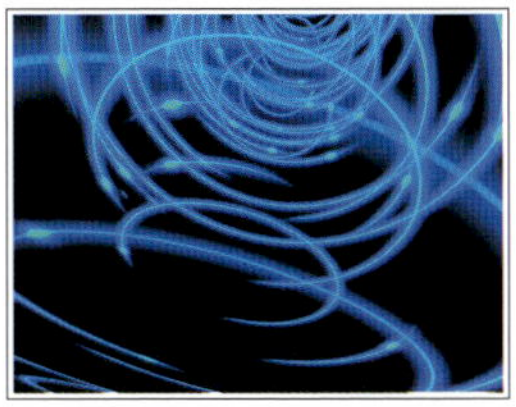
031

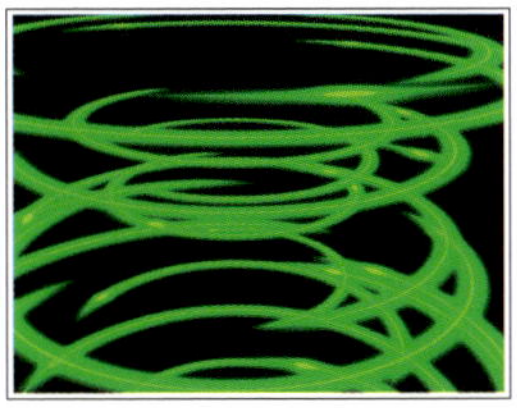
032

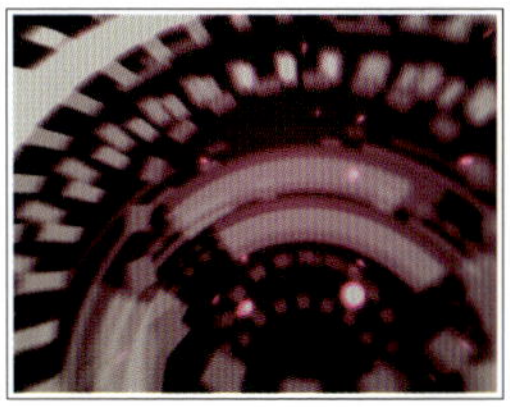
033

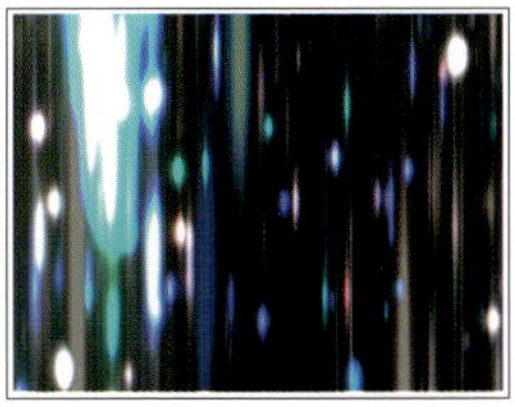
034

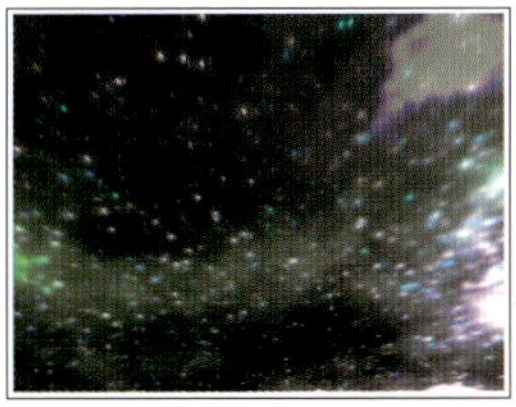
035

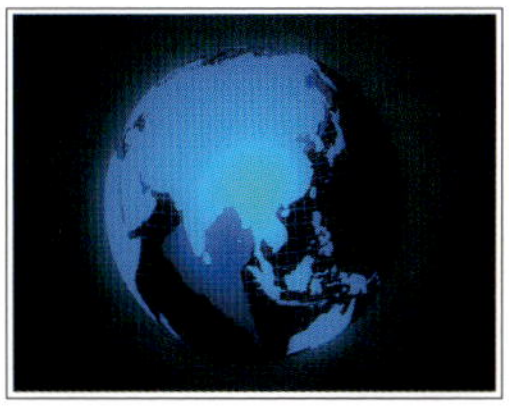
036

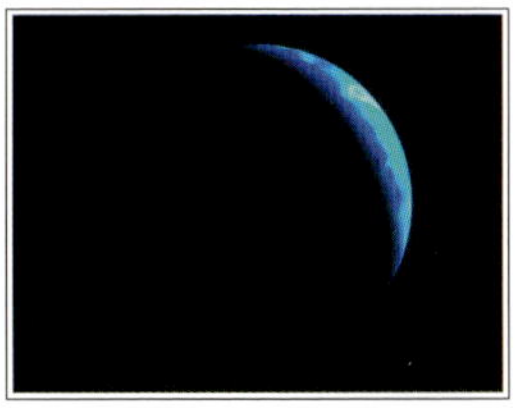
037

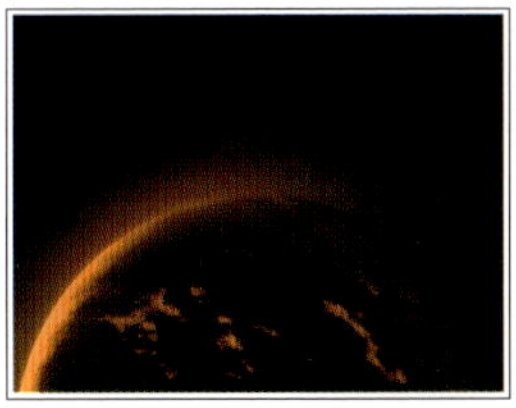
038

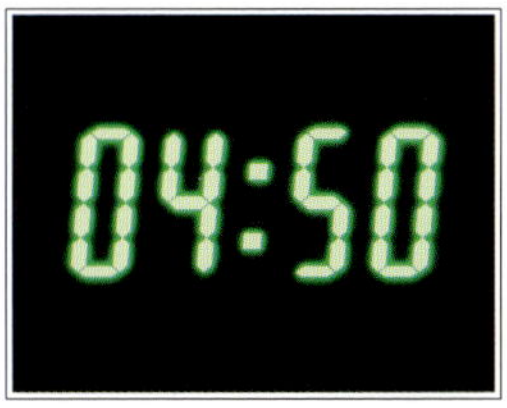

039

プリティ♥ガールズ

▸▸

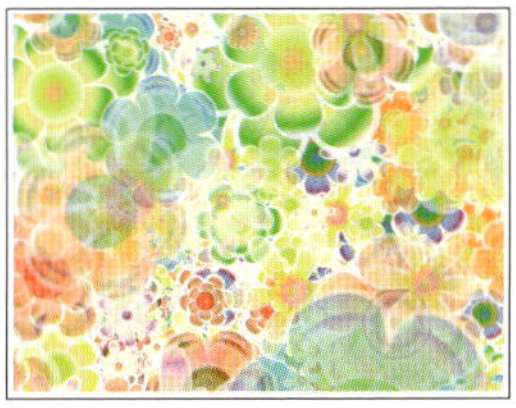
040

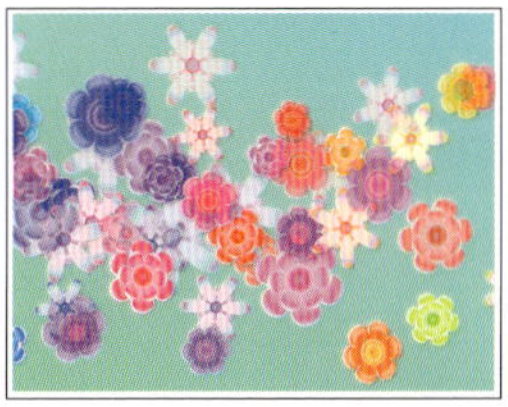
041

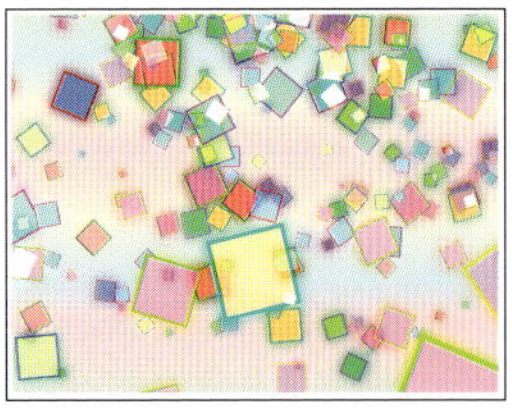

042

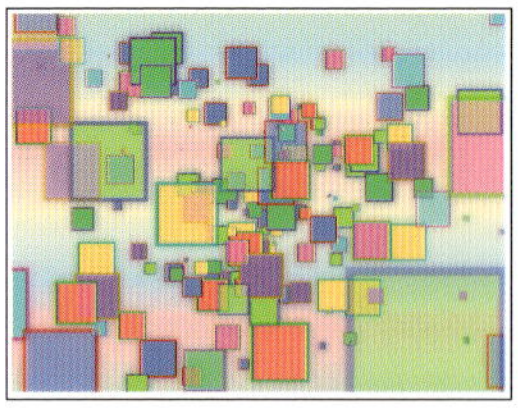

043

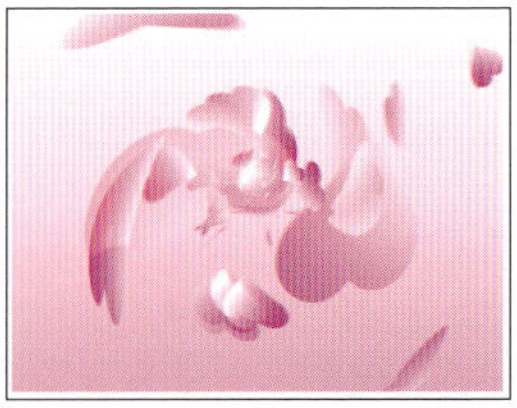

044

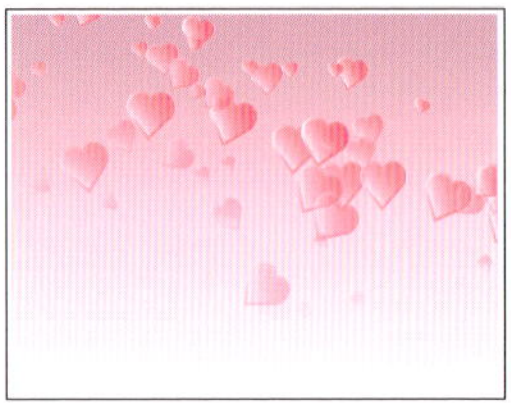

045

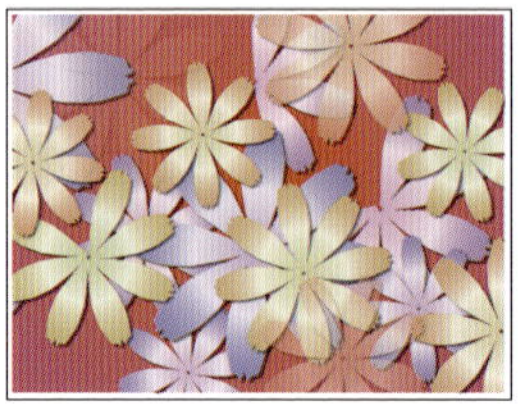

046

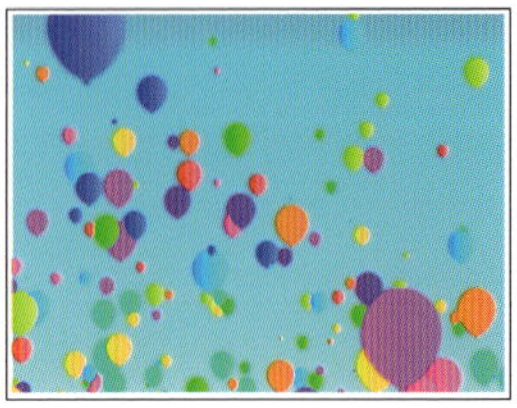

047

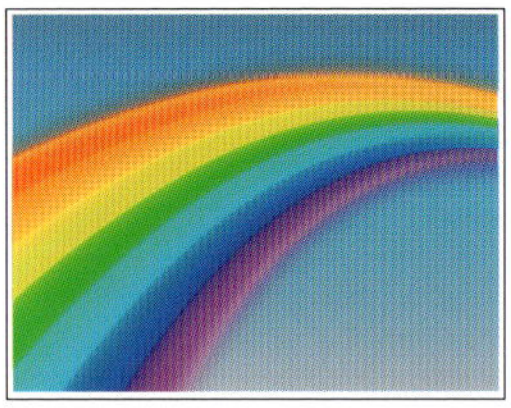

048

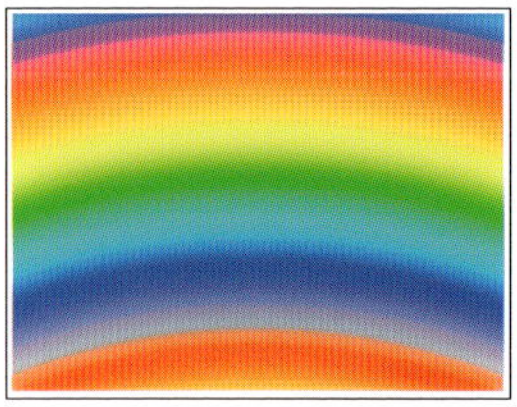

049

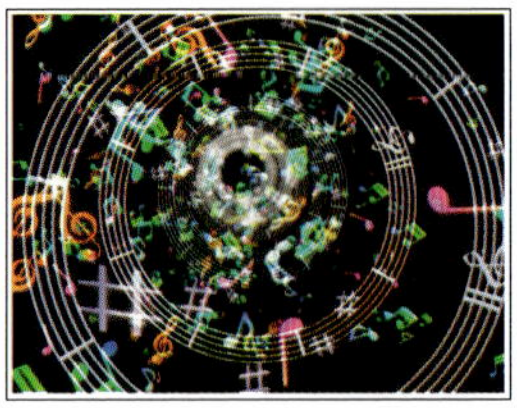

050

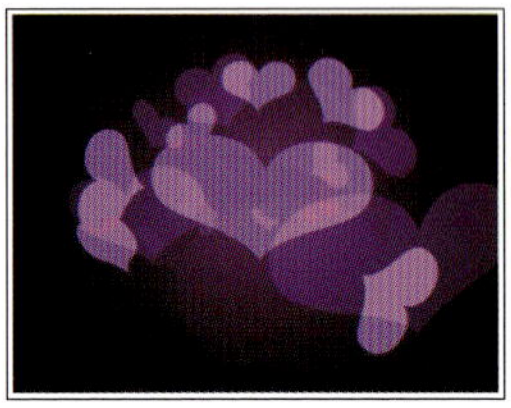

051

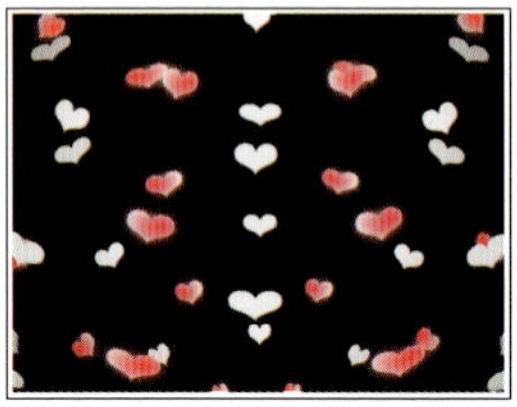

052

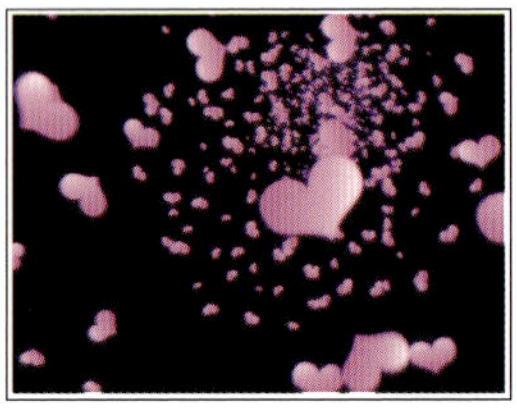

053

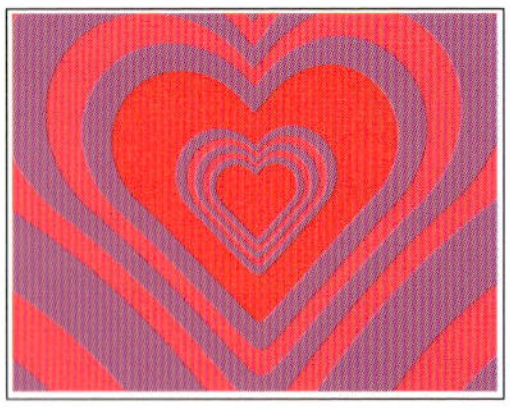

054

ひらひら羽

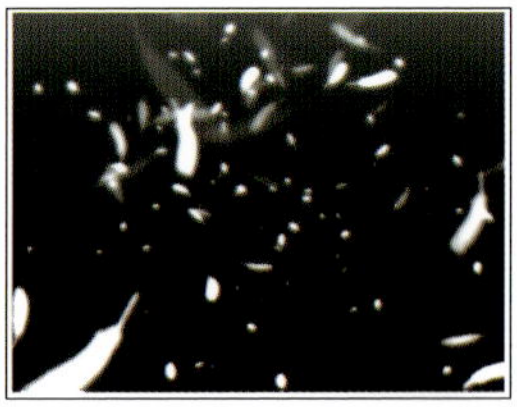

055

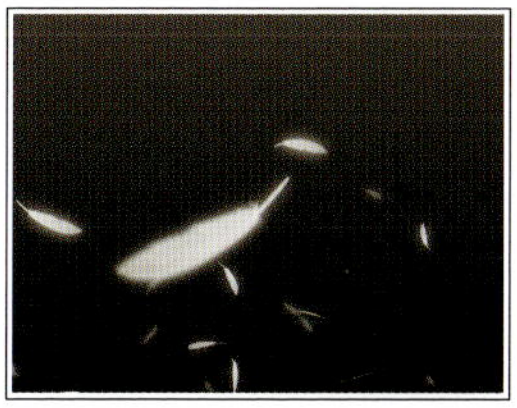
056

057

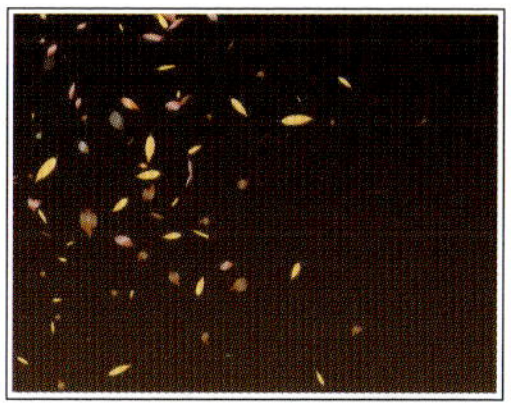
058

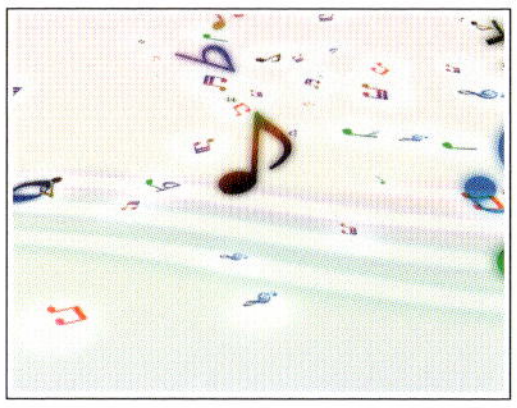
059

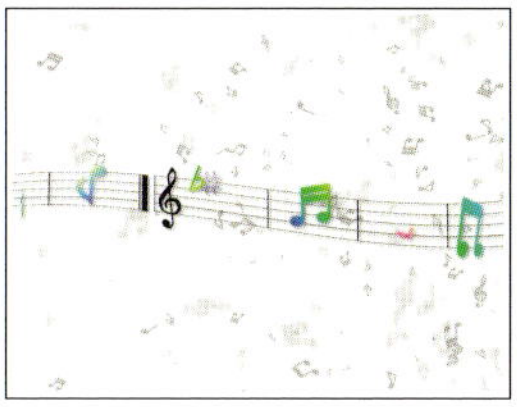
060

061

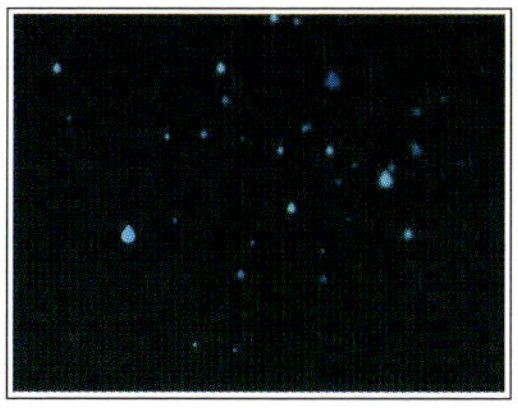
062

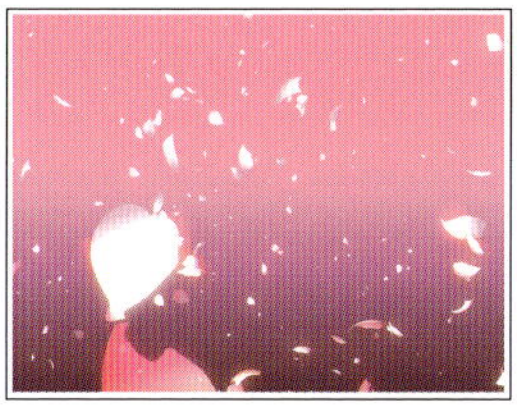
063

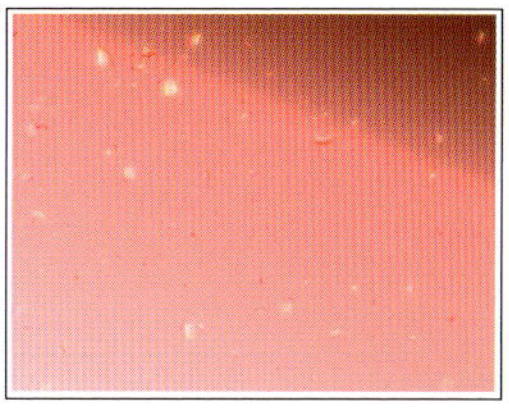
064

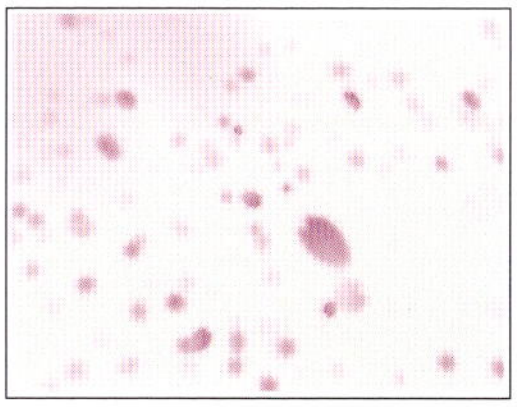
065

四季❖おりおり

▶▶

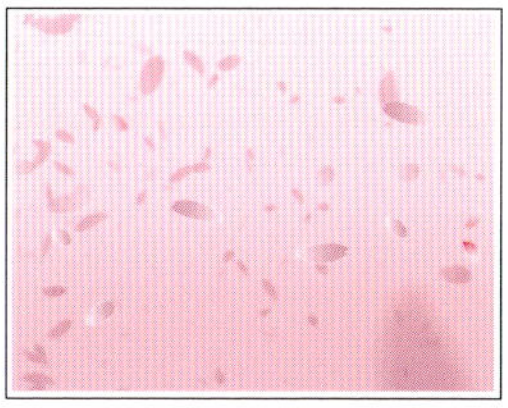
066

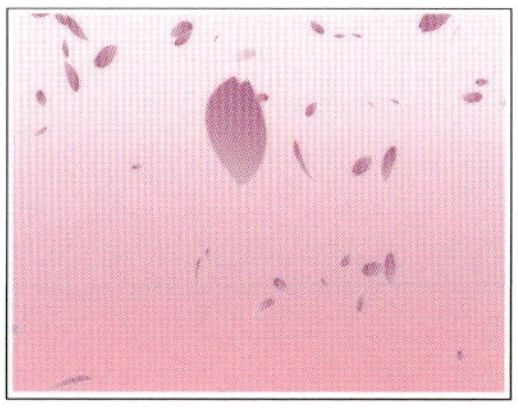
067

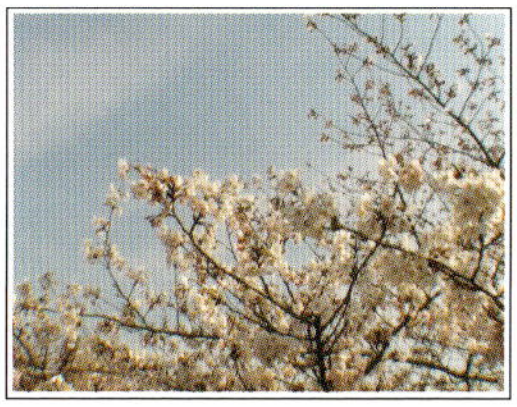
068

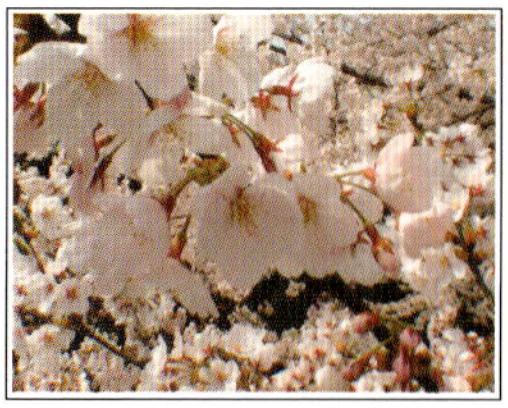
069

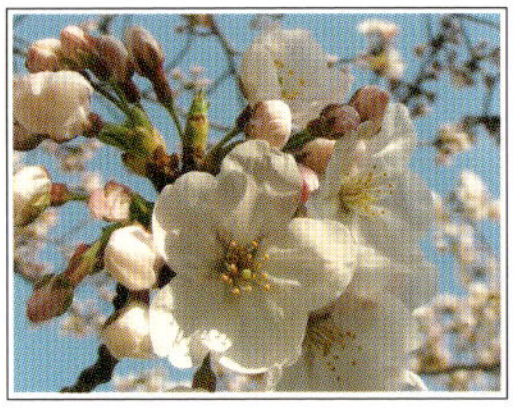

070

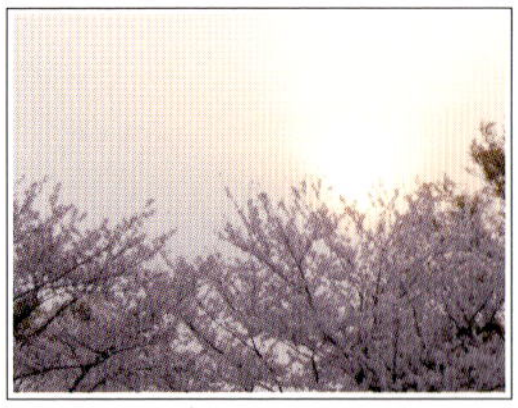

071

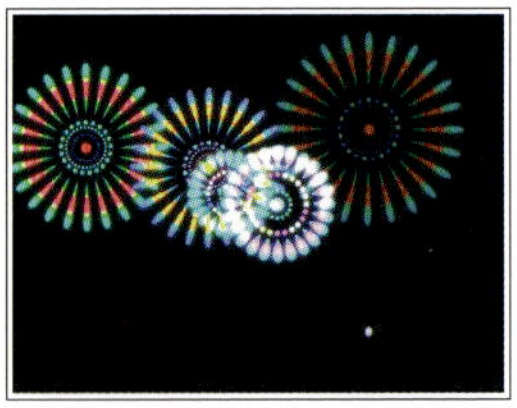

072

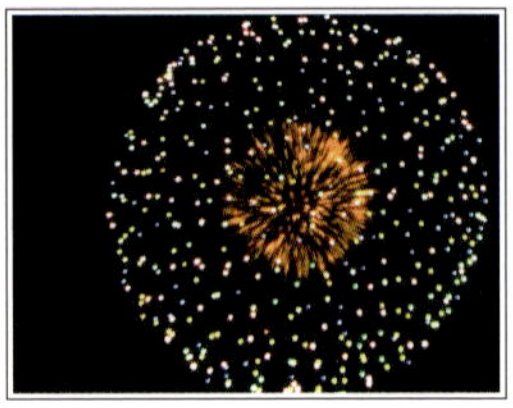

073

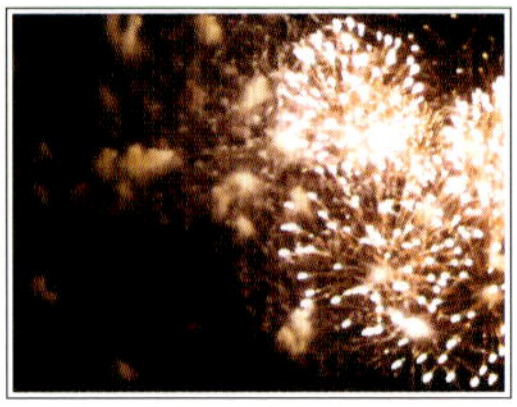

074

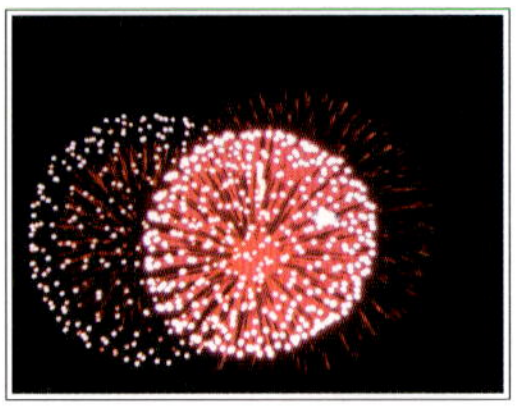

075

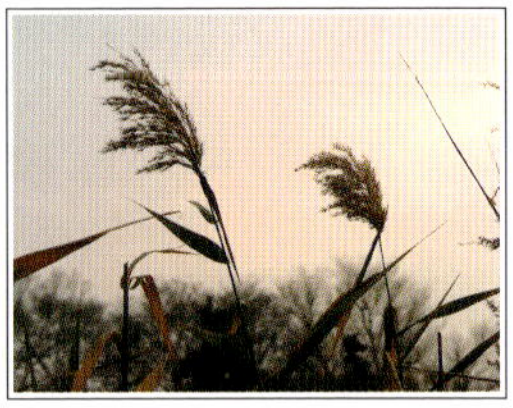

076

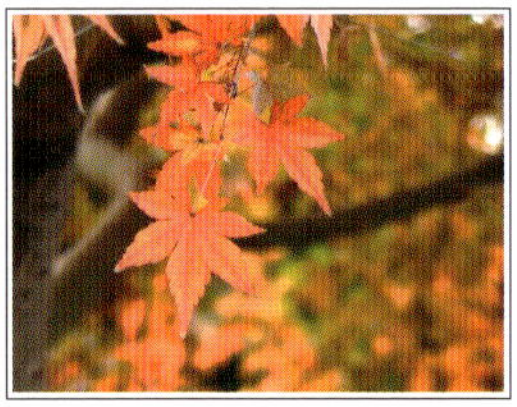

077

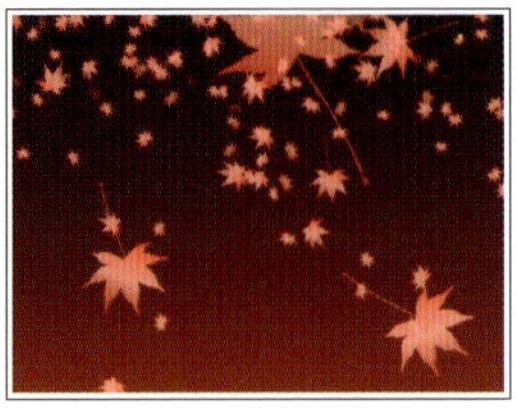

078

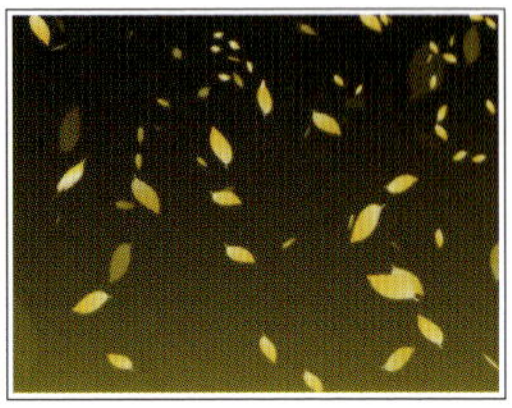

079

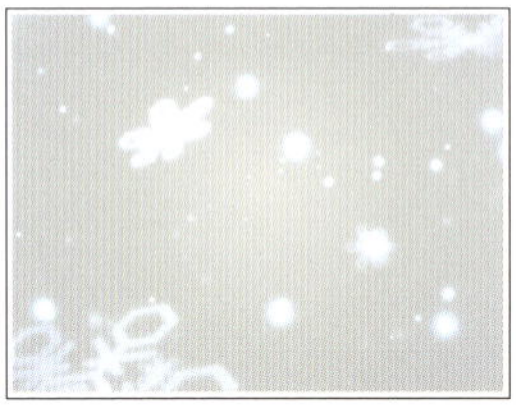

080

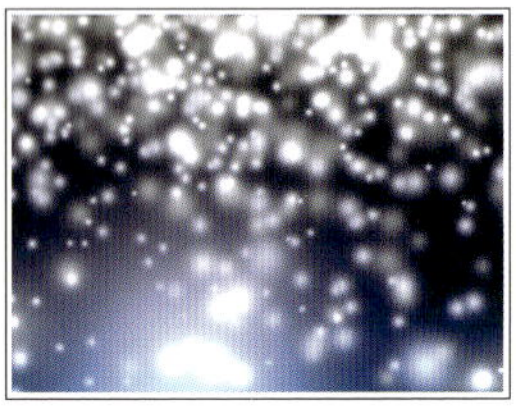

081

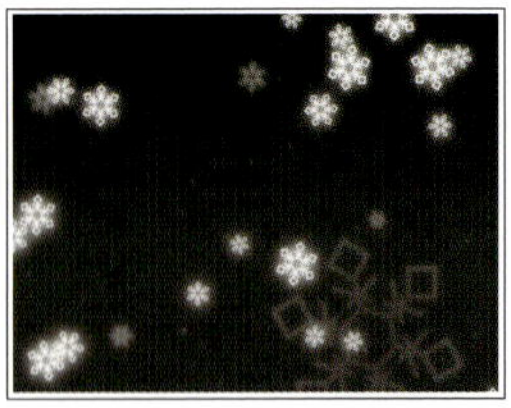

082

さらさら✖自然

▸▸

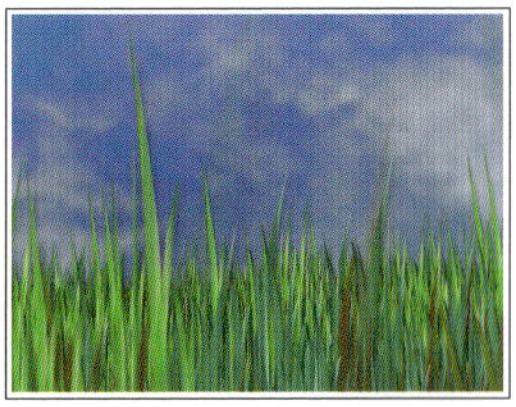

083

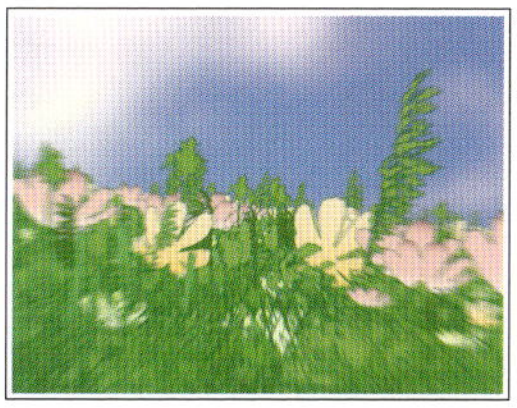

084

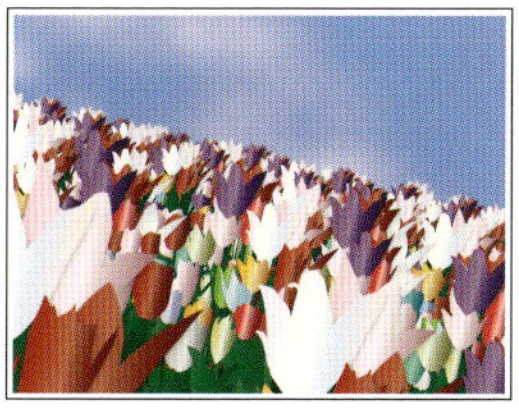

085

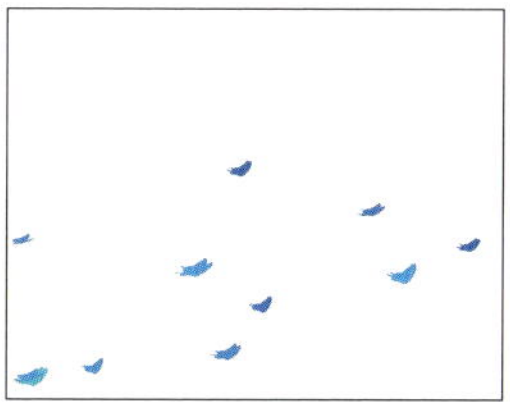

086

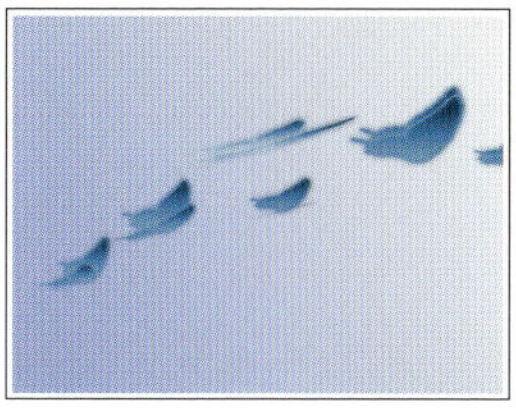

087

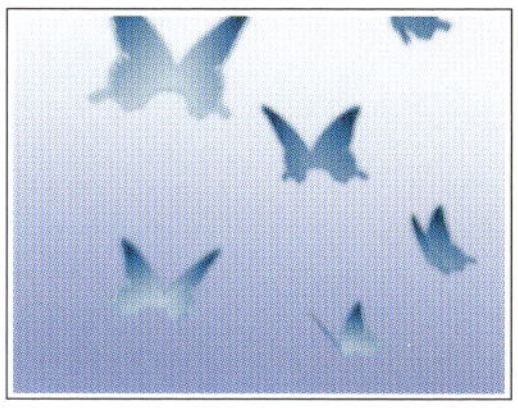

088

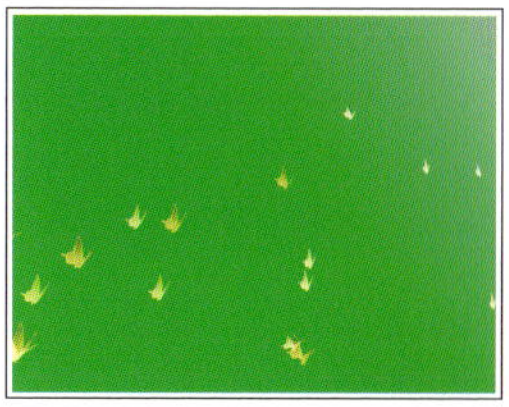

089

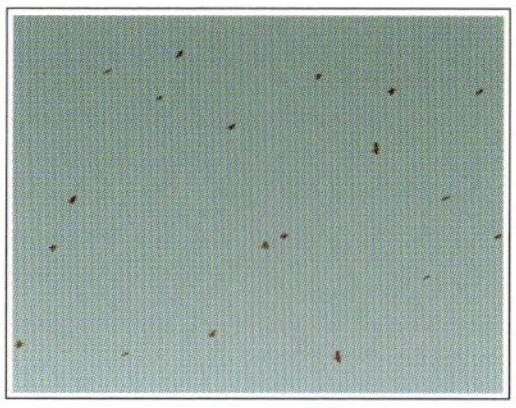

090

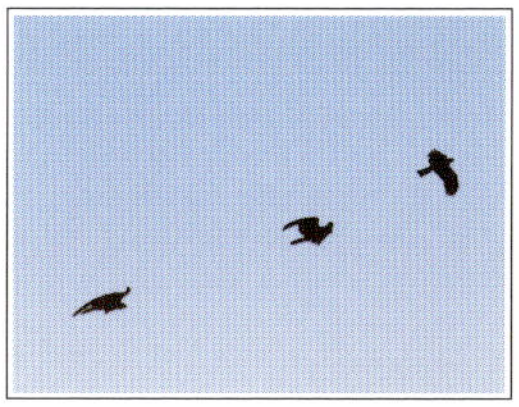

091

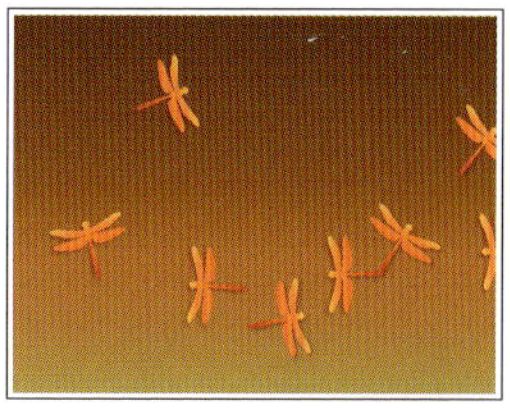

092

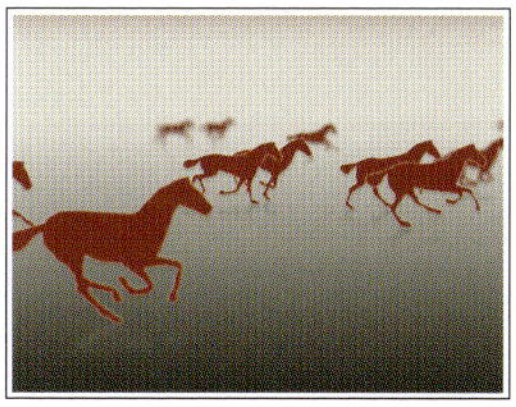

093

もくもく空

▸▸

094

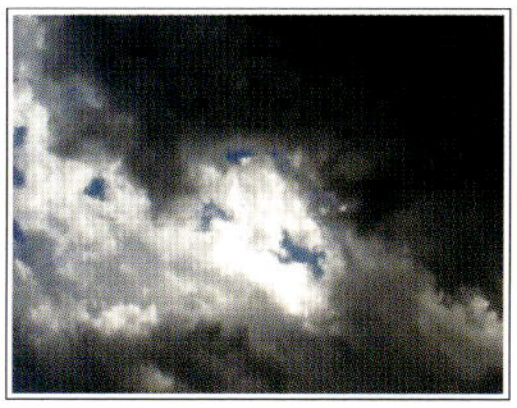

095

096

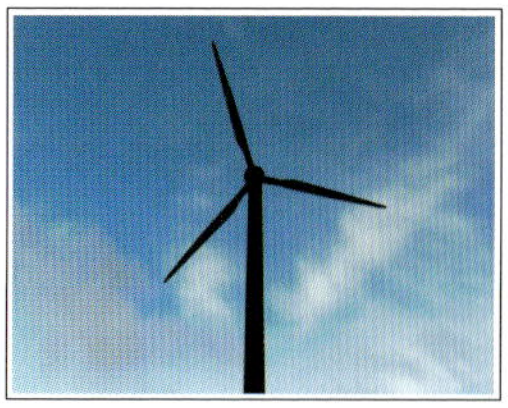

097

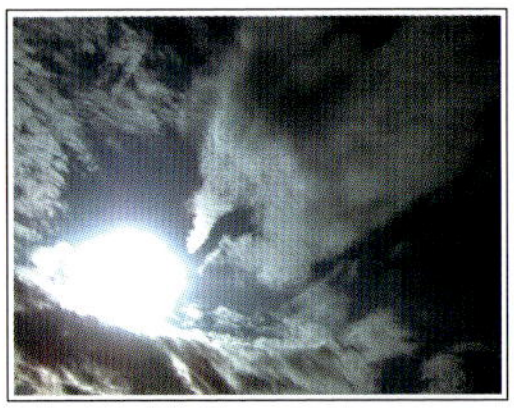

098

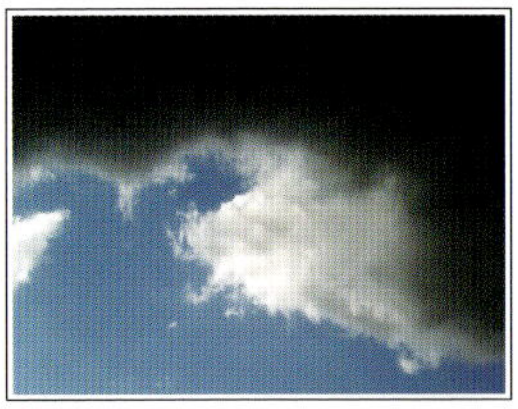

099

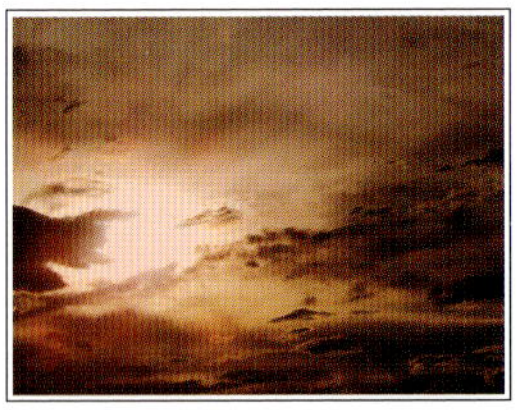

100

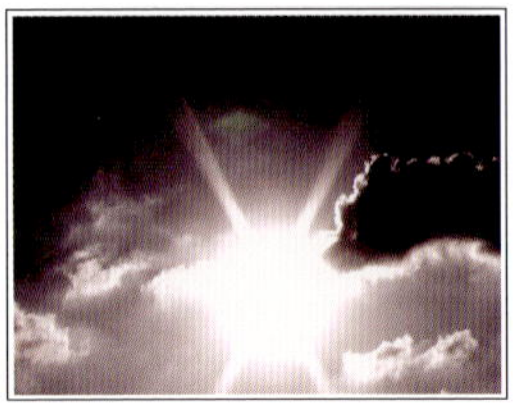

101

102

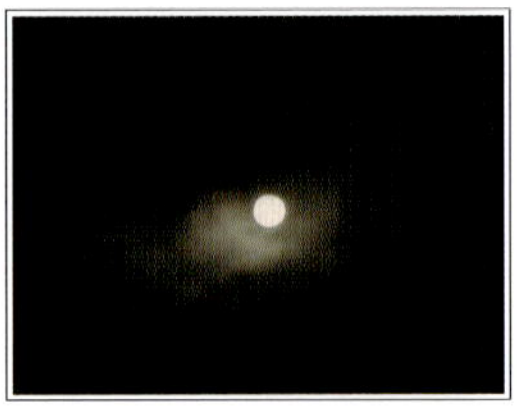

103

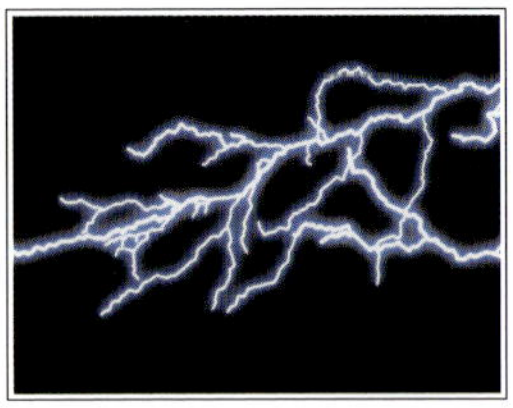

104

ざわざわ都会

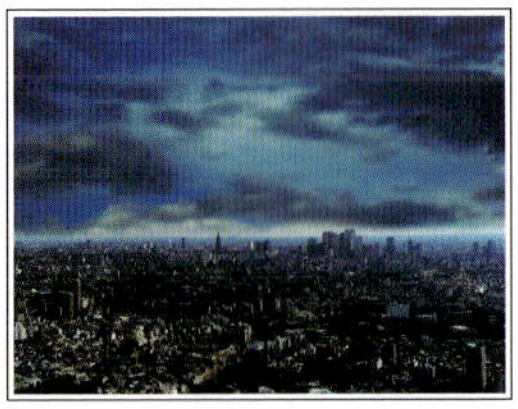

105

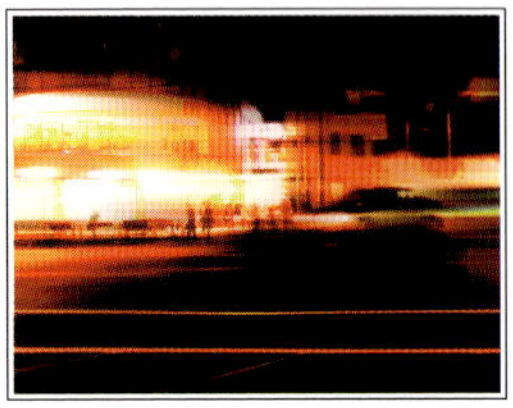

106

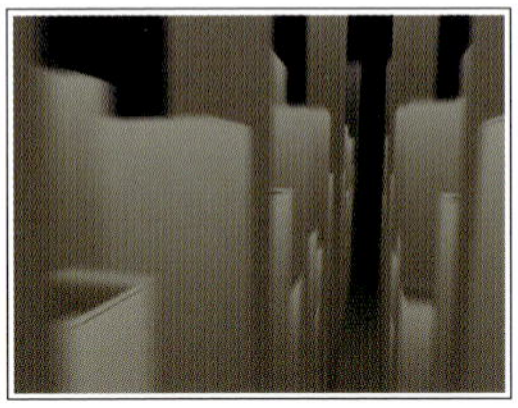

107

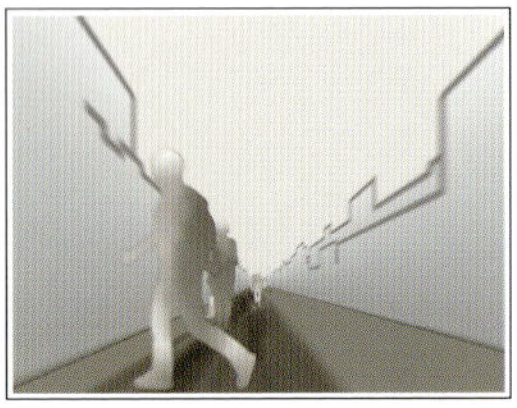

108

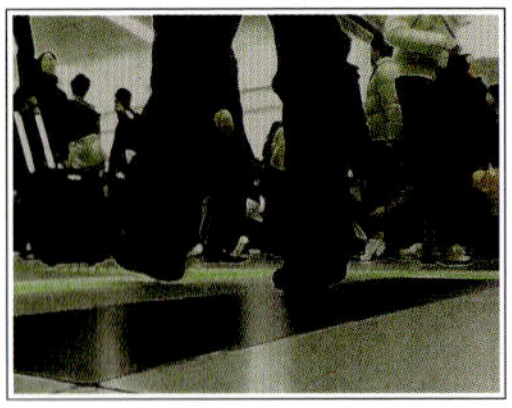

109

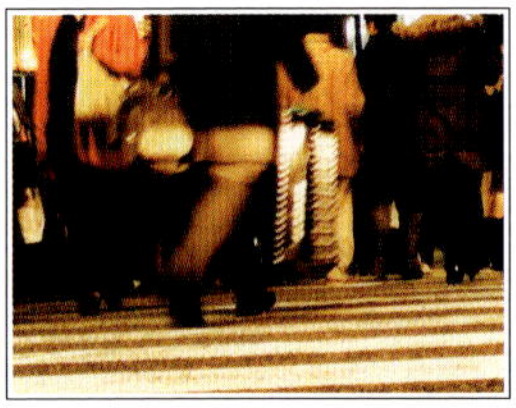

110

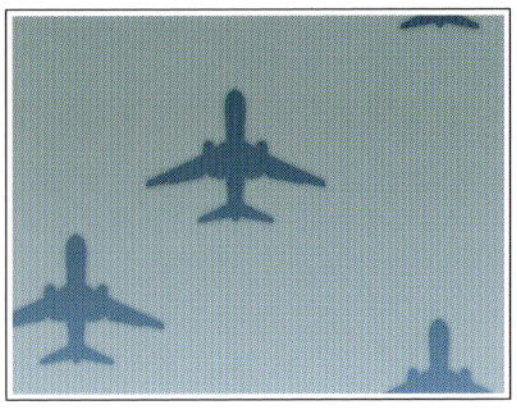

111

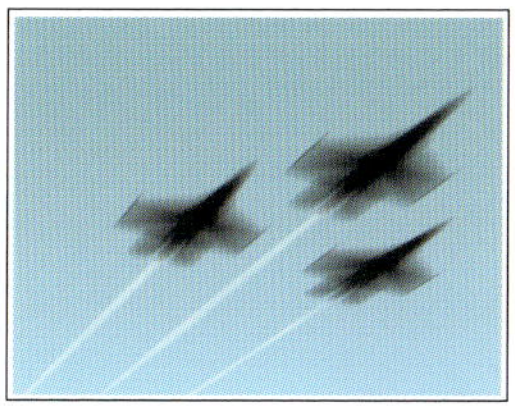

112

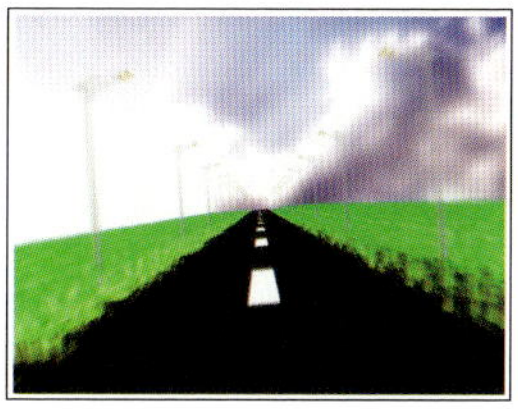

113

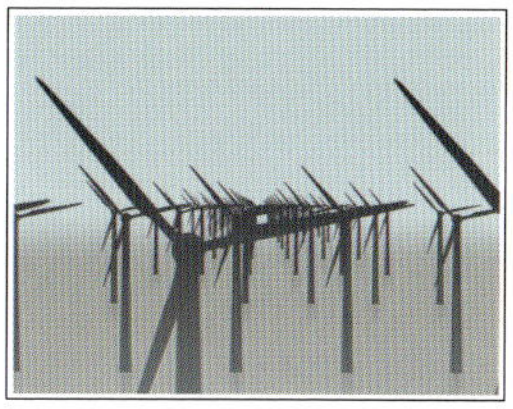

114

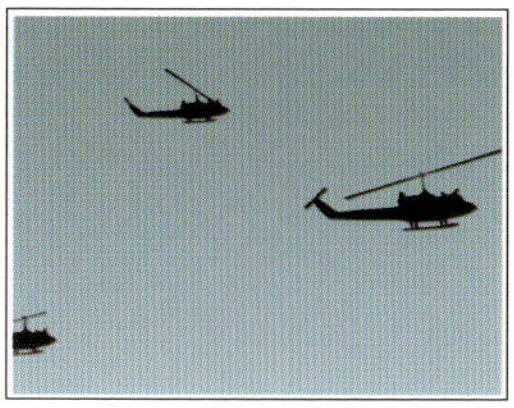

115

ざらざら アナログ

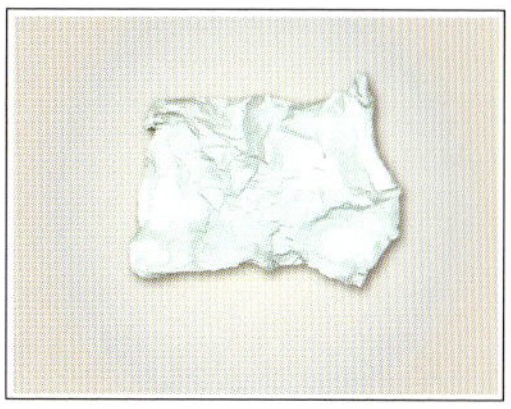

116

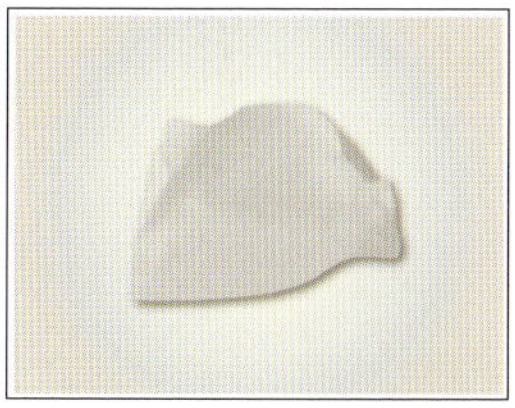

117

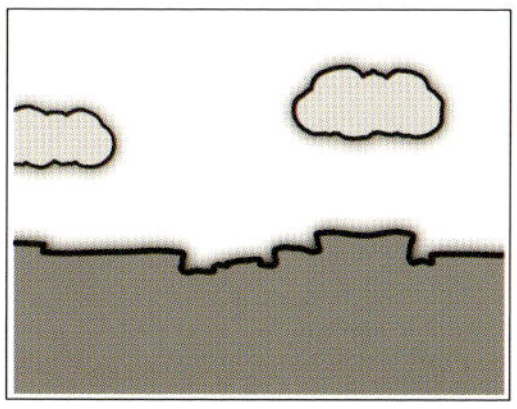

118

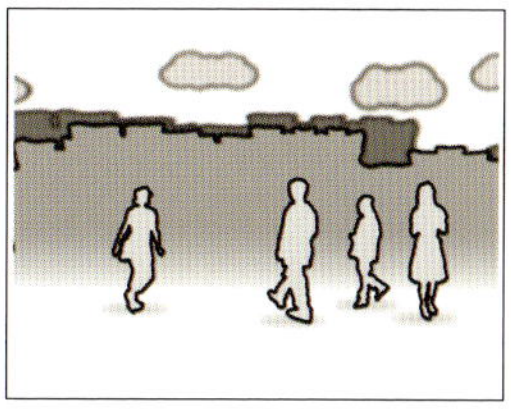

119

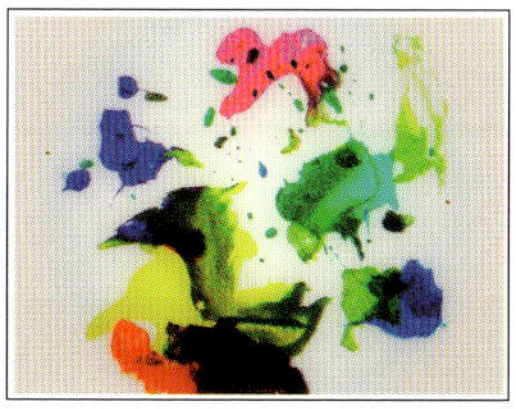

120

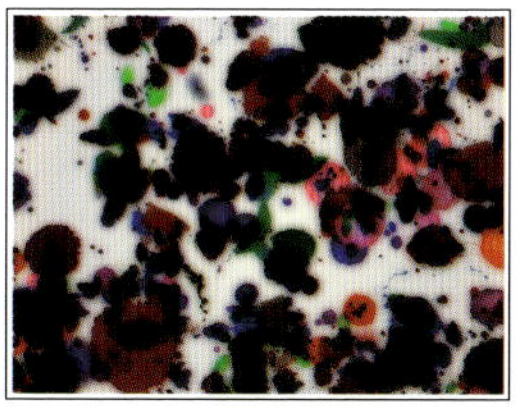

121

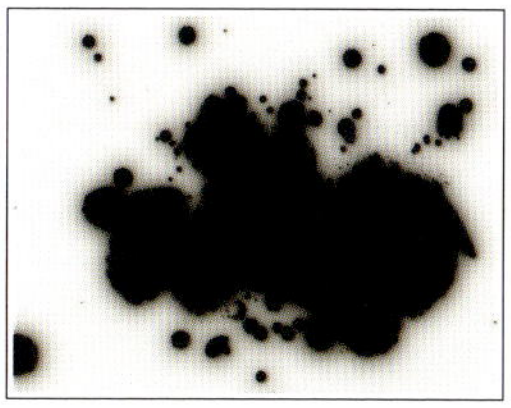

122

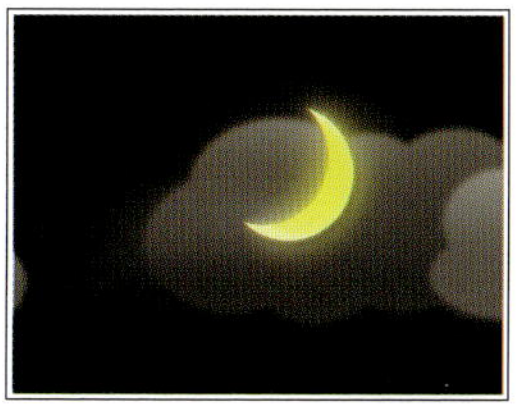

123

PROFILE

ES...(Molojun)

VJを中心に活動する傍ら、近年では、コンサート用の映像、「A-bee」などアーティストのPV、企業のプレゼン映像や広告映像などの制作も行う。映像だけで音を奏でられないか日々研究中。

http://homepage.mac.com/junbox/gdm_NET/
http://www.youtube.com/user/junboxes

まるごとFREEでつかえる

動画素材123

2009年12月16日 初版第1刷発行

著者：ES...(Molojun)

解説：阿部信行
デザイン：佐野久美子
DTP：金井 悟
進行：荻野史暁

発行人：籔内康一
発行所：株式会社ビー・エヌ・エヌ新社
〒104-0042 東京都中央区入船3-7-2 35山京ビル1F
fax: 03-5543-3108
e-mail: info@bnn.co.jp
www.bnn.co.jp

印刷・製本：株式会社シナノ

ISBN 978-4-86100-693-7
Printed in Japan